酒店运营优化策略

侯兴起 ◎ 著

中国旅游出版社

前言

在酒店业蓬勃发展的浪潮中,我有幸以多重身份深度参与其中,历经三十载风雨,见证了这个行业从起步到繁荣的壮丽征程。作为一名资深酒店从业者、高校酒店教育工作者,以及多家酒店的咨询顾问,我与酒店行业结下了不解之缘,亲身经历了酒店业在高速发展过程中的每一个重要阶段,也深切感受到了行业变革带来的机遇与挑战。

在过去的三十年间,中国酒店业如同一颗璀璨的明星,在全球酒店市场中迅速崛起。从早期涉外宾馆的稀缺,到如今星级酒店在各大城市的林立,经济型、主题式、度假型等各类酒店如雨后春笋般涌现,酒店业态日益丰富多样,规模持续扩张,品质不断提升。这一辉煌成就的背后,是市场需求的强力驱动、行业标准的逐步完善,以及国内外酒店品牌竞争与合作的共同结果。然而,随着市场的不断演变,酒店业也面临着诸多严峻考验。市场竞争越发激烈,酒店之间的竞争已从传统的价格战、区位优势、服务质量的竞争,逐渐升级为品牌竞争、创新能力和执行能力的竞争。消费者需求也在持续快速变化,他们不再满足于简单的住宿和餐饮服务,而是更加追求个性化、多样化、高品质的住宿体验，注重酒店与自身情感的共鸣以及文化价值的契合。这使酒店运营管理的复杂性和难度显著增加，对酒店管理者的专业素养、战略眼光和创新能力提出了前所未有的高要求。

在我的职业生涯中，无论是在酒店的实际运营管理岗位上，还是在高校的教学讲台前，以及为众多酒店提供咨询顾问服务的过程中，我始终与酒店行业保持着紧密而深入的联系。在酒店运营管理的实践旅程中，我有幸得到了诸多行业前辈的悉心指导，其中原山东中维酒店集团总经理王明述先生和原山东新闻大厦总经理马桂生先生对我的影响尤为深远。在与这些前辈共事和学习的过程中，我亲身参与并见证了他们如何将先进的管理理念融入日常运营的每一个环节，如何巧妙地应对各种复杂的管理挑战，如何以卓越的领导能力引领团队实现酒店的发展目标。他们的言传身教，犹如一盏明灯，照亮了我在酒店运营管理领域探索前行的道路，让我在实践中不断汲取智慧和力量，逐渐形成了自己对酒店运营管理更为全面、深入且独特的见解。这些宝贵的经验和深刻的理解，也成为我撰写本书的重要源泉和坚实基础。同时，我还参与了从酒店筹备、开业到日常运营的各个环节，积累了丰富的实战经验，深刻理解在酒店运营管理中的每一个细节和关键因素。在高校教学工作里，我与酒店专业的学生们积极互动，深入了解他们在学习过程中的困惑和对未来职业发展的期望，致力于将行业最新理论和实践经验融入教学内容，为培养适应时代需求的酒店专业人才贡献力量。而作为酒店咨询顾问，我与不同类型、不同规模的酒店企业携手合作，共同应对发展过程中遇到的各种问题，深入剖析酒店在战略规划、组织管理、服务优化、市场营销等方面存在的挑战，并提供针对性的解决方案。在此过程中，原济南吉华大厦董事长王铁城先生和王萍萍女士给予了我莫大的支持与深刻的启发。在与他们的交流合作中，我不仅汲取了丰富的实践经验，更获得了宝贵的精神激励。他们对酒店行业的热忱、对品质的执着追求以及面对困难时的坚韧不拔，都深深感染着我，促使我在为其他酒店提供咨询服务时，能够更加深入地挖掘问题本质，精准地提出针对性解决方案，助力酒店企业实现可持续发展。他们的支持与启发，无疑成为我在酒店咨询道路上不断前行的重要动力源泉，也为本书的创作增添了丰富而生动的实践案例与深度思考。

正是基于这样的行业背景和个人经历，我精心撰写了本书。本书旨在为酒店从业者、酒店专业学生，以及对酒店行业感兴趣的人士提供一本全面、深入且实用的酒店管理指南。它汇聚了我多年来在酒店行业的实践智慧、对行业发展趋势的敏锐洞察以及在教学和咨询工作中的深入思考与总结。

本书的内容涵盖酒店运营管理的各个关键领域，犹如一幅详尽的行业地图，为读者指引酒店运营管理的方向。在战略规划方面，深入探讨酒店战略意义，详细分析多种战略类型，结合实际案例阐述战略制定依据、实施步骤及动态调整重要性，助力管理者找准方向、实现可持续发展。在文化建设上，剖析现存问题，提出从理念传播到案例挖掘、从载体构建到机制保障等一系列措施，塑造富有凝聚力的企业文化，为酒店发展提供内在动力。在创新管理中，倡导突破传统，阐述创新内涵、意义、途径与来源，通过多维度创新案例为酒店提供借鉴，助其在竞争中崭露头角。服务质量层面，从服务本质出发，强调以宾客为中心，运用多种服务设计方法优化服务流程，提升员工技能，实现服务个性化、精细化与卓越化，并介绍各服务环节的创新举措，提高宾客的满意度与忠诚度。运营管理部分，剖析酒店运营管理的特殊属性，强调"宾客体验"、"人"的管理与"服务营销"的重要性，阐述科学精神与素养培养，运用"五化三定"方法提升效率与资源配置，确保可持续发展。将绩效管理作为核心，分析薪酬管理挑战，介绍发展历程，剖析问题并提出对策，引入先进理论工具构建科学体系。此外，还深入剖析常见的运营管理问题，提出解决对策，强调管理者素养提升，帮助其应对挑战，引领酒店走向成功。

本书在写作过程中，广泛参考了国内外酒店行业的前沿研究成果、权威行业报告以及众多酒店企业的真实成功案例，力求做到理论与实践紧密融合，内容丰富翔实、实用性强且具有高度可操作性。希望本书能够成为酒店从业者的得力助手，为酒店行业的发展贡献一份力量；也希望能够为酒店专业学生提供一本深入浅出、生动有趣且极具指导价值的专业教材，帮助他们更好地理解和掌握酒店运营管理的知识与技能，为未来在酒店行业的职业发展奠定坚实的基础。

酒店运营管理之路虽充满挑战，但也充满无限可能。我坚信，只要我们持续学习、勇于实践、敢于创新，就一定能够不断提升酒店运营管理水平，为宾客创造更加卓越的住宿体验，推动酒店行业迈向更加辉煌的未来。

侯兴起

2025年1月10日

第一章 观念决定命运
- 一、伟大时代离不开思想启蒙 ………………………………… 1
- 二、优秀的企业为什么会衰落 ………………………………… 2
- 三、优秀企业的底层逻辑 ……………………………………… 6
- 四、酒店运营管理火箭模型 …………………………………… 13

第二章 环境塑造经营
- 一、适者生存 …………………………………………………… 21
- 二、利用环境机遇 ……………………………………………… 23
- 三、回避环境风险 ……………………………………………… 24

第三章 思维引领经营
- 一、酒店产业思维 ……………………………………………… 29

二、酒店行业思维 ································· 33

第四章　明晰酒店战略

　　一、战略对于酒店管理的作用 ······················· 41
　　二、酒店内外生战略 ······························· 45
　　三、制定战略的关键步骤 ··························· 48
　　四、竞争战略 ····································· 57
　　五、共生战略 ····································· 60

第五章　文化根植基因

　　一、正确理解企业文化 ····························· 64
　　二、酒店企业文化建设存在的问题 ··················· 64
　　三、企业文化建设过程 ····························· 67
　　四、企业文化建设采取的措施 ······················· 69

第六章　从经验到创新

　　一、经验的两面性 ································· 73
　　二、创新的内涵 ··································· 74
　　三、创新的意义 ··································· 76
　　四、创新的途径 ··································· 78
　　五、创新的来源 ··································· 84

第七章　从传承到转型

　　一、管理要从"控制型"向"服务型"转变 ············· 91
　　二、服务要从"流程化"向"场景化"转变 ············· 93
　　三、经营要从"成本导向"向"宾客满意导向"转变 ····· 97

第八章　从流量到留量
- 一、一切生意的本质都是流量　99
- 二、流量红利消失，用户思维决定未来　102

第九章　从"差不多"到"精准"
- 一、酒店运营和管理中的"差不多"现象　105
- 二、精准管理的含义　108

第十章　从生产到价值共创
- 一、价值共创的含义　113
- 二、酒店价值共创的模式与机制　114
- 三、价值共创对酒店的影响　115
- 四、价值共创的过程　116
- 五、酒店的价值共创实践　119

第十一章　从速度到高质量
- 一、酒店高质量发展的内涵　124
- 二、酒店高质量发展的逻辑　127
- 三、酒店高质量发展策略　130

第十二章　理解服务内涵
- 一、酒店服务的特性　140
- 二、酒店服务的核心是态度　141
- 三、宾客需求是酒店服务的根　141
- 四、酒店服务的基本要素　142
- 五、酒店产品和服务是有形和无形的组合体　143

第十三章 服务飞轮效应

一、优质服务的飞轮效应 ·················· 145

二、宾客是裁判 ·················· 146

三、没有表扬就是批评 ·················· 147

四、优质服务是比较出来的 ·················· 147

五、优质服务是观点，不是事实 ·················· 150

六、酒店优质服务建立在多次博弈基础之上 ·················· 152

第十四章 管理造就优质

一、制度是优质服务的保障 ·················· 153

二、员工满意度是优质服务的保证 ·················· 154

三、优质服务需要培养机制 ·················· 155

四、极限思维来打造极致产品 ·················· 158

五、从无效到有效 ·················· 160

第十五章 思维塑造特质

一、正确认识宾客 ·················· 166

二、公羊博弈 ·················· 167

三、互惠原理 ·················· 168

四、服务需要三个度 ·················· 168

五、针尖上打擂台 ·················· 169

六、让宾客感觉占便宜 ·················· 169

七、不能不知道宾客的忌讳 ·················· 170

第十六章 从模仿到设计

一、服务设计的内涵及特点 ·················· 173

二、服务设计的方法 ·················· 174
　　三、坚持"三个好一点" ················ 176
　　四、酒店点、线、面、场的服务设计 ········· 178

第十七章　如何做好免费服务项目
　　一、酒店提供免费服务的目的 ············ 185
　　二、酒店免费服务设置的误区 ············ 187

第十八章　前厅服务新举措
　　一、酒店客房预订处理技巧 ·············· 190
　　二、办理入住细节要求 ················· 191
　　三、殷勤带房服务 ···················· 192
　　四、特殊天气状况下的前厅服务应对措施 ···· 192
　　五、前厅设置百宝箱 ·················· 193
　　六、赠送打包早餐 ···················· 195
　　七、赠送伴手礼 ······················ 195
　　八、特殊宾客的安排 ·················· 197
　　九、特色接机服务 ···················· 198

第十九章　客房服务新思维
　　一、客房服务中容易产生投诉事项 ········· 200
　　二、印制服务提示卡，做好对客沟通工作 ···· 201
　　三、解读宾客需求，做好针对性服务 ······· 203
　　四、根据不同类型的宾客提供针对性服务 ···· 204

第二十章　提升早餐新思路
　　一、酒店早餐的价值 ·················· 208

二、早餐出品 ……………………………………………… 209
　　三、早餐服务 ……………………………………………… 210
　　四、服务热情周到，细致入微 …………………………… 212
　　五、菜品营养均衡，品种丰富 …………………………… 212
　　六、运营高效有序，细节到位 …………………………… 214
　　七、环境卫生与安全管理 ………………………………… 215

第二十一章　运营管理新问题

　　一、粗放思维 ……………………………………………… 216
　　二、控制思维 ……………………………………………… 217
　　三、管理团队的问题 ……………………………………… 217
　　四、酒店产品服务缺乏生机 ……………………………… 220
　　五、员工队伍建在沙滩上 ………………………………… 221
　　六、酒店培训应付公事 …………………………………… 222
　　七、酒店费用成本不断上升 ……………………………… 223

第二十二章　酒店科学运营

　　一、酒店运营管理的特殊性 ……………………………… 225
　　二、酒店科学运营的含义 ………………………………… 227

第二十三章　酒店管理者的修养

　　一、管理与人性 …………………………………………… 237
　　二、如何看待竞争伙伴 …………………………………… 239
　　三、如何看待同事 ………………………………………… 241
　　四、培养人才 ……………………………………………… 242
　　五、酒店管理者格局 ……………………………………… 243
　　六、检查是管理者的上岗证 ……………………………… 244

第二十四章　酒店绩效管理技巧

- 一、酒店薪酬管理面临的挑战 …… 246
- 二、酒店绩效管理发展进程 …… 252
- 三、酒店绩效管理面临的挑战 …… 256
- 四、酒店绩效管理的落地思路 …… 258
- 五、绩效管理理论基础 …… 260
- 六、常见的绩效指标分解方法 …… 267
- 七、绩效管理指标权重分配的确定 …… 273
- 八、如何将绩效管理指标细分到每个考核单元 …… 276

第二十五章　酒店流程再造

- 一、流程对酒店运营的重要性 …… 278
- 二、流程管理的要点 …… 281
- 三、酒店企业流程再造的具体措施 …… 286

第二十六章　酒店问题管理

- 一、发现问题 …… 289
- 二、界定问题 …… 291
- 三、分析问题 …… 292
- 四、解决问题 …… 294

第二十七章　酒店营销新思维

- 一、营销的本质 …… 297
- 二、产品就是营销 …… 298
- 三、营销的关键是影响消费者的认知 …… 298
- 四、酒店售卖的不是价格，而是价值 …… 299
- 五、正确理解价格的功能 …… 301

  六、价格永远不是首要因素 ·········· 302
  七、价格是多次动态博弈的结果 ·········· 302
  八、低价最终都会输给高价 ·········· 303
  九、购买理由驱动 ·········· 304

第二十八章　不同经营状况的营销策略
  一、高出租率与高房价 ·········· 306
  二、低出租率与高房价 ·········· 308
  三、低出租率与低房价 ·········· 308
  四、高出租率与低房价 ·········· 309

第二十九章　酒店 OTA 运营技巧
  一、OTA 给酒店带来价值 ·········· 312
  二、OTA 给酒店带来的苦恼和困惑 ·········· 313
  三、OTA 运营逻辑 ·········· 316
  四、OTA 运营策略 ·········· 318

第三十章　酒店组织变革
  一、酒店组织变革的背景 ·········· 322
  二、酒店组织变革面临的阻力 ·········· 323
  三、酒店组织变革策略 ·········· 324
  四、酒店多元化用工变革 ·········· 331

参考文献 ·········· 337

第一章
观念决定命运

什么是观念？通俗地理解，观念就是人对事物的稳定看法。"观念决定命运"这一老生常谈，被很多人认为是"有毒的鸡汤"，但观念在经营管理中的重要性显而易见。就像闪电比雷鸣更快出现在人们面前，观念是行动的先导，观念影响行为，行为养成习惯，习惯决定命运。哥伦布发现新大陆，不是他胆大，不是他一意孤行，也不是他知道有人航海到达过，而是他的脑子里有一个底层逻辑——他坚信地球是圆的。底层的逻辑决定了人们的行为。

一、伟大时代离不开思想启蒙

任何一个伟大时代的开幕都离不开思想观念的启蒙。思想启蒙是推动社会进步、文明发展的重要力量。它如同黑暗中的灯塔，为迷茫中的人们指引方向，激发人们的创造力、想象力和批判精神，促使人们摆脱旧有的束缚和偏见，追求更加自由、平等、公正和美好的社会。

酒店业的发展也离不开思想的启蒙。这里的"思想启蒙"不仅指宏观的社会思想进步，还包括了行业内对于创新、服务、管理、可持续发展等方面的新理念和新思维。酒店的衰退往往不是从利润下降开始的，而是从酒店高层管理人员的经营管理观念弱化或滞后开始的。企业的兴衰往往并非由短时间的利润报表数字直接决定，而是悄然萌芽于酒店中高层管理人员观念的弱化或滞后之中。观念的弱化，指的是那些曾经引领酒店创新、追求卓越的管理者，在日复一日的运营中逐渐失去了对市场变化的敏锐洞察，丧失了对消费者需求变化的深刻理解，以及不再对服务质量持续提升有着不懈追求。他们或许满足于现状，忽视了外部环境的风云变幻，未能及时调整战略方向以适应新的市场格局。而观念的滞后，则表现为在面对行业变革时，管理层缺乏前瞻性的思考和果断的决策能力。

二、优秀的企业为什么会衰落

白手起家创立一家企业是一项艰巨的挑战；然而即便运营一家优秀的企业，也并不意味着高枕无忧。根据《创新者的解答》的统计数据表明，"90%的企业10年内会迎来失速点，企业一旦遭遇失速点，能够重新恢复增长的，只有4%"。这表明优秀的公司随着时间的推移，变为普通公司甚至倒闭是企业发展的大概率事件。企业财务表现下滑之际，往往标志着其背后的价值网络早已步入衰退阶段，财务曲线的下降仅是这一深层变动滞后显现的结果。简言之，价值网络的衰败是前因，财务恶化则为后续之果。企业如万木，高矮皆成风景；价值网络似江河，缓急自见流速。商业世界的真正分野，不在个体的体量大小，而在价值网络的能级。有一些企业所在价值网络早已衰落，在这样的赛道上，也不太可能产生优秀的企业。但是，身处其中往往无法看到价值网络出了问题，因为管理者的判断标准就是现有价值网络的标准，用自己的价值网络看自己，全都是对的。新的价值曲线的产生会挑战原有占据统治地位的企业。好比很多酒店的产品还停留在"住宿"这一单一价值时，而亚朵等一批精品酒店不仅是提供住宿服务的酒店，更是一个以"人文、温暖、有趣"为特色的生活方式品牌。在原有的价值网络场景下，领先企业总是能赢，无人能胜。当新的价值网络出现时，原先优秀的企业总是输给新兴企业，虎落平阳。通过这个理论，我们可以清晰地解释为什么看似没有敌人的巨无霸企业会被淘汰（见图1-1）。

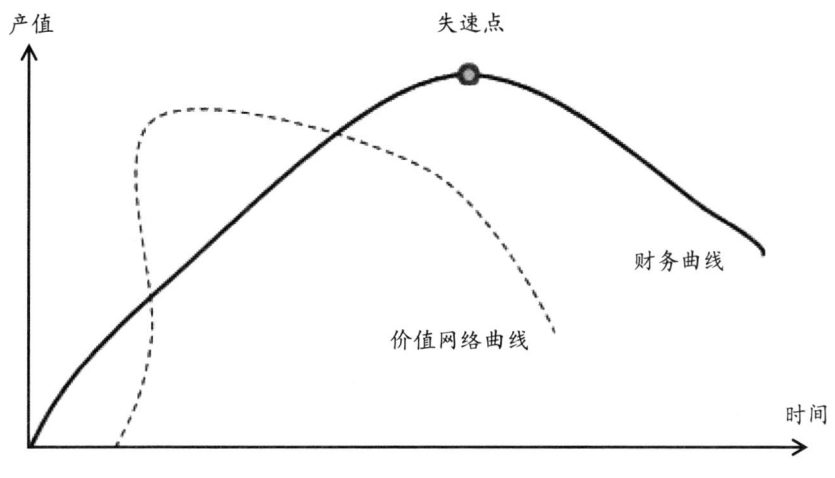

图1-1　价值网络曲线衰落

与之相呼应的是美国经济学家唐纳德·萨尔（Donald N. Sull），他于1999年在《哈佛商业评论》上发表了一篇文章，题目是"为什么好公司会衰落"（Why Good Companies Go Bad）。他的研究发现企业管理中一个最普遍也是最令人困惑的现象是，环境变迁之际，昔日成功企业常显现出应对乏力，往往沉溺于往昔成功的策略与行动，试图通过加速复制既往成功来破局，然而往往事与愿违，不仅不能迎来往日辉煌，而是伴随着销售额缩减、利润微薄化、人才流失加剧、市场估值显著缩水等症状而加快坠落。种种迹象表明，很多成功企业往往无法穿越时代周期。

萨尔研究发现，大部分优秀企业的繁荣归功于一种新的竞争模式，包括战略、流程、人际关系和价值观的独特结合。随着这种模式的成功，客户越来越多，有才华的员工会蜂拥而至，投资者出价抬高股票市值，就连竞争对手都奉上最真诚的赞许，不断模仿这些优秀企业的做法。所有这些积极的反馈强化了管理者的信心，即他们已经找到了一个最好的方法，并鼓励他们把精力集中在完善这一让他们取得成功的体系上。成功的模式可以帮助管理者看清问题，抓住问题的要害，事半功倍，但也容易让管理者陷入"成功陷阱"。管理者的双眼被眼前的繁荣蒙蔽，过度依赖过去的成功模式和经验，而忽视了市场和技术正在发生的根本性变化。许多曾经领先的公司会从成功的巅峰跌落至失败的深渊，并不是因为他们懒惰，相反，他们往往陷入了"过度活跃"但方向错误的活动中，即所谓的"积极惯性"。萨尔先生还将这些"积极惯性"总结为战略框架僵化、过程固化、关系硬化及价值观教条化。

（一）战略框架成为盲点

战略框架是一种思维模式，它帮助管理者全局看待面临的市场环境、竞争对手和客户，采用什么样的竞争模式应对各种竞争等。这些框架可以让企业更加聚焦，企业是做什么业务的？他们会创造哪些独特价值？他们的客户群是哪些人？他们采用什么策略在竞争对手面前建立"护城河"？成功的企业往往会形成一套固定的战略框架，这套框架在过去帮助他们保持了聚焦和竞争力，在面对铺天而来的大量数据时，战略框架帮助企业管理者聚焦关键事务，并依据模型做出明智的决策。然而，当市场环境变化时，因为这些策略太成功，所以这些框架可能成为"眼罩"，限制管理者的视野，阻碍他们看到新的机会和选择，忽视新的机会和威胁。

（二）过程变成例行公事

企业创业初期，员工会尝试多种方法，但一旦辨识出高效途径，就会产生强烈的"锁定效应"，减少对新方案的探求。人们遵循这些过程不是因为它们有效或高效，而是因为它们是众所周知和舒适的，慢慢就会形成企业独有的工作流程或习惯。但也正因为这些习惯或流程被他们熟知，而且被运用得很自如，就会将这些过程变成一种例行公事，阻碍员工们去考虑新的工作方法。即使有些清醒的管理者试图采用更有价值或高效的做事方式，员工也会排斥或抵制。正如 IBM 大中华区前董事长周伟焜所说："作为公司领导者，最大的困难就是当公司还不错的时候，你要说服并带领大家和你一起变革。"

(三)关系网变成了锁链

为了获取更优质的资源,每一家公司都必须与员工、顾客、供应商、分销商和投资者建立起良好的关系。良好的关系网络无疑是构筑企业稳固基石的关键因素。强大的客户关系确保了市场份额的稳固与增长,紧密的供应商关系优化了供应链效率与成本管控,和谐的员工关系则是激发创新与提升执行力的源泉。然而任何事物都有两面性,当市场环境风云变幻,技术革新日新月异之时,这些曾经坚固的纽带也可能悄然转变为束缚企业前行的枷锁。

过度依赖既定关系,可能导致企业在面对市场波动时反应迟缓,而错失转型良机。客户需求的快速变迁要求企业具备高度灵活性,让企业始终保持与客户需求的同频共振;供应商关系的固化可能限制采购渠道的多样性,增加成本风险;而员工间的稳定虽宝贵,却也需适时引入新鲜血液,激发组织活力。因此,企业在巩固关系基石的同时,也需保持警觉,灵活调整策略,以确保在变革的浪潮中乘风破浪,而非被关系之锁困于浅滩。

(四)价值观变成教条

价值观是公司企业文化的灵魂,如同灯塔般照亮前行之路,凝聚人心,激发潜能。它们根植于共同的信仰与追求,是推动企业持续发展的不竭动力。然而,随着企业规模的扩张与岁月的沉淀,这些鲜活的价值观有时不慎滑入教条主义的泥沼。它们被过度解读,机械执行,失去了原有的灵活性与生命力。这些教条之所以仍被视作圭臬,更多是出于对传统与历史的盲目尊崇,而非其在新时代背景下的实际效用。

因此,企业在追求稳健发展的同时,应警惕价值观的教条化倾向,保持其开放性与创新性,让价值观真正成为引领企业不断前行的活水源泉,而非束缚思想的枷锁。

优秀公司为什么会衰落,可以归结为一句话:不能摆脱过去,不能创造未来(见图1-2)。

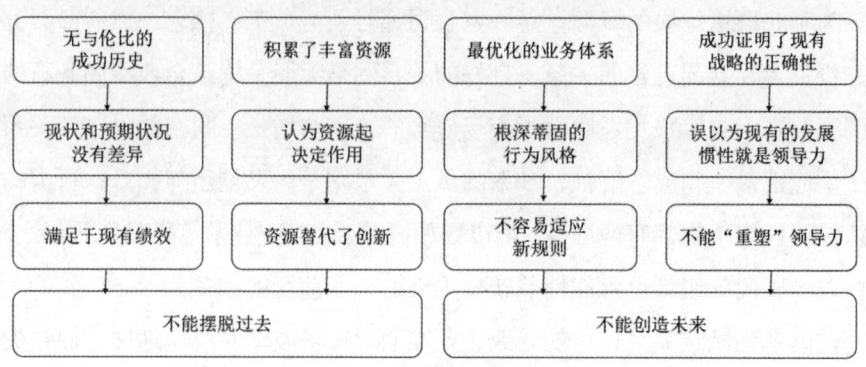

图1-2 优秀公司衰落的原因

三、优秀企业的底层逻辑

企业的成功并非单一因素的作用,而是多种因素相互交织、共同影响的结果。但通过对成功企业的案例深入分析,发现其成功的背后都有共同的底层逻辑,可以把这些因素抽象成"雨伞模型"(见图1-3)。

在此模型中,伞柄作为顶梁柱,象征着企业优秀的领导者。他们如同稳固

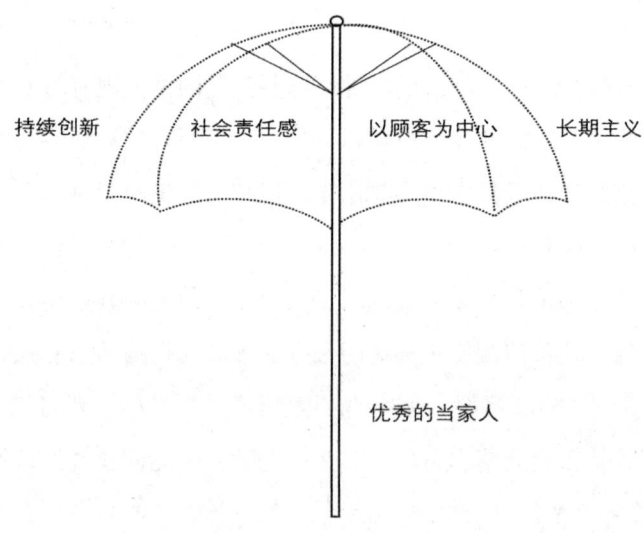

图1-3 优秀企业的伞形模型

的伞柄，掌握着企业发展的方向，以其卓越的战略眼光、决策能力和领导力，为整个企业撑起一片天空。而伞的四个支架，则分别代表了企业成功的四大要素：长期主义、以顾客为中心、社会责任感和持续创新。这四个方面相互依存、互为支撑，共同构成了企业稳健发展的坚实基础。

（一）优秀的当家人

虽然领导特质理论受到广泛批判，但现实中优秀的酒店都有一个"响当当"的当家人。这也就是人们常说的"优秀的酒店和平庸的酒店就差一个总经理"。这个论断虽然缺乏实证，但在现实中常常被印证。我国某五星级酒店的原总经理杨小鹏先生，面对市场变迁，他精准洞察商务市场的广阔潜力，毅然将白天鹅宾馆从旅游宾馆转型为商务型酒店，这一战略调整显著拓宽了客源，大幅提升了经营效益。同时，他引领服务创新，使白天鹅宾馆成为中国酒店业"金钥匙"服务的先驱，以卓越的定制化服务赢得了包括比尔·盖茨在内的众多重量级客户的赞誉。

全国学习的标杆酒店青岛海景花园酒店的原总经理宋勤，他创新性地提出了"把客人当亲人，当家人"的服务理念，并创立了"亲情一家人"的服务品牌，这一理念不仅提升了酒店的服务质量，也深刻地影响了整个酒店业的服务标准，推动了行业服务文化的进步。宋勤还推行了以顾客为中心的"倒金字塔"管理模式，颠覆了传统的"正三角式"体系，赋予了员工更大的权力，这种管理模式极大地提高了服务质量和顾客满意度。

全国烟草酒店的领头羊山东中维酒店集团原总经理王明述先生，以其独到的管理理念——"下棋找高手，弄斧到班门；富口袋富脑袋，店强员工富；增长不代表发展"，在业界中独树一帜。他巧妙地将这些理念融入实践，不仅成功挽救了多家濒临倒闭的酒店，还将其打造成为全省高档酒店的服务标杆。王明述先生强调，只有敢于与强者竞争，不断挑战自我，才能在激烈的市场竞争中立于不败之地；同时，即使在酒店经营严峻的情况下，他每年指示人力资源部做出专项培训预算，让管理人员脱产到浙江大学、山东高校的酒店专业学习，并进行结业答辩,在提升管理人员和员工素质,推动酒店企业文化建设方面做出了超前尝试。在他的带领下,山东中维酒店集团实现了跨越式发展,并为山东中维酒店集团培养出十多名酒店总经理。他的管理理念和运营理念,为国有酒店的发展和转型提供了宝贵的经验。

类似这样酒店的当家人不胜枚举,他们的出现不仅带活了一家企业,更为酒店行业的发展提供了宝贵的经验和财富。优秀的企业家在不同企业的作用各有不同,但归结起来,优秀的企业家的作用主要有以下几个方面。

1. 当家人就是方向

面对市场变化,他们凭借敏锐的市场洞察力和战略策划能力,通过深入分析市场动态、精准把握消费者需求及行业趋势,结合企业实际,制定既顺应市场又凸显优势的发展战略。济南铭座酒店管理公司董事长马桂生先生,便是这样一位为企业锚定航向的领航者。他深知文化是企业的灵魂,自创店以来,便坚定地在酒店倡导建设主题文化,以文化之力驱动酒店发展。在主题文化建设方面,马桂生先生将目光投向了博大精深的儒家文化,决心以优秀传统文化为根基打造独特的酒店主题。为此,他深入研究"四书五经"的思想精髓,将这些文化元素与中国美学巧妙融合,并把服务流程与儒家理念相结合,形成了独具特色的儒家文化主题。在此基础上,马桂生先生按照"酒店+文化"的思路经营酒店,从不同侧面拓展文化主题,先后创建了儒家文化主题酒店、家教文化主题酒店、泰山文化主题酒店等。经过多年的深耕,济南铭座酒店管理公司下属酒店的客房出租率、携程旅行网评分一直位于济南市同档酒店的前列。

2. 当家人就是标准

一提到海尔就会想到张瑞敏,就会想到张瑞敏砸冰箱的故事。他的这一举动,不仅是对不合格产品的零容忍,更是对海尔全体员工发出的一声振聋发聩的警钟——质量是企业的生命线,任何对品质的妥协都是对企业未来的背叛。张瑞敏的这一壮举,深刻地体现了当家人对产品质量的执着追求和高度责任感。

同样，优秀酒店的当家人无不在质量监控上提出自己的要求和观念。创造了三家市值超 10 亿美元的创业教父季琦在卫生质量把控上远远超越了其他酒店集团。华住集团推出了酒店行业合格洗涤商标准。一方面，华住集团将传感器作为监测的工具，联动在线系统，实现水质硬度、化料分配、pH 值的实时监测，确保洗前、洗中和洗后全流程无盲点监测。另一方面，华住集团还强化对布草分拣、入仓出仓、布草折叠等关键岗位的监控，通过云端接入，确保店长、区域经理可实时查看洗涤情况，从源头上杜绝不规范操作的发生。除了从技术层面加强监管，华住还成立了区域评审委员会，专门负责优质洗涤商的引入以及门店更换洗涤商的审批工作，"技术＋组织"双管齐下，真正打破布草洗涤流程多、监管难的行业痛点。这一标准不仅全面规范了酒店布草洗涤的流程、工序、规范和验收标准，还打通了布草洗涤的监管链路。一家酒店集团做到这些已经"遥遥领先"了，他们还在此基础上首创了"飞行"检查模式，联合第三方机构对洗涤商进行打分，淘汰洗涤质量不符合标准的厂商。

当家人不仅是产品品质的把关人，更是工作标准的出题人和践行者。笔者在中豪大酒店工作时，部门提交的文件常常出现错别字、语句不通顺的情况，时任酒店总经理王明述先生针对当时的现状，采取了果断有力的管理措施：每错一字罚款十元。文件下发不久，市场营销部管理人员因疏忽，上报的报表中竟出现多个表格数据错误，涉及字符高达 700 个,按规定将面临 7000 元的罚款。很多高管对此犹豫不决，建议下不为例，或者减半扣罚。但王总坚持认为酒店下发的制度必须严格执行，没有下不为例。此事在酒店内部引起强烈反响，不仅让责任人深刻反省，也促使全体员工对文字工作的每一个环节都倍加小心。自此，酒店上下文字水平显著提升，公文、报表等文件质量飞跃，错别字绝迹，数据准确性得到有力保障。王明述总经理的这一举措，不仅解决了眼前的错别字问题，更在无形中营造了酒店严谨的工作氛围。

3. 当家人就是发动机和催化剂

酒店运营不会是一帆风顺的，当酒店遭遇市场波动、发展瓶颈或管理难题时,当家人的角色便如同酒店的"发动机",其决策与行动直接驱动着整个组织的应对机制。当家人会组织团队进行深入的市场分析、技术评估和管理诊断,揭示问题的本质与根源,对症下药,激励团队克服困难。尤其在应对困难时,当家人不仅是指挥员,更是战斗员,在攻克酒店存在的难题时,不是在下属面前大呼"给我上",而是"跟我上"。当企业发展顺利,业绩突出时,作为当家人应始终保持清醒的头脑,不断策划改革、创新活动,搭建开放的创新平台,鼓励跨部门合作与知识共享,有效地激发团队的创造力与探索精神。

4. 当家人就是资源

酒店当家人不仅是企业的掌舵者,更是资源的汇聚者与整合者。他们以身作则,面对艰巨的任务,总是挺身而出,将挑战留给自己,这种精神无形中激励着团队,提升了整个酒店的执行力和凝聚力。当家人的领导力和决策智慧,往往能在关键时刻引领酒店渡过难关,这种能力在团队内是无人替代的。

当家人的形象与酒店品牌紧密相连,他们的个性、风格和专业素养,成为吸引客人的无形资产。一个有魅力的当家人,能够通过个人魅力和专业能力,吸引更多顾客消费,甚至成为回头客。

此外,当家人在协调资源方面发挥着不可替代的作用。他们凭借广泛的人脉和社会影响力,能够调动社会资源、政府资源,为酒店争取到更多的合作机会和政策支持。这种能力,不仅为酒店带来直接的经济利益,更在长远中塑造了酒店的竞争力和行业地位。

(二)长期主义

长期主义和短期主义代表了时间维度上的两种主观偏好。长期主义更注重未来,着眼于长远发展;短期主义者则更关注当下,看重眼前的效率与回报。在实践中,很多人生目标、企业目标在短期内是无解的,而以十年周期的战略眼光来看,则是有解的。正如滴水穿石,不是水的力量,而是坚持的力量,时间的力量。长期主义者勇于摒弃短视的管理策略,转而采取一系列旨在提升企业未来竞争力的举措，包括但不限于鼓励创新思维、深化与利益相关者的联系，以及激发内部创业精神等。他们视"变革"为常态，将"适应能力"视为通往长期成功的必经之路。反观短期主义者，他们则更加聚焦当下的成果与效率，倾向追求立竿见影的回报。这类管理者往往更加注重短期的财务指标与业绩表现，强调即时的利润最大化。酒店管理者在激烈的市场竞争中，往往被眼前的经济指标"胁迫"，为了完成每月下达的经营指标，在收入无法完成的情况下，采用降低服务品质的方式降低费用，期望完成利润指标；当生意好的时候，超出接待能力，又以"太忙"为借口，"快了萝卜不洗泥"，降低酒店的服务标准，甚至让员工过度加班，而员工因过度劳累而失去应有的服务热情等。更有甚者，还采取了以次充好、以假充真、夸大宣传、欺骗宾客等行为。虽然短期内的经济指标耀眼，但无形中损害了企业的形象和声誉，不利于企业的长期发展。而优秀企业更加注重可持续发展和社会责任，将利润视为企业长远发展的自然回馈，而非唯一驱动力。为了实现可持续发展，优秀企业往往采取一系列策略来平衡利润与社会责任之间的关系。例如，企业可能会通过提高产品质量、优化客户服务、加强技术创新、加大员工培训投入、提高员工福利待遇等方式来提升市场竞争力，从而实现利润增长与社会责任的双重目标。

（三）以顾客为中心

宾客是酒店收益的直接来源。他们享受服务，支付费用，为酒店带来直接的经济收益。没有顾客前来消费，酒店将因没有收入而被迫关闭。宾客不仅是消费者，还是酒店品牌与服务的义务传播者。在自媒体高度发达的今天，口碑与顾客评价直接影响到宾客选择及酒店的经营业绩。一位对酒店服务满意的顾客，可能会通过社交媒体、朋友圈等渠道分享自己的住宿体验，为酒店吸引更多的潜在顾客；而一位对酒店服务不满意的顾客，则可能通过负面评价对酒店的品牌形象造成损害，甚至会影响其他顾客不再预订这家酒店。以宾客为中心，已经是酒店业的共识，也是酒店提升产品质量，不断创新的起点。

在提升服务品质方面，酒店从顾客的角度出发，重新审视服务流程与产品设计，确保每一项服务都能精准对接顾客需求。比如，亚朵 APLUS 服务，除了常规的增值服务，还针对特需客人推出了"一室芬芳"：为客人提供檀木扩香柱＋托盘＋干花瓣＋薰衣草精油，为顾客创造一个充满香氛气息，安神助眠，舒缓身心的房内环境。生意好的酒店总是想方设法地溺爱客人，而生意不好的酒店总是抱怨客人让其他酒店宠坏了！

（四）社会责任

企业作为社会经济的核心单元，其角色已远远超越了单纯的经济价值创造者，而更多地承担起推动社会进步、促进环境和谐、维护公共利益的社会责任。企业社会责任（Corporate Social Responsibility，CSR）的实践，不仅是企业伦理道德和价值观的体现，更是实现企业持续健康发展、提高企业竞争力、促进社会整体福祉的关键路径。

从大的方面看，面对资源约束趋紧、环境污染严重的严峻形势，酒店有责任采用环保用品，采用环保技术，推行循环经济，减少资源消耗与污染排放。从小的方面看，应善待自己的员工，尽可能提高员工的待遇，因为每个员工的背后都有一个或多个家庭需要他们的支撑；同时，在员工工作的同时，要提高员工的自身素质和能力，这既是为酒店的发展储备力量，也是酒店对行业和社会做出的贡献。

此外，企业社会责任还对社会和谐稳定起到了积极的推动作用。通过支持社区发展、参与公益活动等举措，企业能够缓解社会矛盾，促进社会公平正义。这些行动不仅增强了企业的社会责任感，也为企业与社会的和谐共生奠定了坚实的基础。

（五）持续创新

我国酒店业的发展看上去是连续的、不间断的，但实际上被一系列时代性的断层切割成截然不同的发展阶段。但不管哪个阶段，创新是企业发展的驱动力，更是其生存与繁荣的必要条件。与此同时，创新不是一劳永逸的，需要酒店企业不断持续创新才能紧跟市场前进的步伐。以下我们就从市场需求变化、技术革新、竞争格局三个维度探讨酒店持续创新的原因和必要性。一是消费市场剧烈变化。随着消费者偏好的多元化与个性化趋势加剧，酒店业面临着前所未有的市场需求挑战。传统服务模式已难以满足宾客对于高品质、高附加值体验的追求。因此，酒店须通过持续创新，不断探索新的服务模式、产品设计与营销策略，以精准捕捉市场需求变化，提升客户满意度与忠诚度。例如，引入智能化客房系统、无接触服务设施等。二是技术革新驱动了酒店业创新。尤其以信息技术为代表的大数据、人工智能、物联网等技术的广泛应用，为酒店业带来了前所未有的发展机遇。酒店应尽可能地利用这些先进技术优化运营管理流程、提升服务效率与质量。例如，通过大数据分析客户行为，实现精准营销与个性化服务；利用人工智能辅助客房服务、餐饮推荐等，提高服务智能化水平。技术革新不仅降低了人力成本，还提升了客户体验，是酒店持续创新的重要方向。三是竞争态势要求创新。酒店业竞争日益激烈，新兴品牌不断涌现，传统酒店面临严峻挑战。在此背景下，持续创新成为酒店突破重围、保持竞争优势的关键。通过创新，酒店可以打造独特的品牌形象、构建差异化的竞争策略，从而在激烈的市场竞争中脱颖而出。例如，通过文化主题酒店、生态度假酒店等创新模式，吸引特定消费群体，实现差异化发展。同时，创新也是酒店应对突发事件、提升抗风险能力的重要手段。

四、酒店运营管理火箭模型

为深入探索与理解复杂多变的周围世界，数学家、物理学家、经济学家等诸多领域的学者，创造性地构建了众多模型作为分析工具。查理·芒格对此进行了精辟的概括，他指出，凡能显著提升人类对现实世界认知深度的构造性框架，皆可视为模型。模型作为现实世界的高度凝练与抽象表达，其核心价值在于引导思维聚焦核心要素，同时，其内在架构深刻映射了设计者独特的观察视角与思维方式。

值得注意的是，模型构建过程中往往需要对纷繁复杂的现实因素进行筛选与简化，这一特性决定了任何模型在绝对意义上均存在局限性，即"任何模型都是基于特定假设与简化的产物，因而不可避免地存在偏差"。然而这并不影响模型在日常管理实践中所展现出的巨大价值。模型不仅极大地降低了人们把握复杂现象、洞悉内在规律的难度，还促进了不同个体间交流的精确性与共识形成的效率。通过模型，管理者能够更清晰地阐述问题、预测趋势，并据此制定更为科学合理的决策与策略，从而在不确定的环境中实现更有效的资源调配与风险管理。

酒店运营管理除了受外部环境因素的影响，酒店内部的战略、企业文化、管理运营策略等也会对酒店运营管理产生较大影响。基于这些因素并结合多年来对酒店运营管理的思考，形成了"酒店运营管理火箭模型"。该模型较好地描绘了内外部因素如何相互作用，共同驱动酒店运营管理的成效。

（一）酒店运营管理火箭模型

运营管理效果 =f（E,P,D,C）×g（S,Cu,OM,CPC）

其中，f（外部环境）代表外部环境对酒店运营管理效果的影响，包含经济发展环境（E）、行业政策环境（P）、市场需求环境（D）、行业竞争环境（C）等多元变量，这些变量共同构成了酒店运营的外生条件，虽不可直接改变，但需敏锐洞察并灵活适应。

g（内部因素）则聚焦酒店内部战略（S）、企业文化（Cu）、运营管理策略（OM），以及由酒店产品力（Pr）、营销力（Ma）、组织力（Or）和学习力（Le）相乘构成的综合竞争力（CPC=Pr×Ma×Or×Le）。这四个"力"相辅相成，任何一方面的缺失或不足都将削弱整体效能，而它们的乘积效应则彰显了内部因素对于提升运营管理效果的决定性作用。

（二）模型解析

外部环境作为火箭的发射环境，为酒店运营管理提供了基础框架与限制条件。这些要素无法改变，只能适应。因此，酒店需持续监测并预测这些外部因素的变化趋势，以确保运营策略与外部环境保持动态适应。

内部因素则是火箭的推进、控制、载荷、电源、遥测、安全等系统，通过战略引领、文化塑造、策略优化，以及产品、营销、组织、学习四个维度的协同作用，推动酒店不断突破自我，适应并引领外部环境的变化。特别是"产品力×营销力×组织力×学习力"的乘积效应，强调了全方位提升内部能力的必要性，任何单一方面的努力都不足以达到最大化运营管理效果（见图1-4）。

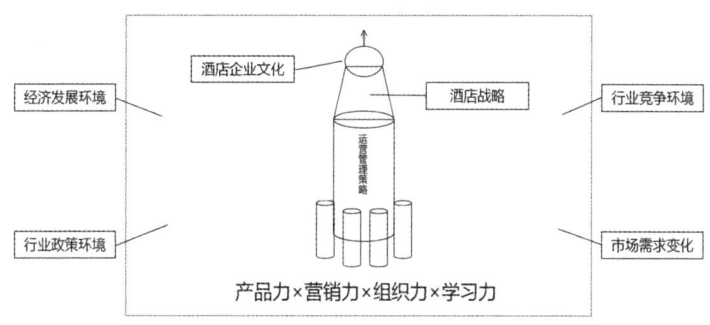

图1-4 酒店运营管理火箭模型

在探讨酒店运营管理的火箭模型中，提到的四个力（产品力、营销力、组织力、学习力）相乘关系是对酒店内部核心竞争力的一种高度概括和数学表达。这种乘积关系强调了以下内容。

一是协同性，四个关键力（产品力、营销力、组织力、学习力）展现出高度的协同性，它们之间并非孤立，而是彼此交织、相互强化，共同推动整体效能的提升。它们共同构成了酒店内部运营管理的综合体系。这种乘积关系表明，只有当这四个力都达到一定水平时，酒店的整体竞争力才能最大化。同样，任何一方面的短板都会显著削弱整体效果，如果有一方为零，哪怕其他力量再大，也会是零。二是倍增效应。乘积关系还体现了倍增效应，即如果其中某一力得到显著提升，那么整体竞争力的提升将远超过该力本身的增长幅度。这是因为其他力也会与之相乘，共同推动整体竞争力的提升。

1. 产品力是酒店运营的基础

什么是产品？产品是为满足消费者特定需求而定制的系统性解决方案。产品的第一属性,并不是为了销售,而是为消费者提供了什么价值或者说解决了什么问题。产品力是吸引宾客,并能满足宾客需求,使宾客产生购买欲望的能力。酒店产品力可以是硬件,如位置、装修档次、周边环境、某项硬件设施或者美味菜肴等,也可以是软件,如品牌、口碑等。硬件的,我们称之为"物质力";软件的,我们称之为"意识力"。

提升酒店的产品品质是提升酒店产品力的有效方法。比如,希尔顿欢朋推出的6.0产品增加了可以旋转的办公桌,让宾客办公更加舒适方便;增加了可以拉开当作单人床的沙发,受到带孩子家庭的喜爱;济南吉华大厦在早餐里增加了无抗鸡蛋,让更加关注健康的宾客吃得更放心。因此,大多数的酒店集团会在酒店运营过程中不断发现产品中的问题和不足,不断推出新的产品,实现产品更新换代,放大产品自身的产品力。

另外,产品力的大小根本上是受宾客的认知和喜好的影响,酒店的产品力大小并不是酒店说了算,而是宾客说了算。提升"产品力"的研究对象就会从"产品"转换为"用户",要围绕"用户需求"去努力。

2. 营销力是酒店运营的发酵剂

产品力是"面粉",那么营销力就是"酵母"。它不仅可以放大产品优势,吸引更多的用户促进销售,还可以帮助企业树立品牌形象,实现产品的溢价。营销是对产品和服务的升华,旨在以更契合目标消费群体的方式呈现其优势,进而影响其认知与购买决策,最终实现产品价值的最大化。

营销的核心在于精研市场规律与消费者行为,致力于探索如何使产品不仅成功触达目标市场,更能在激烈的竞争中脱颖而出,实现销量的稳步增长与收益的最大化。这一学问巧妙融合了经济学、心理学、社会学及信息技术等多学科理论,构建了诸如4P(产品、价格、渠道、促销)营销组合模型、STP(市场细分、目标市场选择、市场定位)战略分析框架,以及近年来兴起的数字营销、内容营销、大数据与人工智能驱动的精准营销等前沿理论模型。通过这些学术模型的运用,酒店能够深入分析市场需求,精准定位目标客户群体,设计出既符合消费者期望又具备差异化竞争优势的产品与服务。同时，借助数据驱动的营销策略，不断优化产品定价、拓宽销售渠道、创新促销手段，从而在提升品牌影响力的同时，实现销售转化率的显著提升和利润空间的持续扩大。营销的本质是一门关于如何智慧地引导市场趋势，让产品更好卖、更高收益的艺术与科学的完美结合的学问。

3. 组织力是酒店运营的核心竞争力

组织力是企业通过自身建立的文化、制度、流程及机制去激发组织成员达成组织目标的力量。组织力的强弱决定了一个组织战斗力的强弱。其一，一个企业的企业文化决定了企业的行动方向，指引成员在对客服务及日常工作、生活中做出决策，是组织力的灵魂。健康的企业文化不仅可正确引导员工的行为，而且可以凝聚员工，帮助员工找到工作的意义，激发员工士气。其二，一个企业的组织机构设置也会对企业的组织力产生影响。通过科学配置，优化人力资源组合，确保职责清晰界定，促进个体潜能最大化发挥，实现人才与岗位的最佳匹配，构建精简、有序且高效的组织架构。除此之外，要考虑酒店作为服务企业的特殊性，应该建立以宾客为中心的组织机构，达到"二线为一线，全员为宾客"组织合力。其三，组织力的关键是员工积极性。只有充分调动员工的积极性，员工在工作中才能更好地为宾客和企业创造价值。在调动员工积极性方面，要营造一个良好的工作氛围，从而使员工对企业、对工作产生感情，愿意为企业工作，并对从事的工作引以为荣。另外，员工考核和绩效管理是激发组织力的重要环节。酒店要量身定制一个以战略目标为导向，符合企业实际情况，员工乐意积极参与的酒店绩效管理制度，激发员工潜力，实现酒店和员工的共同成长。

4. 学习力是酒店运营的加油站

酒店运营处于一个快速发展、快速变化的时代。新技术、新观念层出不穷，新模式、新产品不断更新迭代。作为酒店管理者，要时刻关注社会、行业变化，紧跟时代潮流。学习是酒店运营管理的加油站，它不仅是提升服务质量、增强员工专业素养与能力的关键途径，更是酒店适应市场变化、保持竞争力并实现可持续发展的核心驱动力。通过不断学习，酒店能够紧跟行业趋势，创新服务模式，为客户提供卓越体验，同时，可塑造独特的酒店文化，推动企业的长远发展与繁荣。

学习力是指一个人或一个组织在获取、分享、运用和创造知识的过程中，表现出来的动力、毅力和能力的综合体现。根据哈佛大学教授柯比的研究，学习力可细分为六个要素：学习动力、态度、方法、效率、创新思维及创造能力。学习动力，作为学习的根本驱动力，根植于明确的学习目标、个人兴趣及内在动机之中。学习毅力则依赖于学习意志、心理素质和价值观等，是学习持久性的保障；而学习能力则是实际操作和应用知识的能力。

为提升酒店的学习力，结合酒店业的实际情况，笔者提出了一个学习金字塔模型，自上而下地规划了不同层次员工的学习路径，旨在促进知识的深度内化与技能的全面提升（见图1-5）。

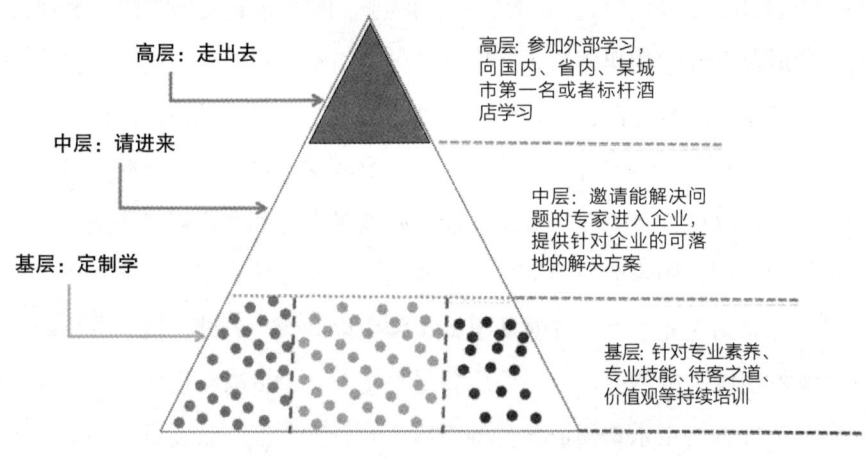

图1-5 酒店员工学习金字塔模型

（1）高层：走出去，寻标杆，拓视野。

作为管理金字塔的顶端的酒店高层管理者，肩负着引领企业方向的重任。他们通过"走出去"的学习方式，积极参与外部高端培训与交流，不仅限于国内，更放眼全球，寻找并学习国内、省内乃至特定城市中排名第一或具有标杆意义的酒店。这种学习不仅限于理论知识的传授，更侧重于管理理念、创新策略及市场趋势的洞察。高层管理者通过实地考察、案例分析、对话交流等形式，汲取先进经验，拓宽视野，为酒店制订更具前瞻性的战略规划，推动酒店向更高层次发展。

（2）中层：请进来，引专家，解难题。

中层管理者是管理金字塔的中坚力量，是战略执行的关键环节，其能力的提升直接关系企业战略落地的效果。为此，酒店采取"请进来"的策略，邀请行业内的专家、学者或成功企业的资深顾问，针对酒店当前面临的具体问题，提供可落地的解决方案。通过请进来，可以更好地了解企业的实际状况，通过实地诊断、工作坊、一对一辅导等方式，帮助中层管理者解决实际问题，提升决策效率与执行能力。

（3）基层：定制化，强技能，塑文化。

基层员工酒店金字塔的基石，是酒店服务品质的直接体现者。针对这一层级，酒店实施定制化学习计划，内容涵盖专业素养、专业技能、待客之道及企业文化与价值观等多个维度。通过定期举办技能培训、模拟演练、角色扮演等活动，结合在线学习平台与移动学习工具，确保每位员工都能获得与其岗位紧密相关的、实用性强的学习资源。同时，强化服务意识与职业道德教育，培养员工以客为尊的服务理念，营造积极向上的企业文化氛围。这种全方位、多层次的学习体系，不仅提升了基层员工的业务能力和服务水平，更增强了团队凝聚力与向心力，为酒店的可持续发展奠定了坚实的人才基础。

通过持续的学习与培训，酒店赋能团队成员掌握最新的技能与方法，如数字化管理工具的运用、客户服务的创新策略等，显著提升工作效率与服务质量。更重要的是，这一过程如同催化剂，促使团队成员的思维模式焕然一新，摒弃旧有观念，拥抱新思维与开放视野。新观念的融入，激发了团队成员对问题的深度思考与独特见解，为酒店注入源源不断的创意与活力。这种全面的转变，不仅增强了团队的凝聚力与创新能力，还使酒店在快速变化的市场环境中保持敏锐洞察，持续引领行业潮流，成为酒店行业的标杆。

第二章

环境塑造经营

外部环境是企业生存的土壤,它既为企业活动提供条件,同时,也必然对企业的活动起制约作用。

成立于1988年的山东净雅,号称"中式海鲜头等舱",鼎盛时期,人均消费高达1000元。净雅的服务和菜品一直作为高端餐饮业的标杆受国内餐饮企业的膜拜。2012年顶峰时,拥有22家全资控股公司,经营范围涉及山东、北京、辽宁、河南四地,全国门店共实现15亿元营收。2013年后,受中央八项规定的影响,原有的政务市场断崖式下滑,导致了不到3年的时间里二十多家酒店全部关门歇业,甚至还出现员工讨薪的闹剧。所有的理论和成功的做法都是在一定的条件假设或者环境约束下,才能成立或者发挥作用。以前成功的经验因为环境的变化,可能会成为包袱甚至陷阱。

酒店的经营管理环境可以细分为宏观环境、中观环境和微观环境。宏观环境主要包括政治、经济、文化、技术等因素,对企业运营影响巨大,但企业几乎无法改变这些因素,只能适应;中观环境又被称为行业环境,企业的发展离不开这个行业的发展周期及竞争态势的影响,对于企业战略制定至关重要;微观环境是指企业内部的相关要素,正确分析自身优劣势,才能获得更多机会,规避更多风险。

酒店管理者不正视环境变化的冲击,对竞争环境的变化熟视无睹,必将受到"环境"的惩罚。如同马云所言:"很多人输就输在,对新兴事物,看不见,看不起,看不懂,最后来不及!"近几年的酒店业变化,迅雷不及掩耳,甚至有许多情况让人始料不及。经营环境中,机遇与挑战并存,成功的酒店都密切关注环境变化并适应环境变化。

一、适者生存

企业的环境是在不断变化的,有时变化缓慢,有时变化剧烈,无论缓慢还是剧烈,经营环境一直在变化。在环境变化中,正如达尔文曾在《物种起源》道出的规则,"优胜劣汰,适者生存"。这句话往往让人误解,以为优者就是强者,劣者就是弱者;还有人把这句话当作半句看,没有意识到后半句更为关键。正如达尔文在书中所说"在所有物种中,能够生存下来的既不是最强壮的,也不是最聪明的,而是最能适应变化的。"记得在高中地理课上学习南美洲那一章节时,书上画着一个长满鬃毛、头部呈长圆锥形,看上去很凶猛的家伙叫食蚁兽。这么凶猛的家伙居然没有牙齿,却有长长的舌头,能够伸缩自如,长度可达60厘米,表面覆盖着细小的刺毛并且能分泌出黏液,它主要吃蚂蚁和白蚁。在动物界里以蚂蚁为食的动物不多,在没有太多竞争的情况下,这个家伙吃得体肥腰圆。还有长颈鹿为了能在草原旱季吃到高大灌木的树叶,将自己的脖子进化得长长的。这些鲜活的案例告知我们,适者生存是自然界的生存法则,这句话同样适用于酒店行业。

在酒店业竞争环境日趋复杂多变的今天,传统的产品、价格和服务竞争策略,虽然在短期内能够为企业带来一定的市场优势,但从长远发展的角度来看,这些策略已难以支撑企业持续地成长。彼得·德鲁克说过,21世纪企业间的竞争,已经不是产品与价格的竞争,甚至不是服务之间的竞争,而是"商业模式"之间的竞争！企业间的竞争不应仅局限于产品或服务层面，更应关注商业模式的创新与优化。因此，探索新的发展模式，以应对日益激烈的市场竞争，成为现代企业亟待解决的问题。

商业模式是企业创造和获取价值的核心逻辑，通过探究商业模式的构成要素、创新路径以及实施策略，企业能够更清晰地认识到自身在市场中的定位，从而制定出更具针对性和前瞻性的竞争策略。在传统的竞争格局中，企业往往受限于既定的行业规则和边界，难以突破固有的思维范畴。而商业模式竞争则鼓励企业从全新的视角审视市场环境，通过创新的商业模式打破传统行业的束缚，发掘并抓住新的市场机会。

任何一个成功的商业模式，都离不开经营环境的支撑。一旦商业模式所依存的环境发生突变，商业模式也就失去了其优势。在经济型酒店行业蓬勃发展的二十年后，一系列挑战与问题逐渐浮现，这些问题深刻地影响着经济型酒店的生存与发展策略。一是竞争激烈，生存空间的压缩。在核心城市的核心商圈，经济型酒店呈现出高度集聚的现象，这一趋势直接导致了酒店间的竞争白热化。房产资源的稀缺与房租成本的不断攀升，成为经济型酒店难以承受之重。不断上升的房租压缩了酒店的利润空间，限制了其在服务质量、设施升级等方面的投入能力。为了在众多竞争者中脱颖而出，经济型酒店不得不寻求升级改造之路，以提供更具市场吸引力和审美价值的产品。然而，受限于成本压力和市场需求的不确定性，房价提升的空间极为有限，进而影响了酒店的整体收益和盈利能力。二是设施薄弱。经济型酒店以其实惠的价格和便捷的服务为人称道，但为了控制成本，许多经济型酒店在基础设施和配套设施上投入不足，导致客房设施功能单一、舒适度不高。设施薄弱不仅影响了顾客的住宿体验，也限制了酒店的服务品质和品牌形象的提升。三是消费者的需求发生变化。消费者不再仅满足于基本的住宿需求，而是更加注重个性化、多元化和高品质的住宿体验。他们期望在经济型酒店中也能享受到智能化的服务、舒适的住宿环境以及丰富的娱乐设施。这种需求变化要求经济型酒店必须不断创新和升级，以满足消费者的新需求和新期待（见图2-1）。

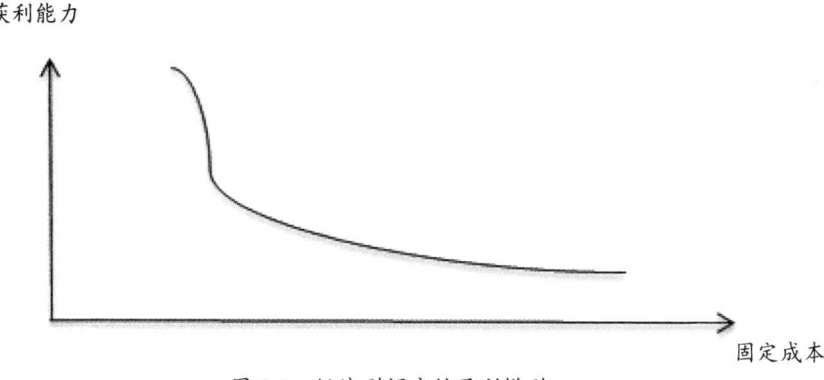

图 2-1　经济型酒店的盈利模型

经济型酒店的盈利模式靠的是低固定成本，经济型酒店经营进入问题区，也是固定成本不断攀升所造成的。针对以上经营困局，锦江、华住等酒店集团纷纷对原有的产品进行升级，比如，推出了汉庭 3.5、你好 2.0 等产品；还有将原来的酒店进行翻牌，摆脱原来品牌的束缚。如果依然按照原来的盈利模型，做经济型酒店势必亏损倒闭。

二、利用环境机遇

酒店业面对同样的市场环境波动、政策调整等外部压力，不同酒店管理者与从业者展现出了截然不同的视角与应对策略。一部分人或许只看到了眼前的困难与危险，被恐惧与不确定性所束缚；而另一部分人则独具慧眼，从危机中洞察到了潜藏的机遇，以积极的态度将现有条件转化为推动自身发展的强大动力。

危机并非单纯的负面事件，它更像是一块试金石，检验着企业的韧性、创新能力与战略眼光。在酒店业中，那些能够迅速适应变化、勇于探索新路径的企业，往往能在逆境中脱颖而出。例如，面对新冠疫情带来的入住率下滑，一些酒店迅速调整经营策略，将空置房间转化为隔离用房或远程办公空间，既满足了市场需求，又实现了收入的多元化。同时，它们还利用这段时间加强员工培训、优化服务流程、提升数字化管理水平，为未来的复苏与增长奠定了坚实的基础。在这一过程中，积极的心态与主动作为是关键。酒店管理者需要摒弃消极等待的心态，转而以更加开放和创新的思维去审视周围环境，寻找那些被忽视或未被充分挖掘的机遇。他们应当认识到，每一次危机都是一次行业洗牌的机会，只有那些敢于创新、勇于变革的企业才能在这场竞争中占据有利位置。

此外，酒店业的发展除了危机，随着社会经济的发展趋势和人们消费习惯的变化，会塑造很多"风口"。在特定的时机和环境下，即使是最不起眼的个体或项目，也能因抓住了时代的潮流或市场的热点而获得巨大的成功。当前酒店业的风口是"轻资产"运营、人工智能、下沉市场布局、酒店出海等。每一个风口都会助长一批"风口"的幸运儿。近年来华住集团成功运用了轻资产运营模式，通过特许经营、管理合同等方式，快速扩大市场份额。这一模式不仅降低了华住自身的资金压力和运营风险，还借助合作伙伴的力量，迅速将品牌影响力渗透至更广泛的市场。华住通过输出品牌标准、管理系统和运营支持，帮助加盟商提升服务质量，共同分享市场增长的红利。这种轻装上阵的策略，让华住在酒店业的竞争中保持了高度的灵活性和竞争力。但华住集团也因为开店过近、会员卡政策、费用过高、财务混乱等矛盾，出现了加盟商集体事件。

风口的形成并非偶然之至的短期机遇，而是历经长期积淀与不懈努力的必然产物。在酒店业这一竞争激烈的领域内，追逐风口的同时，更需秉持理性与审慎的态度，避免盲目跟风。对风口的深刻理解，可使我们洞察其蕴含的广阔机遇与无限潜力，能够激发行业的创新活力与市场增长点；也要清醒地认识到其背后隐藏的挑战与不确定性，包括市场竞争加剧、技术迭代风险及消费者偏好变化等。

三、回避环境风险

酒店经营风险无处不在，有些风险是可以预知的，但有些风险是无法预测的。以下有两个风险模型能帮助大家增强防范风险的意识。

（一）"黑天鹅"事件

在 17 世纪的欧洲，人们基于既有的观察与经验，形成了一种根深蒂固的观念，即天鹅均为白色。然而随着在澳大利亚首次发现黑天鹅，这一长久以来被视为不可动摇的认知框架轰然倒塌，此现象被称为"黑天鹅"事件。"黑天鹅"事件指的是那些具有高度不可预测性且影响深远的罕见事件，它们的出现虽出乎意料，却往往具备重塑现有格局的力量。这一现象揭示了人类在面对不确定性时的一个普遍倾向——过度依赖过往经验，却忽视了极端情况可能带来的颠覆性影响。历史上，美国"9·11"恐怖袭击、次贷危机引发的全球经济动荡，以及英国脱欧公投结果等标志性事件，均是对"黑天鹅"事件的有力佐证。它们不仅打破了原有的稳定格局，更促使社会各界重新审视风险评估、应急响应及长期战略规划的重要性，强调了在复杂多变的世界中保持灵活应变与开放思维的关键性。

20 世纪，企业发展环境变化是缓慢的、渐进的、线性的，甚至是可以预测的。因此，传统的企业管理对外部环境的适应性强调的是静态的，即使预测不准确，企业也可以以"不变应万变"，慢慢弥补和修正。进入 21 世纪后，企业面临的经营环境更加复杂、更加多变，弗兰克·奈特在其《风险，利润和不确定性》一书中，称之为"不确定性"。奈特认为风险和不确定性是两个不同的概念。人们通过经验可以度量发生的概率与结果被称为"风险"，但对于无法根据经验推测、预知、度量的，称为"不确定性"。不确定因素是那些我们脑海里完全没有概念的事情，这恰恰会给自以为懂得很多的我们带来风险——我们未知的东西，其实远远超过了我们已知的东西。

美国管理学大师彼得德鲁克在《管理的未来》《创新与企业家精神》和《动荡时代的管理》等书中对管理的不确定性形成了自己独到的思考。他认为管理中的不确定性无处不在，不确定性是管理的大势所趋。当然，不确定性不仅给企业带来了更大的挑战和风险，同时也会带来一些机遇和机会。甚至他认为，不确定性让过去影响企业发展的优劣势变得不再不可逾越，新环境会让原来卓越非凡的企业走向衰落，也会让新创企业迅猛发展壮大，不确定性管理代替确定性管理成为管理的趋势。

（二）"灰犀牛"事件

"黑天鹅"事件深刻揭示了企业运营环境的高度不确定性，尤其强调了对于低概率但潜在影响极为显著事件的防范意识。与"黑天鹅"事件形成鲜明对比并互为补充的是"灰犀牛"事件。灰犀牛以其庞大的身躯和迟缓的行动为特点，其存在往往显而易见于众人视线之中，却因长期的忽视与低估，直至其猛然加速冲击时，才令人恍然大悟，措手不及，最终造成重大冲击乃至颠覆性后果。因此，"灰犀牛"事件常被用作比喻太过于常见以至于人们习以为常的风险。灰犀牛与黑天鹅相比，它并不神秘，却更加危险。虽然在初期就可以察觉它的危险和危害，但由于管理者的侥幸心理、短视行为甚至群体性思维却被忽视，让人视而不见。

当前社会及企业管理中面临着多头"灰犀牛"的威胁和考验，酒店经营管理也是如此。比如，酒店卫生状况常令人担忧。2017 年，当时来自一家名为"蓝莓评测"机构的一条名为《五星级酒店，你们为什么不换床单》的网帖，指出五星级酒店存在不换床单、欺骗消费者的行为；国内媒体多次曝光经济型酒店、精品酒店、豪华酒店违反操作标准，2018 年 11 月 14 日晚，网友 @ 花总丢了金箍棒在微博公布视频《杯子的奥秘》，爆料北京某酒店，一位清洁人员随手拿起地板上的脏浴巾擦拭口杯、洗手盆、镜面；在另一家北京酒店，服务员使用脏毛巾擦杯子和餐具，甚至撩起衣角擦杯子；南昌某酒店的服务员用擦完坐便器的抹布擦杯子；价格高达 4500 元 / 晚的上海知名酒店的服务员从垃圾桶里捡起一次性的塑料杯盖，用自己的 T 恤擦一下就再次使用。几乎每隔一段时间，就会有爆料针对酒店业的卫生问题。现在在一些电商平台上，隔脏睡袋、一次性马桶垫、浴缸罩，甚至迷你热水壶成了热销品。酒店卫生问题频繁曝光，屡禁不止，让很多人无奈感叹，现在很多人出差，自己要带睡袋等用品，是否以后出差要自带"卧室"。

行业不景气，高管难自强。酒店管理层面临着极大的利润压力，在提高收入十分困难的前提下,狠抓成本的节约和控制,通过牺牲质量的短期行为来增加利润。另外,现在酒店及餐饮行业服务人员不仅工资低,而且工作十分劳累和艰苦,很多酒店长期处于用工荒的状态,由此引发连锁反应,管理者在日常管理中放松对员工的管理和要求,甚至在卫生、纪律方面也产生了"睁一只眼,闭一只眼"的现象。还有的酒店,尤其是高星级酒店,为了压缩酒店的成本费用,或者解决日常招工难的问题,与清洁公司合作,采用了客房清扫外包。由于放松了对外包服务的管理,再加上客房清洁公司自身管理不到位,导致了酒店行业卫生的滑坡。

卫生问题成为影响酒店行业的"阿喀琉斯之踵",如果再不引起行业的重视,将会严重影响行业的形象和发展。要想解决客房卫生问题,必须从思想上扭转片面逐利、畸形压缩成本的理念,扭转只重视宾客需求,而忽视员工利益的管理思维,需要从理念上、技术上、管理上着手,既要治标,又要治本,必要时要敢于"刮骨疗毒",重点治乱。

目前,很多酒店企业已经形成了很多有效的做法。比如,山东省旅游饭店协会积极倡导酒店客房服务人员佩戴"操作记录仪",全程对员工的操作过程进行录像,做到事后的监督和检查;潍坊东方大酒店自2003年"非典"之后,就开始将客房毛巾进行打包处理,避免布草洗涤后,在运输、传递以及员工操作中的二次污染,达到了良好的效果。7天连锁酒店也对布草进行打包处理。随着科学技术的不断进步,北京罗盘公司、江苏多家布草生产商等,在布草上植入特殊工艺RFID,酒店管理者用扫描仪器清晰记录布草清洗的时间,可以推断出员工是否更换过布草,并且还可以通过特殊仪器,对员工是否换洗进行监督。针对客房热水壶的卫生和安全问题,避免有些宾客会往热水壶里放方便面或一些其他的东西,目前,山东日照比特公司生产了一种热水壶,壶盖无法打开,现在卖得也很好。技术手段、添加设备等措施,比较容易实现。但从根本上解决问题,还需要从观念、思想上彻底改变。

除了卫生问题,酒店设施设备的不人性化,导致使用起来特别不方便。比如,很多酒店的插座设计的不人性化,三项和两项插头不能同时使用;酒店开关不集中，想开灯或关灯，需要在房间走上一圈；房间的水龙头较短或者水量较大，在开水龙头时，会溅到宾客身上。还有些设施舒适度较差，有些酒店卫生间的淋浴水压低，热水水温太低，水温不稳定、热水有异味等都是宾客投诉的热点。除此之外，房间异味、噪声、劣质酒店用品等都是宾客投诉相对集中的方面。

第三章
思维引领经营

酒店业的兴衰不仅与行业内部的竞争态势及服务质量提升有关，更与宏观经济环境、政策法规、技术进步、消费者行为变化等外部因素紧密相连。为了更精准地把握这些外部力量对酒店业有哪些影响，有必要从"产业思维"与"行业思维"两个中观维度进行深入剖析，从而帮助酒店制定有效的战略规划、优化资源配置、提升市场竞争力。

一、酒店产业思维

产业思维是站在社会变迁、国民经济发展、科学技术进步、产业结构变化等角度来预测对行业或企业带来的机遇和挑战，而不是局限于行业本身发展或企业竞争环境对企业运营管理的影响。因此，酒店管理者具备了产业思维后，会更加清晰地把握酒店企业的运营和管理的方向。如何把握产业思维，可以从以下几个角度进行深入探讨。

（一）国民经济对酒店业的影响

一是国民经济的发展对酒店业的发展有很大影响。在探讨旅游业发展与国民经济增长之间的关系时，一个核心视角是围绕国家经济水平的逐步提升。根据世界旅游组织的深入研究，经济发展阶段与旅游消费模式之间呈现明显的阶段性特征：首先，当一国人均 GDP 跨越 2000 美元门槛时，标志着该国的休闲旅游市场即将迎来显著增长期；其次，随着人均 GDP 达到 3000 美元，旅游需求会经历一次爆发式增长，此时出境游开始兴起，并且旅游目的逐渐由传统的观光游向度假游转变；最后，当人均 GDP 攀升至 5000 美元，旅游消费模式将展现出更为多元化的趋势，消费者对于旅游体验的多样性和个性化需求显著增加。根据统计数据分析，我国于 2019 年已实现人均 GDP 超过 1 万美元，这一成就深刻影响了国内旅游市场的格局与发展趋势，促使我国民众的旅游行为发生了质的变化，从过去以观光游览和简单休闲为主要目的的出游模式，逐步过渡到以追求高品质度假体验为核心的新阶段，为我国旅游业的转型升级提供了强劲动力和市场基础。作为旅游行业重要支柱的酒店，其产品设计、服务流程需要适应这一变化，酒店不再仅作为休息、睡觉的场所，而有可能本身就是宾客的旅游目的地。

二是经济周期的波动对酒店产业有着显著的影响。在经济扩张期，企业和个人的收入增加，旅游和商务活动频繁，酒店的入住率和房价往往随之上升。然而，在经济衰退期，消费者和企业可能会减少非必要支出，导致酒店的入住率和收入下降。酒店产业需要通过灵活的经营策略，如调整价格、优化服务、开拓新的市场等，来应对经济周期的波动。

三是政府的支持对酒店业的发展产生重要影响。政府在经济周期中发挥着重要作用。在经济衰退期，政府可以通过提供税收优惠、财政补贴、信贷支持等措施来帮助酒店产业渡过难关。在经济复苏期，政府可以通过推动旅游发展、改善基础设施、促进国际交流等措施来刺激酒店产业的增长。政策的支持对于酒店产业在经济周期中的稳定发展至关重要，酒店要关注国家政策的变化，充分利用政策红利。

（二）科技进步与酒店业发展的关联性

一是科技进步，尤其是信息技术的进一步提升了酒店服务质量，降低了运营成本，增强了竞争力。随着大数据、人工智能、云计算等前沿技术的广泛应用，酒店能够实现对宾客需求的深度洞察与精准捕捉，利用数据分析工具挖掘宾客偏好与行为模式，进而提供更加贴合个人需求的个性化、差异化服务体验。例如，通过宾客的历史入住记录、消费偏好等数据，酒店可以预先设定客房温度、灯光偏好及推荐个性化服务，如定制早餐、特定房间的预订等，极大地提升了宾客的满意度和忠诚度。此外，智能语音助手、自助入住与退房系统等技术的应用，不仅简化了入住流程，还减少了人为错误，进一步提升了服务效率和宾客体验。信息技术的引入使酒店能够实现运营管理的精细化与智能化，从而有效降低各项成本。通过物联网技术，酒店可以实时监控能耗情况，如空调、照明等设备的运行状态，实现能源使用的优化调整，减少浪费。同时，智能库存管理系统能够根据历史销售数据和当前预订情况自动调整采购计划，避免库存积压和资金占用。此外，人力资源管理系统能够优化排班、提高员工培训效率、减少人力成本。这些技术的应用，共同推动了酒店运营成本的持续下降。通过构建数字化营销平台，酒店能够精准定位目标客户群体，实施多渠道营销策略，提升品牌知名度和市场影响力。同时，利用虚拟现实（VR）、增强现实（AR）等前沿技术，酒店可以打造沉浸式体验场景，吸引更多年轻消费者。更重要的是，信息技术促使酒店业不断探索新的服务模式和盈利增长点，如在线预订平台、智能家居服务、非住宿业务拓展等，从而实现了从传统住宿服务提供商向综合旅游服务商的转型升级，显著增强了市场竞争力。

二是科技进步不仅提升了管理效率，而且改变了人们的管理观念，而从消费者角度看，还极大地消除了信息不对称，改变了消费者的购买习惯。原来人们常说的"从南京到北京，买的不如卖的精"，现在网络评价让消费者更容易了解酒店的服务和产品，并且让通过手机预订酒店成为一种常态。酒店业的销售主渠道从线下转移到线上，这是一个无法逆转的习惯，无接触服务、机器人服务也成为一种常态。

（三）产业链优化与酒店业发展的关联性

在当今全球化竞争日益激烈的商业环境中，企业的竞争焦点正逐步从单一的产品质量竞争，过渡到多元化的销售渠道竞争，最终迈向了更为复杂且深远的产业生态竞争阶段。酒店业作为服务业的重要组成部分，其繁荣与发展不仅依赖于高品质的住宿产品与服务，更离不开上下游产业链的高效协同与持续优化。产业链优化意味着从原材料采购、产品设计、生产制造、分销渠道、客户服务到售后支持等环节的紧密衔接与高效运作，形成一个良性循环的生态系统。

彩电行业的竞争变迁恰似酒店业发展的一面镜子，清晰映照出其行业演进的轨迹与特征。彩电行业在20世纪90年代末，长虹、康佳、TCL、海信竞争激烈；2000年左右，国美、苏宁等销售企业利用渠道优势提高与厂商的议价权，逼迫彩电厂商低于成本价格进行价格战，标志着产业竞争从产品生产过渡到销售环节的竞争；后来，随着互联网、移动互联网的发展，逐渐演变成京东、天猫和拼多多的竞争，形成新的网上商业生态，国美、苏宁两大巨头先后申请破产，"美苏争霸"成为历史。就像彩电行业的竞争演变一样，酒店业从原来的产品、价格的竞争发展到被携程、美团、飞猪等互联网OTA企业掌控话语权。但随着互联网的"去中心化"的趋势，将会导致酒店传统营销渠道对流量的争夺效果日渐微弱，新的营销渠道对流量的吸引将呈现分散趋势。

对于酒店业而言，产业链优化首先体现在供应链管理的精细化上。通过引入先进的信息技术，如物联网、大数据分析等，酒店能够更精准地预测市场需求，实现食材、布草、客房用品等物资的按需采购与库存管理，降低运营成本，提高资源使用效率。同时，应与优质供应商建立长期稳定的合作关系，确保原材料与服务品质的稳定可靠，为宾客提供卓越的住宿体验。

此外，产业链优化还促进了酒店业与其他相关产业的深度融合与协同发展。例如，与旅游、餐饮、娱乐、交通等行业的跨界合作，不仅丰富了酒店的服务内容与形式，还拓宽了酒店的收入来源渠道。通过打造综合旅游服务平台，实现资源共享、客源互送，共同提升整个旅游产业链的竞争力与吸引力。

更重要的是，产业链优化为酒店业带来了创新发展的新机遇。在产业生态竞争的背景下，酒店不再仅是提供住宿服务的场所，而是成为连接消费者与各种旅游资源的桥梁。通过整合线上线下资源，开发个性化、定制化的旅游产品与服务，满足消费者日益多元化的需求，从而赢得市场先机，实现可持续发展。

（四）产业集中对酒店业发展的影响

产业集中是大势所趋，产业的整合是历史必然。相关数据统计显示，2010年，国内连锁酒店大约有1万家，其客房数量占全国酒店客房总数的10%左右，2020年，国内连锁酒店的数量大约有10万家。另据国内三大酒店集团公布的公司财报显示，截至2024年12月31日，锦江集团开业运营的酒店为13416家，客房总数达到1290988间。华住集团共有11147家在营酒店。两家酒店集团的在营酒店都超越1万家，形成"万家酒店"集团；像首旅、格林、尚美、东呈、亚朵等将形成"千家酒店"集团；还有很多区域品牌形成"百家酒店"集团。根据迈点网公布的数据，截至2024年，连锁酒店集团的酒店数量在我国酒店数量的占比已超过26.75%。这些连锁酒店集团与单体酒店相比，将会在融资、产品设计、营销品牌以及吸引人才等多方面形成优势地位，单体酒店的运营管理的难度相比会不断加强，这对单体酒店的管理人员提出了更高要求。

二、酒店行业思维

酒店行业思维是酒店行业不同于其他行业的发展规律或态势。了解行业思维对个人与企业至关重要。它能敏锐捕捉行业动态、技术革新、政策变化及消费者需求演变，预测未来趋势以提前布局。同时，可增强竞争力，精准分析对手策略，促进创新，提升差异化。行业思维还可优化资源配置，确保资源向未来发展重点倾斜。跨界融合时代，它助力发现合作机遇，开拓新市场。个人层面，提升职业素养与竞争力，拓宽视野，增强专业影响力。

（一）员工是酒店竞争优势的来源

和制造业不同，酒店行业是一种情绪性劳动，大量服务工作需要员工面对面地按照宾客需求定制，采用小批量的生产方式进行。员工的情绪、态度、价值观、技能熟练程度等都会影响顾客的体验，从而影响酒店的美誉度。没有满意的员工就没有满意的宾客，员工是酒店竞争优势的来源，已成为酒店业的共识。因此，服务好宾客之前，管理者要服务好员工，让员工自动、自发地为宾客着想，自愿地为提升宾客的满意而付出。目前的员工荒严重影响了酒店服务质量以及服务的稳定性，成为影响酒店业健康发展的一大症结。酒店用工荒的本质是行业无法为即将进入或者已经进入这个行业的员工提供具有吸引力的待遇。酒店管理者只有提高人效，获取超额的利润，才能在物质上满足员工的需求，才能留住和吸引员工。

（二）宾客在酒店交易中占有优势地位

随着国家法律法规的日益健全，对消费者权益的法律保障力度加大。当宾客在酒店交易中遇到不公或不满时，他们有权依据相关法律法规进行维权，包括但不限于要求赔偿、公开道歉乃至法律诉讼。这种制度层面的支持，无疑提高了宾客在酒店交易中的议价能力和话语权，使他们能够在一定程度上占据优势地位。

酒店的盈利模式本质上依赖于宾客的消费行为。无论是客房销售、餐饮服务还是会议活动，宾客的满意度和忠诚度直接决定了酒店的收入水平和市场竞争力。因此，酒店业主动把优势地位让渡给消费者，通过提供个性化、高品质的服务来赢得宾客的青睐。这种宾客导向的经营理念，不仅促使酒店不断创新服务模式、提升服务质量，还促使酒店管理层更加重视宾客反馈，将其作为改进工作的重要依据。

宾客在酒店业中的优势地位还表现在服务质量评价上。宾客对于酒店的评价，往往基于他们在入住期间的感受，包括房间的舒适度、服务的响应速度、餐饮的口味与质量以及整体环境的舒适度等。一旦宾客对某一方面感到不满，他们可能会选择投诉、在社交媒体上发表负面评论或在第三方平台上给予差评。这些行为不仅会影响酒店的声誉和品牌形象,还可能直接导致客源流失和收入下降。因此,酒店必须将消费者的体验放在首位,通过不断优化服务流程、提升员工素质和完善投诉处理机制来确保宾客满意度的持续提升。

(三)酒店硬件受生命周期的影响

酒店行业受到硬件的影响,一般来说5~8年为一个酒店运营周期。酒店装修改造不仅是新旧的反复,更是观念、内涵、趋势的更迭。如果酒店不能在一个装修周期内获取利润,回收资金,就断送了下一个循环。因此,酒店管理者要明白每一天的运营不仅是为了当日的营业收入,更是为未来5~8年储备发展的资金。如果酒店失去自我造血能力,关门是迟早的事。

不掌握行业思维、不了解行业发展的规律、不了解行业特点会严重制约个人职业成长与企业发展。个人容易陷入技能不匹配、信息闭塞与职业定位模糊的困境,从而阻碍自己的晋升与规划。企业则面临市场定位偏差、战略失误及资源浪费,市场竞争力被削弱,错失良机,竞争力下降,甚至使得客户流失,最终导致酒店经营的失败。

(四)酒店业发展的主要矛盾

认清酒店运营管理的主要矛盾才能有的放矢。酒店业发展的主要矛盾随着环境的变化而不断发生变化。中国酒店业经历了40多年的快速发展,酒店业的主要矛盾也从最早的供不应求逐渐演变成四个不匹配:一是宾客需求与酒店产品不匹配;二是酒店运营手法与激烈竞争态势不匹配;三是酒店发展与员工素质不匹配;四是酒店的投入与产出不匹配。

1. 宾客需求与酒店产品的不匹配

20世纪80年代,伴随着我国酒店业的起步、合资经营管理、引进国际酒店品牌,国家旅游局于1988年制定颁布了《旅游饭店星级的划分与评定》,从申报、评定标准、评定流程到星级核准，形成了严格的操作程序和标准。1997年、2003年、2010年、2024年，星级饭店评定标准又历经多次修改，成为我国酒店业发展的指导性文件。星级评定标准不仅规范了我国酒店业的管理秩序，也成为人们选择酒店的标准和参照，更是酒店投资者和管理者投资和运营酒店的指导手册。这对我国酒店业的健康发展起到了重要作用，并产生了深远影响。"星级饭店"成为高档、品质的代名词，甚至还影响了其他行业，比如，公交系统评定"星级驾驶员"、家政服务评定"星级月嫂"。

但随着我国的社会和经济的发展，改革开放的进一步扩大，特别是经济全球一体化的趋势，人们出行目的更加多元化，除原来常见的观光旅游、商务、会议外，度假、康养、休闲、体育等也成为社会大众出行的新趋势。出行目的的多元化导致了旅游者年龄结构、收入结构、消费习惯、价值观念的多元化，从而使得市场对住宿业的产业形态提出了更多元的要求。2000年后，我国的经济型酒店从萌芽到国内最大经济型连锁酒店超过1000家门店，仅用了不到10年，从1000家发展到10000家，仅仅经过了14年。经济型酒店虽然也遇到过很多问题，但其产业规模已可以与星级酒店的规模分庭抗礼。如家、汉庭等几个成熟的经济型酒店品牌在管理系统、客源系统、创新能力等方面极大地展现了强大的运营能力，加上良好的性价比，经济型酒店从传统的星级酒店中分流走了大量客源。在经济型酒店取得巨大成功之后，精品酒店也呈现出了较好较快的发展势头。其典雅的环境、颇有艺术价值的设计和极具个性化的服务，很快吸引了那些已经厌倦了同质化酒店产品的消费者，成为年轻宾客的首选。2013年之后，随着互联网技术的进步，民宿、胶囊酒店等新业态逐渐走上酒店业舞台，酒店业呈现了百花齐放的态势。未来中国酒店业将不再可能被某一单一的模式和标准所统一，而一定会出现更多多种多样、多姿多彩的模式和服务产品。原有的星级酒店、经济型酒店在新的市场环境里，其产品越来越不适应消费者的需求，产品与需求不匹配的现象日趋加大。

2. 竞争手法与激烈竞争之间的不匹配

根据文化和旅游部公布的 2023 年《全国星级饭店统计公报》显示，星级饭店"平均出租率"为 50.69%，大约有一半的客房处于空置状态；酒店业的形势虽然逐渐回暖，但酒店间的竞争加剧是个不争的事实。原来赖以生存的"资源型"竞争策略受到了巨大挑战。传统的酒店业管理者认为只要占据了便利的交通位置，就不愁宾客上门；还有的酒店占有政府、行业甚至个人资源，认为只要控制了资源，酒店的生意就有保障；还有的酒店管理者习惯于原来的"二八原则"，20% 的宾客给酒店带来 80% 的收益，只要搞定了占酒店收益 80% 的大客户群，酒店生意就能基本得到保证。但随着中央八项规定及政务消费的有序性深化，再加上互联网技术进步，酒店业市场的"二八原则"被"长尾市场"所替代。原来的"大"客户变得越来越"少"，即使还是大客户，但他的业务量也大幅缩水，团队市场散客化，散客市场碎片化成为新趋势。因此，原来的营销策略、营销手段，甚至酒店组织结构等都必须做出调整，适应新的市场需求。

好比在一个城市生活多年的老司机，他们对城市的道路十分熟悉，以前开车凭借个人的经验，不用其他辅助手段就可以开车到达目的地；而现在即使再熟悉道路的老司机也常常要打开"导航"，不是他不熟悉道路，而是道路状况变化之快让老司机无所适从。使用"导航"，他可以找到一个最优的行车路线，规避拥挤难走的道路。原来的酒店管理者好比"老司机"，管理酒店靠的是经验，而现在的管理者靠的是"导航"，充分利用数据分析来做好经营管理。如果管理者不能精通数据分析、数据应用，好比盲人骑瞎马，全凭感觉和经验，其经营管理效果可想而知。

3. 酒店的发展与员工素质的不匹配

30 年前酒店业在国民心目中属于高大上的行业，不仅待遇福利好，而且工作环境舒适，吸引了大批青年才俊。当时，酒店招聘员工好比"选美"，男士身高不足 170 厘米，女士不足 160 厘米的，不要；胖一点的不要，瘦一点的不要，眼睛近视的不要，甚至脸上有美人痣的都不要……造成了酒店行业成为当时颜值指数爆棚的行业。但好景不长，2000年后，酒店业发展遇到瓶颈，开始"减员增效"，员工人数减少了，劳动强度大了，但工资待遇并没有变化；同时，随着国民经济快速发展，其他行业的待遇和发展前景明显好于酒店业，酒店不再是青年才俊就业的选项,甚至大量的酒店从业人员也被其他行业挖走，酒店迎来了"用工荒"。一些酒店为了招聘到员工，采用了"拉壮丁"的招聘方式，本身业务能力不能应对酒店管理和宾客的要求，加剧了员工的流失速度和流失率，造成了恶性循环。有的酒店老总感慨"实习生找不到，新员工招不来，老员工留不住"，天天招，天天"用人荒"。

当前人力资源市场上并非没有人,实际上是"招工难"与"找工难"并存。我们也经常从新闻中看到,一个公务员岗位有1000多人报考,其难度可想而知。但即使这么难，大部分的年轻人即使没工作，也不会找他们认为的"不好的工作"来凑合。虽然我们改革开放仅40多年，但"00后"一代与以往的几代人具有明显的不同，他们已经不需要为"生存而工作"。反观酒店行业的用工荒，本质上是酒店行业自身"收入低、人们观念中的社会地位低和工作辛苦"等原因导致自身吸引力不足造成的。另外，也有酒店自身管理不善，"心情"和"薪情"影响了员工的归属感。酒店投资方、管理方要清醒地认识到，如果不创新用工模式，不解决员工的切实需求，酒店用工荒将是持久的问题和难题。

由于管理人员流失,酒店管理人员还出现了"激素式干部",专业能力不足；同时，在酒店管理中还出现了"跳槽式"晋升的现象，能力和水平没有提升，却通过跳槽提升了待遇。管理团队的专业素养、服务技能、职业道德观念等出现了下滑的现象，这种下滑不仅影响了经营能力，更重要的是影响了内部管理，"师傅不明，徒弟糊涂"，甚至还有的管理人员缺乏应有的管理技能，用酒店赋予的"权力"来压迫员工，拉帮结伙来掩盖自己能力的不足，还有的用"旁门左道"侵占酒店资金。这些"激素管理者""跳槽式管理者"的管理方式也加剧了员工的流动，让部分员工跳出酒店行业。更可怕的是，这种现状并没有改善的迹象，而且逐渐加剧。中国旅游协会副会长张润钢先生曾经发文感叹："最近这十年是中国饭店质量不断倒退的十年，是专业精神不断流失的十年，也是饭店行业的职业荣誉感和职业精神逐步消失的十年。"

与酒店员工素质下降相反的是，宾客需求比以往更高。随着市场环境的变化，新一代宾客的消费理念也发生了巨大变化，他们更喜欢"品质高、绿色健康、颜值高、高效便捷、个性定制、体验性好"的产品和服务。这无形中加大了员工素质和需求之间的矛盾。如何吸引员工，留住员工，培养员工，让员工更有激情，更爱岗乐业，更专业，成为摆在酒店管理者面前一道绕不过去的坎。

4. 酒店投入与产出的不匹配

酒店行业外的人认为商场里一瓶啤酒只卖4元，到酒店里可以卖10元，一斤土豆菜市场只要2元，酒店里一盘土豆丝卖到18元，这绝对是暴利行业。但实际上，酒店的成本不仅是原材料的成本，背后还有人力、能耗、租金、固定资产折旧以及税收等成本，表面上暴利的餐饮，纯利润也不超过10%，甚至大部分餐饮企业连5%的利润都达不到。一旦发生一些非经营损失，酒店不仅不盈利，甚至还会亏损。酒店行业不仅是劳动密集型行业，更是资金密集型行业。酒店硬件建设、周期性装修改造、日常设备维护保养、正常运营下的能耗、员工工资的上涨等，成为影响酒店利润的关键因素。即使效益好的酒店也并非长盛不衰，而是随着观念、人员、设备老化也大多落入经营亏损的陷阱。酒店行业是一个入门容易的低利润行业，也是一个建立在经济发展基础上的行业。

第四章
明晰酒店战略

战略"Strategy"一词来源于希腊语，本来含义是"敌对状态下将军指挥军队克敌制胜的艺术和方法"。《简明不列颠百科全书》对战略的解释是"在战争中运用军事手段达到战争目的的科学与艺术"。当今的管理者必须从战略的角度思考公司的状况，培育能为公司带来竞争优势的核心能力，思考变化的环境对公司的影响。他们必须非常密切地检测内外部的资源与环境，从而准确地把握战略变革的时机。简言之，战略管理的基本要义是从一个整体的角度来管理一家公司。

战略管理关乎企业的长期生存与竞争优势，是企业高层管理者依据企业内外部环境的现状、变化和未来走向，制定符合企业实际的战略，将其有效实施，并对实施过程进行控制和评价，确保企业的长远竞争优势的动态管理过程。战略是企业管理和运营的头等大事，一旦战略错误，往往是致命的。

一、战略对于酒店管理的作用

在竞争日益激烈的酒店行业中,战略管理起着举足轻重的作用。明茨博格所提出的关于企业战略的五种定义,为酒店的战略管理提供了全面且深刻的视角。

首先,战略是一种计划(Plan)。酒店战略实施从酒店筹建之初便贯穿整个酒店的运营和管理的每个环节。在建设之前,就需要制定详细的发展规划,涵盖市场定位、目标客源群体的锁定、服务项目的规划、提供的设施设备的档次以及资金预算等多方面内容。例如,一家定位服务高端商务型客人的酒店,与服务家庭旅游客人的酒店在设备选择方面大相径庭,商务客人需要智能化会议设施、24小时管家服务以及高质量的休闲健身服务等。而家庭旅游客人更需要亲子设施、儿童游乐区、房间防护设施以及儿童餐饮服务等。

其次,战略是一种模式(Pattern)。酒店经营过程中会逐渐形成特定的行为模式,这体现在日常的运营、对客服务模式以及盈利模式方面。比如,有些酒店依靠高品质的服务,提高自身品牌,来追求产品和服务"溢价",甚至创建自己的品牌、发展加盟业务等,利用品牌来获得超额利润。还有的酒店靠酒店的超高性价比来吸引价格敏感度较高的客人,提供快捷、高效的服务,甚至通过规模化运营来降低成本,让利于顾客。这种模式不断重复、强化,成为酒店区别于其他竞争对手的特色所在,也塑造了酒店在顾客心中独特的形象,有助于培养顾客的忠诚度。

战略是一种计谋(Ploy)。在酒店行业的竞争战场上,计谋的运用必不可少。郑州一弯明月酒店位于郑州会展中心附近,周边酒店数量众多,竞争异常激烈。为了在众多竞争对手中脱颖而出,酒店管理层决定从服务入手,特别是通过一系列具有吸引力的免费服务来吸引客源。

(一)免费送儿童餐

考虑到许多家庭游客或商务客人可能会携带儿童入住,酒店为12岁以下儿童提供免费的营养儿童餐。儿童餐的设计不仅注重营养均衡，还在造型上十分可爱，有卡通形象的米饭、色彩缤纷的蔬菜水果拼盘等，深受孩子们的喜爱。

（二）免费送生日套餐

对于在酒店入住期间过生日的客人，酒店会送上一份精心准备的生日套餐。套餐包括一个定制的生日蛋糕、一束鲜花、一瓶香槟以及一张酒店自制的生日贺卡。酒店会提前了解客人的生日信息，在生日当天将房间布置得充满节日氛围，给客人带来意外的惊喜。

（三）免费提供洗车服务

考虑许多客人是自驾前来，酒店为住客提供了免费的洗车服务。酒店配备了专业的洗车设备和工作人员，无论是客人刚抵达酒店，还是在入住期间需要洗车，都可以享受到便捷的服务，让客人的爱车始终保持干净整洁。

（四）次日 20 点退房

区别于其他酒店通常在中午 12 点或 14 点退房的规定，一弯明月酒店为客人提供了更宽松的退房时间——次日 20 点。这一举措特别适合那些前一天入住较晚或者第二天行程较晚的客人，让他们有更充足的时间休息和安排行程，无须担心退房时间过早带来的不便。

（五）钟点房 24 小时开放

酒店的钟点房实行 24 小时开放政策。无论是商务客人需要在白天短暂休息，还是游客在深夜抵达城市需要临时落脚，都可以随时在酒店办理钟点房入住，满足了不同客人在不同时间段的住宿需求。

（六）免费提供熨烫及加急洗衣服务

对于有商务需求或注重着装整洁的客人，酒店提供免费的熨烫服务。同时，对于有紧急洗衣需求的客人，还提供加急洗衣服务，确保客人能够及时穿上干净整洁的衣物。

（七）六小时内按钟点房结算

如果客人的入住时间不满 6 小时，酒店将按照钟点房的价格进行结算。这一计费方式对于那些只需要短时间住宿的客人来说非常划算，提高了酒店服务的性价比。

（八）店内所售物品均以进价结账

酒店内设有小型商店，出售各种日用品、纪念品等。所有店内商品均按照进价出售给客人，不赚取差价，这为客人提供了极大的便利，让他们在酒店内就能以实惠的价格购买到所需物品。

（九）轿车免费送客至地铁站或机场

为了方便客人出行，酒店提供免费的轿车送客服务，可将客人送至最近的地铁站或机场。这一服务省去了客人寻找交通工具的麻烦，尤其对于携带行李较多的客人来说非常贴心。

这些免费服务推出后，一弯明月酒店迅速在市场上获得了良好的口碑。通过客人的反馈和在线评价可以看出，这些免费服务极大地提高了客人的满意度。家庭游客对儿童餐赞不绝口，许多客人对生日套餐带来的惊喜表示非常感动，自驾客人对洗车服务和便捷的退房、钟点房政策给予了高度评价。

在激烈的市场竞争中，一弯明月酒店的这些免费服务使其与其他酒店形成了明显的差异化。酒店的入住率稳步提升，尤其是在旅游旺季和节假日期间，酒店常常提前多日就达到满房状态。

同时，战略是一种定位（Position）。酒店必须清晰地找准自身在市场中的定位，明确自己服务于哪类客人，处于何种档次。是主打奢华享受，面向高消费群体的豪华酒店；还是侧重于提供高性价比服务，满足普通游客和商务出行者基本需求的经济型酒店；抑或聚焦主题特色，吸引特定兴趣爱好群体的主题酒店等。准确的定位能让酒店在目标客户群体中有清晰的辨识度，更精准地进行营销推广和服务优化，使酒店的资源投入产生最大效益。

最后，战略是一种观念（Perspective）。酒店上下全体员工需要秉持共同的战略观念，从管理层到一线服务人员，都要深刻理解酒店的发展愿景、目标以及价值取向。青岛海景花园酒店二十多年来一直以"亲情服务"在国内享有盛名。其高管始终秉持着极具前瞻性的战略观念，牢牢锚定酒店的发展愿景——打造国内乃至国际上首屈一指的高端服务型酒店。为此，在资源配置方面，管理层精心规划，投入大量资金用于更新酒店的硬件设施，客房内选用高品质的床垫、床品，确保宾客能享受到极致舒适的睡眠体验；卫生间配备智能且人性化的卫浴设备，处处体现着便捷与舒适。在人员培训上，定期组织各类专业培训课程，邀请行业内的专家前来授课，从服务礼仪到沟通技巧，从应急处理到个性化服务的打造，全方位提升员工素养，力求每一位员工都能成为酒店服务形象的代言人，这一切举措都紧紧围绕着提升酒店整体品质与服务水准这一核心价值取向来展开。

而一线服务人员更是将这种共同的战略观念融入日常工作的每一个细节之中。门童们每天都会以最饱满的热情迎接每一位宾客的到来，无论严寒酷暑，他们总是提前站在酒店门口，主动帮忙拿行李，脸上洋溢着真诚的笑容，让人一踏入酒店就感受到家一般的温暖。前台工作人员在办理入住手续时，会亲切耐心地解答宾客的每一个问题，还会细心地根据宾客的需求推荐合适的房型以及周边的旅游景点、美食去处。客房服务人员更是细致入微，在打扫房间时，不仅会确保各个角落一尘不染，还会根据宾客的喜好摆放毛巾造型，留下温馨的手写便签，若是发现宾客有特殊需求，比如，需要额外的枕头或者睡前饮品，会迅速且周到地予以满足。餐饮部门的员工会记住常客的饮食喜好与忌口，主动为他们推荐符合口味的菜品，在就餐过程中，时刻留意宾客的需求，及时添加茶水、更换餐具，让宾客尽享惬意的用餐时光。

正是因为全体员工都秉持着共同的战略观念，青岛海景花园酒店才能在激烈的市场竞争中脱颖而出，不断收获宾客的赞誉与认可，在酒店行业树立起良好的口碑，成为众多同行学习效仿的榜样，持续向着更长远、更辉煌的发展道路稳步迈进。

酒店若想在风云变幻的市场中立足并取得长远发展，需要多维度精心布局，实施科学有效的战略管理，方能在激烈的酒店行业竞争中脱颖而出，实现可持续的繁荣发展。

二、酒店内外生战略

酒店战略有的是因适应外部环境的巨大变化而制定的，称为外生战略；而基于企业内部资源和发展需要而制定的战略被称为内生战略。

（一）内生战略

内生战略主要是基于企业内部所拥有的资源、能力以及核心竞争力等要素来制定。它聚焦企业自身已有的条件，通过挖掘内部潜力、优化内部流程、提升员工素质、整合内部资源等方式，实现企业的成长、创新与竞争优势构建。例如，酒店企业依靠自身培养的专业管理团队、独特的服务文化、自主研发的餐饮菜品等内部资源来拓展市场、提升竞争力，这就是内生战略的体现。

影响内生战略的关键要素主要包括以下几个方面：

1. 资源基础

包含有形资源如酒店的房产设施、客房装修、餐饮设备等，以及无形资源像品牌声誉、专利技术（如酒店独特的智能客房控制系统专利）、员工的服务经验和技能等。有效配置和利用这些资源是内生战略的重要基础。

2. 核心能力

指酒店企业在某些方面具备的独特能力，比如，高效的客户服务能力能快速响应并满足客人各种需求；强大的成本控制能力，使酒店运营成本低于同行，从而在价格上更具竞争力等。核心能力是内生战略中形成差异化优势的关键所在。

3. 内部创新

酒店可通过鼓励员工提出改进建议、设立内部创新激励机制等，在服务模式（如推出个性化主题客房服务）、管理流程（采用更高效的数字化客房分配系统）等方面进行创新，依靠内部创新推动企业发展也是内生战略的重要环节。

（二）外生战略

外生战略侧重借助企业外部的机会、环境因素以及与外部主体的合作等途径来规划发展方向。它着眼于外部市场的变化、政策环境、竞争对手动态、新兴技术趋势以及合作伙伴资源等，通过把握外部机遇、应对外部威胁来谋求企业的发展与壮大。比如，酒店企业根据所在城市旅游热度上升、新出台的旅游扶持政策，或者与在线旅游平台达成深度合作等外部因素制定相应策略，就属于外生战略范畴。影响外生战略的关键因素有以下几点。

1. 市场机会

密切关注市场需求的变化，如随着人们对健康养生关注度提高，酒店可以开发养生主题的客房套餐、餐饮服务等；或者抓住新兴的商务旅行市场细分领域，打造针对商务人士的高端便捷服务，通过捕捉这些市场机会来制定外生战略。

2. 政策环境

政府出台的相关政策如税收优惠、旅游产业扶持政策等对酒店影响重大。酒店可以利用这些有利政策，扩大经营规模、进行设施升级等；同时也要关注如环保政策等可能带来的挑战，提前制定出应对策略，顺应政策环境来调整外生战略。

3. 合作伙伴关系

与外部各类主体合作，像与知名餐饮品牌合作打造特色餐厅，吸引更多食客；和旅行社建立长期稳定的合作，获取稳定客源；以及联合其他酒店进行联合营销、资源共享等。借助合作伙伴的优势资源来拓展自身业务，是外生战略常用的手段。

（三）酒店企业战略思考

战略，它既来自企业外部，又来自企业内部；它既不来自外部，又不来自内部。从本质上来讲，一流的战略思路往往来自企业家审时度势后灵感式的顿悟。这种顿悟与企业外部环境和内部生态相结合，制定的具体措施如下：

1. 基于内生战略的思考策略

提升服务品质：利用内部培训体系，加强对员工服务技能和意识的培训，打造出更优质、个性化的服务，让客人有更好的入住体验，凭借良好的口碑吸引更多客源。例如，酒店可以定期组织服务技能大赛，激励员工提升服务水平。

优化运营管理：深入分析内部运营流程，运用数字化管理工具，优化客房预订、入住登记、退房结算等流程，提高运营效率，降低人力成本和时间成本。比如，引入智能前台系统，实现客人自助办理入住和退房手续。

挖掘文化内涵：从酒店自身的历史、所在地区文化特色等方面挖掘独特的文化元素，融入酒店的装修风格、服务细节、主题活动中，营造有辨识度的文化氛围，提升酒店的品牌价值。比如，一家位于古城的酒店，可以将古城的传统建筑文化、民俗文化融入客房布置和特色体验活动中。

2. 基于外生战略的思考策略

市场拓展与定位调整：根据外部市场调研，分析不同地区、不同消费群体的需求特点，适时调整酒店的市场定位，开拓新的市场。例如，发现周边有新兴的工业园区建设，商务客源增多，可将部分客房改造升级，增加商务办公配套设施，定位为商务型酒店，满足新的市场需求。

3. 紧跟行业趋势

关注酒店行业的新技术应用、新的消费潮流等趋势，及时引进新技术如智能客房设备（智能灯光、温控系统等），或者推出符合新消费潮流的服务项目（如网红打卡点打造、户外露营主题体验等），保持酒店的新鲜感和竞争力。

4. 合作与联盟策略

积极寻找外部合作伙伴，与周边的旅游景点、娱乐场所等建立合作关系，推出联票、套餐等优惠活动，互相引流；也可以加入酒店联盟，共享会员资源、采购资源等，扩大酒店的影响力和资源获取渠道。

即使在全局上有明显的战略弱势，也需要在战术上形成明显的战略优势。酒店综合运用内生战略和外生战略，内外兼修，能够更好地应对复杂多变的市场环境，实现可持续的高质量发展。

三、制定战略的关键步骤

酒店制定战略大体经历环境分析、确定战略目标、做出战略选择以及战略评估等步骤。

（一）环境分析

环境对酒店战略有着至关重要的影响。外部环境中的宏观因素如政策法规、经济形势、社会文化潮流以及技术革新，或推动酒店顺应变化去拓展新业务、优化服务，或限制其某些发展方向；行业内竞争对手、潜在进入者、替代品等情况也左右着酒店战略选择，是走差异化、成本领先还是集中化路线等。而内部环境里自身资源的多寡、运营及服务等能力的高低同样决定着酒店战略是采取扩张、稳定还是收缩等举措。做好环境分析是制定战略的关键一步。环境分析除了常见的 PEST 分析法、波特五力模型分析法、SWOT 分析法、价值链分析法、波士顿矩阵分析法、情景分析法、利益相关者分析法，华为的"五看三定"和台湾学者汤明哲提出的 WWW 趋势判断模型值得关注。

1. 华为的"五看三定"

（1）看行业：华为所处的通信行业发展迅猛且竞争激烈。在全球范围内，行业技术不断迭代，从 2G、3G 到 4G、5G 的快速演进。华为通过"看行业"来预判行业技术走向，例如，在 5G 技术研发初期，华为准确判断 5G 将成为行业未来发展重点，并提前投入大量研发资源；在行业生态方面，通信行业涉及众多上下游产业链。华为通过对行业的观察来整合产业链资源，加强与芯片制造商、终端设备生产商等上下游企业的合作，以确保自身在行业中的优势地位。

（2）看市场：华为的产品和服务面向全球市场。不同国家和地区的市场需求存在显著差异，如欧美市场对通信技术的安全性和稳定性要求较高，而亚非拉部分新兴市场对成本较为敏感。华为通过"看市场"来制定差异化的市场策略，满足不同地区客户的需求。在市场份额争夺方面，面对爱立信、诺基亚等竞争对手在部分市场的先发优势，华为通过对市场的洞察来寻找新的市场空白点或者突破点，实现市场份额的扩大。

（3）看竞争：通信设备市场竞争激烈，竞争对手不断推出新技术和新方案。华为通过"看竞争"来分析竞争对手的优势和劣势。例如，在专利竞争方面，华为评估自身与竞争对手在专利数量和质量上的差距，并制定相应的专利战略。在应对竞争策略上，当竞争对手采取低价策略抢夺市场时，华为通过对竞争态势的分析，制定出既保持自身盈利能力又能有效应对竞争的策略。

（4）看自身：华为自身拥有庞大的研发团队和先进的技术体系。在"看自身"过程中，华为评估自身的技术研发能力与企业发展战略的匹配度，在进军新的业务领域如云计算、人工智能时，华为评估自身的技术储备和人才储备是否足够。在企业运营方面，华为有着独特的企业文化和管理模式。华为通过审视自身的运营模式，发现可能存在的效率瓶颈，并进行优化改进，以提高企业的整体运营效率。

（5）看机会：在新兴技术领域，如物联网、车联网等领域不断涌现的新机会。华为通过"看机会"来筛选出与自身业务相关且具有发展潜力的机会。例如，在车联网领域，华为判断这一新兴市场的发展前景，并决定是否进入以及如何进入该市场。在全球经济和政策环境的变化下，会产生很多新的商业机会。华为利用对宏观环境的观察，把握"新基建"政策下的国内市场机会，以及部分国家数字经济发展战略带来的国际市场机会。

（6）定控制点：在通信行业的核心技术研发方面，华为如何确定关键的控制点。例如，在5G技术标准制定过程中，华为确定将哪些技术环节作为自己的核心控制点，以确保在全球5G市场竞争中占据有利地位。在全球供应链管理中，面对可能出现的供应中断风险，华为确定供应链中的关键控制点，如原材料供应、生产制造基地布局等，以保障企业的正常运营。

（7）定目标：华为在不同业务领域设定了多样化的目标。在智能手机业务方面，华为根据市场情况和自身实力设定短期和长期的市场占有率目标；在企业业务方面，华为制定云计算等业务的营收增长目标，并确保这些目标与企业整体战略相契合。在技术创新目标方面，华为设定如专利申请数量、新技术研发进度等目标，并通过有效的管理手段确保这些目标的实现。

（8）定策略：在市场拓展策略上，华为针对不同区域市场制定了不同策略。例如，在欧洲市场，华为采取与当地运营商深度合作的策略；在国内市场，华为积极参与国家重大项目建设。

2. WWW 趋势判断模型

（1）What's new（观察新趋势）。定期收集和分析酒店行业的新现象、新变化，如新兴的酒店业态（如胶囊旅馆、树屋酒店等）、新的服务模式（如无接触服务、自助入住等）、新的客户需求（如对健康养生设施的需求、对宠物友好型酒店的需求等）。

（2）Why（分析趋势产生原因）。深入研究新趋势产生的背后原因，如社会经济发展导致消费者消费观念变化、技术进步推动酒店服务创新等。了解趋势产生原因有助于预测趋势的发展方向和影响范围。

（3）What（思考趋势带来的机会）。评估新趋势对酒店战略的影响，分析酒店如何利用新趋势带来的机会或应对新趋势带来的挑战。例如，如果发现年轻消费者对网红打卡地的偏好增加，酒店可以考虑打造具有网红特质的特色场景或服务，以吸引年轻客户群体。

（二）确定战略目标

战略目标可以简化成一句话，站在未来的角度上，确定干什么、不干什么。在环境分析的基础上，酒店要确定战略目标。确定战略目标有着诸多重要作用。首先，它起着指引方向的关键作用，如灯塔般让企业各部门明确努力方向，避免盲目行动。其次，能凝聚组织内力量，促进跨部门协作，使全员齐心协力。再次，是资源配置的依据，可合理分配人力、物力、财力资源，提升利用效率。同时，能激励员工，激发其积极性与创造力，助力个人价值实现。它还是评估绩效的标准，便于对比分析以找差距来改进。最后，对内利于管理层与员工达成共识，对外可向合作伙伴等传递发展意图，增强外部信心，对组织持续发展意义重大。

根据媒体报道，自2012年以来，华住集团在整体战略的牵引下，每年都会公布年度主要战略焦点（见表4-1）。

表4-1 华住集团年度主要战略焦点

2012年	多品牌战略，主打经济型		
2013年	创新产品以满足升级趋势	开拓中端市场	线上渠道直接接近客户
2014年	多品牌战略高速增长	中端市场份额第一	
2015年	快速扩张品牌组合	扩展酒店网络	推进华住—雅高战略联盟

(续)

2016 年	加强和区分汉庭品牌（汉庭 2.0）	继续快速扩张	进一步促进直销渠道
2017 年	经济型酒店升级	多品牌战略	快速扩张中档酒店 提升 RevPAR
2018 年	快速扩张中档酒店	质量改进提升 RevPAR	高端品牌创新
2019 年	挖掘下沉市场	实现全球化布局	全季 4.0
2020 年	"万家灯火"目标,继续下沉	"重仓中国"	
2021 年	门店"精益增长"战略	全面数字化	旗舰店打造,品牌差异化
2022 年	门店"精益增长"战略	低线城市渗透	
2023 年	持续提升集团酒店质量	不断发展中高端品牌	加速下沉,重塑华住会

(根据网络媒体统计)

通过战略焦点可以凝聚全公司的力量,更好地配置企业资源,激发员工士气,提高管理和运营效率。

(三)做出战略选择

战略选择是在确定好的战略目标指引下,解决如何干、怎么干的问题。松赞度假酒店集团近几年在度假市场上赢得了宾客和业内人士的关注。该集团始终以"追寻快乐源泉"为愿景,将酒店作为藏文化传播的平台,把保护与发展当地文化的精髓及所在区域的生态环境,并以提供工作岗位和物资采购、人力资源培训等方式促进所在地区的共同繁荣和可持续性发展作为自己的目标。他们在战略选择上走出了自己的道路。

1. 选址与自然景观融合战略

亲近自然的选址:松赞酒店集团将旗下酒店选址于风景绝美、人文环境优良且具有深厚文化底蕴的地方,如香格里拉、丽江、拉萨等藏文化浓郁的区域,让客人身居自然美景之中。

极致景观体验：酒店窗户设计以开窗即景为标准，确保客人无论在房间内还是阳台上，都能欣赏到如拉姆央措湖、梅里雪山、南迦巴瓦峰等令人陶醉的自然景观，获得自然疗愈，极大地满足了客户对自然美景的向往和追求。

2. 文化融合战略

深度文化体验：集团致力于将藏族文化深度融入酒店的建筑设计、内部装饰及服务体验中。从建筑外观到客房布置，大量运用藏毯、手工铜器、唐卡艺术等藏式元素，营造出浓郁的文化氛围，使客户在入住过程中能够深入体验藏地文化，感受独特的地域风情。

文化连接与情感共鸣：酒店的门开向村落，建立起与村落、土地和文化的紧密连接，让客人更好地融入当地生活，增强对当地文化的认同感和情感共鸣，为客户提供了一种与众不同的文化旅行体验。

3. 业务拓展战略

酒店扩张与协同效应：以每年 3~5 家的速度进行新的布点，不断扩大其在藏区及周边的酒店网络，并逐步构建起多个特色旅行目的地，如香格里拉目的地、三江并流核心目的地等。这种扩张不仅为客户提供了更多的选择，还能形成规模效应和协同发展，让客户可以更便捷地在不同的酒店之间切换，深入探索藏区的各个角落。

特色旅游线路开发：基于自有酒店资源，开发了多条特色旅行线路，如丽江为始、拉萨为终的松赞滇藏线旅行，以及以拉萨为核心的松赞藏东环线旅行等。将各个酒店串联起来，为客人提供更丰富、更深入的旅行体验，满足了客户对于个性化、定制化旅行的需求，使他们能够更全面地领略藏地的自然风光和人文景观。

跨界合作拓展体验边界：积极与其他品牌和企业进行跨界合作，如与阳光新能源合作打造"零碳酒店"，既符合环保理念，又提升了酒店的品牌形象和竞争力；

与飞猪达成战略合作，扩大其在在线旅游市场的影响力，为客户提供更便捷的预订渠道和更丰富的旅游产品选择，进一步提升了客户的体验感和满意度。

4. 服务品质提升战略

高端设施配置：旗下酒店配备了一系列高端设施，如弥散式供氧系统、健身房、SPA、书吧、会议室等，满足客人在休闲、娱乐、商务等方面的多样化需求，为客户提供了舒适、便捷的居住环境，让他们在享受自然美景和文化体验的同时，也能满足自身对高品质生活的追求。

个性化服务：为客人提供个性化的旅行管家服务，根据客人的兴趣爱好和需求，量身定制旅行计划和活动安排，确保客人能够享受到独一无二的旅行体验。旅行管家大多由本地人担任，他们能够更好地向客人传递当地的文化和习俗，为客户提供贴心、专业的服务，增强客户的忠诚度和满意度。

5. 品牌建设与营销战略

品牌塑造与情感认同：通过长期坚持高品质的服务和独特的文化体验，树立了松赞酒店集团在高端度假酒店市场的良好品牌形象，成为藏地度假的代表性品牌之一。这种品牌形象能够引发客户的情感认同，使他们在选择酒店时更倾向选择松赞，因为品牌所代表的不仅是住宿服务，更是一种独特的生活方式和价值观。

多渠道营销与客户互动：利用多种渠道进行品牌推广和营销，包括参加旅游展会、与旅游媒体合作、在社交媒体上进行宣传等，提高品牌知名度和曝光度。同时，通过会员制度、客户忠诚度计划等方式，增强与客户的互动和黏性，鼓励客户多次消费和推荐给他人，进一步提升了客户的品牌忠诚度和口碑效应。

（四）战略评估

战略评估在战略管理中具有重要意义。它犹如航海中的灯塔校验，能及时审视战略目标设定是否契合企业或组织发展的长远需求，避免方向偏差。通过评估战略实施过程，可精准发现各环节执行的成效与问题，比如，资源调配是否合理、行动举措是否得力等，便于针对性地做出调整优化。而且，它能衡量战略在动态变化的内外环境中是否依然具备适应性，助力组织保持竞争力，灵活应对诸多不确定因素，保障整体沿着正确且高效的轨道持续前行，达成预期目标。

以酒店市场下沉为例做个说明。近年来，一线、二线城市消费市场竞争激烈，而人口占比超七成的下沉市场消费潜力巨大。这里单体酒店居多且品质低，连锁品牌发展空间广阔；物业租金和运营成本相对更低，减轻了投资压力。尚美酒店集团被称为"小镇之王"，华住集团等众多酒店集团纷纷布局下沉市场。酒店下沉市场已成为投资新风口。作为酒店集团是否要杀入四线五线城市？

1. 下沉市场投资机会

（1）连锁品牌发展空间大：下沉市场单体酒店居多且品质低，连锁品牌有较大市场空间，部分单体酒店投资人希望加盟连锁品牌或转让酒店。

（2）成本压力小：物业租金和运营成本相对更低，在同体量规模下，投资人在下沉市场支付的物业租金成本和运营成本更少，有助于提升酒店经营收益。

2. 下沉市场投资挑战

（1）竞争加速，市场易饱和：连锁酒店品牌加速进入下沉市场，产品迭代升级加快内部竞争，下沉市场消费空间有限，竞争易使市场饱和。

（2）物业资源和消费能力有限：可用于投资连锁品牌酒店的物业资源不多，人口基数不大，导致差旅和休闲旅游客群有限，酒店房价的"天花板"低。

3. 如何做好评估

（1）市场潜力评估。

人口与经济数据：分析下沉市场的人口规模、年龄结构、收入水平及增长趋势，判断消费能力与市场容量，如经济增长快且人口稳定的区域需求可能更旺。

参考当地的GDP、人均可支配收入等指标，了解经济实力对酒店市场的支撑。

旅游与商业发展：评估当地旅游业现状与潜力，包括景点吸引力、游客数量及增长预期，如著名景区周边酒店需求大。考察商业活动活跃度，如企业数量、商业中心分布等，商务出差需求影响酒店客源。

（2）竞争态势分析。

现有酒店格局分析：调研下沉市场现有酒店数量、档次、分布及经营状况，明确竞争激烈程度与市场空白。分析竞争对手优劣势，如服务特色、价格策略、客户评价等，找出差异化竞争突破点。

潜在进入者威胁分析：关注其他酒店品牌或投资者进入该下沉市场的可能性，评估其可能带来的竞争压力。了解新进入者优势，如品牌影响力、资金实力、创新模式等，提前准备应对策略。

（3）酒店自身适应性。

品牌与定位：考量酒店品牌在下沉市场的知名度、美誉度和认可度，确保品牌定位契合当地消费需求。分析品牌文化与当地文化的兼容性，避免文化冲突影响市场接受度。

产品与服务适配性：评估酒店产品（房型、设施等）与服务（餐饮、娱乐等）是否符合下沉市场消费者偏好与期望。考虑服务水平调整，在控制成本的前提下提供优质服务，满足性价比要求。

（4）运营成本与效益预测。

成本核算：分析物业获取成本（如租金、购置费用）及运营成本（如人力、物资、营销等），确保成本可控。对比不同区域、物业类型成本差异，选择最优投资方案。

收益预测：根据市场调研与分析，预估酒店客房入住率、平均房价及其他收入来源（如餐饮、会议等）。进行投资回报率测算，结合成本与收益预测评估项目盈利能力与投资回收期。

（5）营销与渠道策略评估。

营销策略有效性：评估针对下沉市场制定的营销策略（如促销活动、广告宣传等）的可行性与预期效果。分析营销渠道选择的合理性，如利用当地社交媒体、线下活动等来拓展客源。

客户关系管理：考察酒店客户关系管理体系建设，如会员制度、客户反馈机制等，增强客户黏性与忠诚度。衡量酒店在当地市场的口碑塑造与维护能力，关注客户满意度与复购率。

4. 下沉市场投资建议

（1）城市选择。综合考虑经济体量、人口基数、消费水平等原因，华东和华南区域下沉市场整体表现较好，需审慎评估网红型下沉市场投资价值。

（2）品类选择。推荐经济型酒店和部分中端酒店，经济型酒店抗风险能力强，投资门槛低且品质不断提升，部分中端酒店投资性价比高、品牌溢价能力强。

（3）品牌选择。优先选择连锁酒店品牌中在区域内有资源及客源优势的品牌，同一区域内有优势的大型酒店集团，其团队和运营体系成熟，能提供更好的支持和客源输送，但要合理评估品牌影响力。

（4）物业选择。尽可能选择小体量物业，降低酒店经营风险，下沉市场酒店房量在 100 间左右较合适，房量过大会导致出租率压力大、房价难提升、投资回报不理想。

战略评估贯穿企业战略管理的全过程，可以矫正战略目标，反馈战略选择是否精准有效等。

四、竞争战略

酒店竞争是市场经济中不可避免的现象之一，酒店不仅要应对同行业的直接竞争，还要面对替代品和潜在新进入者的挑战，它体现了企业间为争夺市场份额、客户资源和利润最大化的动态博弈。企业要取得胜利，首先要建立竞争优势。因为企业的竞争归根结底是一场优势竞争。竞争优势是指企业在特定领域相对于竞争对手所具有的独特的、有价值的、难以模仿的资源和能力。这种优势可以是成本领先、差异化服务、品牌影响力或技术创新等。

竞争优势是企业在市场竞争中脱颖而出的关键。大体上可以将优势分为先天优势和后天优势,以及绝对优势和相对优势。

先天优势是指那些与生俱来或自然形成的条件,如天赋、地理位置或资源。这些优势需要被识别和发掘,以便在竞争中发挥作用。例如,济南吉华大厦位于济南老城区,门前还是单行线,好像位置并不优越,但他们与趵突泉景区仅相距900米,把"我们离趵突泉仅有900米"作为宣传口号,吸引了很多游客。

后天优势则是通过持续的努力和学习获得的,需要不断地培育和加强。这些优势包括技术能力、品牌声誉、客户关系等。济南吉华大厦除了地理位置离济南核心景区较近,其他吸引客人的优势并不多。为了塑造更多卖点,结合家庭旅游客人的刚需,着力打造鲁味早餐,成为"一家认真做早餐"的酒店,赢得了客人的赞许。

绝对优势是指在特定领域或市场中无可匹敌的地位,需要不断地塑造和巩固。这种优势可能来自独特的技术、品牌或市场定位。相对优势则是指相对于竞争对手的优势,需要不断地保持和提升。这种优势可能体现在成本控制、产品质量或客户服务等方面。嘉佩乐作为奢华酒店的代表,和其他酒店相比具有绝对的优势,而尚美集团旗下的酒店多是小而美,和其他酒店集团相比,在设施设备、产品和服务上不仅没有优势,甚至处于劣势,但他们却找到了自己的成长之路。

嘉佩乐酒店及度假村通过其独特的品牌理念和卓越的服务,塑造了其在奢华酒店市场的绝对优势。嘉佩乐的每一家酒店都由世界著名建筑师设计,融合了当地的人文艺术和在地风情,提供了深度的文化体验和定制化的服务;还通过其卓越的"文化人"团队,为客人呈现每个地区的文化和经验,深入探索每个地区,为客人提供难忘的时刻,使他们能够深入了解当地的文化遗产。此外,嘉佩乐酒店也关心未来的永续性，珍惜所在的非凡目的地，并努力反映和尊重当地文化，作为社区的守护者，他们丰富了周围的环境和社区生活。这些因素共同塑造了嘉佩乐酒店的绝对优势，使其在全球最佳酒店品牌中占有一席之地。

尚美集团则通过其多业态和多品牌战略、在下沉市场的深度布局、数字化转型，以及品牌共创模式来塑造其比较优势。尚美集团通过覆盖广泛的市场和提供差异化的品牌服务，结合数字化和智能化的运营手段，以及通过合作共创来扩大品牌影响力，从而在竞争激烈的酒店行业中形成了自己的竞争优势。

美国著名学者迈克尔·波特（Michael E Porter）在1980年出版的《竞争战略》一书中提出了三种常见的竞争战略：总成本领先战略、差异化战略和专一化战略。酒店行业的发展中不少品类脱颖而出，也是这三种战略的具体实践。比如，经济型酒店实施了总成本领先战略，让三星级以下档次的酒店一败涂地。经济型酒店为了实施总成本战略采取了以下措施，一是通过精简服务项目，如减少或取消餐饮、康乐、会议等配套设施，将更多的资源集中在客房服务上，从而大幅削减了成本；二是采用连锁经营或特许加盟的方式迅速扩张规模，通过规模效应来降低单位成本；三是经济型酒店强调服务的标准化和规范化，通过制定统一的服务标准和操作流程，确保服务质量的稳定性和一致性，提高工作效率，降低人工成本；四是通过品牌建设来提高酒店的知名度，降低获客成本。

中档精品酒店实施差异化战略，在消费升级的浪潮中异军突起。中档精品酒店如亚朵与全季，精准把握市场脉搏，它们以价值创造为核心驱动力，不仅满足了旅客对高品质住宿的期待，更超越了传统四星级酒店的范畴。亚朵通过打造独特的文化主题客房、融合线上线下体验的"第四空间"，以及细致入微的个性化服务，实现了服务流程的创新，让每位宾客都能感受到家的温馨与文化的韵味。而全季则以"自然、适度、自在"为品牌理念，在产品设计上追求简约而不失格调，功能布局上注重实用与舒适度的平衡，功能创新上引入智能科技，提升住宿体验，其房价虽定位在中档，却创造了四星级酒店难以企及的市场认可与价值感。两者均证明，精品酒店通过持续的价值创造与服务、产品、功能的全面创新，能够有效适应消费升级趋势，引领行业新风尚。

在共享住宿领域，爱彼迎、小猪短租与途家等企业凭借专一化战略脱颖而出，精准聚焦并深耕细分市场。爱彼迎以"让每个人都能成为旅行家"为愿景，专注于为全球旅行者提供独特、地道的住宿体验，从城堡别墅到海边小屋，满足不同旅行者的个性化需求，以其强大的全球网络与社区文化构建，使其成为专一化战略的典范。小猪短租则深耕本土市场，专注于为家庭出游、朋友聚会等场景提供温馨、便捷的短租服务，通过严格的房源筛选与房东培训体系，确保服务品质，赢得了国内用户的信赖。途家则聚焦中高端度假市场，提供从公寓、别墅到特色民宿的多样化选择，同时，强化一站式服务体验，如接送机、旅游咨询等，为家庭出游及商务旅行者打造无忧的住宿解决方案。这三家企业虽各有侧重，但均通过专一化战略，在特定领域内建立了强大的品牌影响力和市场地位，展现了专一化战略在共享住宿行业的独特魅力与成功实践。

五、共生战略

酒店之间除了面对面的激烈竞争，实际上更多的是资源共享、相互协作、优势互补，这也就是常说的共生战略，它强调企业与内外部环境中的各利益相关者（如供应商、竞争对手、社区、顾客等）建立紧密关系，共同应对市场挑战，实现可持续发展和共赢目标。

（一）淘金模型

淘金模型，源于19世纪美国西部的淘金热潮。当时无数追梦者蜂拥至金矿区，竞相挖掘财富，常陷入激烈的竞争与冲突之中，不乏钩心斗角乃至枪林弹雨。然而，在这场看似单一的财富追逐游戏中，一些智者选择了不同的路径。他们洞察到淘金者的实际需求，转而投身于提供住宿、餐饮等配套服务，甚至创新出如牛仔裤这样实用、耐用的商品，以满足淘金者日常生活所需。这些非直接淘金者，虽然没有从淘金中发财，却在淘金热潮的周边经济中获得了丰厚回报，这便是淘金模型。

在酒店行业中的住宿业与餐饮业的主战场上往往是正面的搏杀，虽然有些投资人也会从中分得一杯羹，但其中的风险和不确定性越来越大。有些投资人借助酒店吸引来的人流量，在酒店周边发展特色餐饮、养生SPA、外卖等给客人提供配套服务；还有的投资人，直接投资洗衣房、工程维修、员工餐厅等，通过给酒店提供配套服务也取得了不错的业绩并获得成长。

（二）森林模型

生态位（Ecological Niche）是生态学里的一个概念，它揭示了生物体在特定环境中所占据的独特位置及其与周围生物和环境因素的相互关系。当我们将这一视角转向人类社会的经济活动，尤其是服务业中的酒店行业时，不难发现，不同类型的酒店正如森林生态系统中多样化的物种，各自占据着不同的生态位。高端豪华酒店，犹如森林中高耸入云的参天大树，它们占据着市场的高端生态位。这些酒店通常位于风景名胜、城市核心或海滨度假胜地，提供无与伦比的住宿体验、顶级的服务质量和奢华的设施。它们吸引的是追求极致享受且愿意为高品质服务支付高额费用的高端客户群。中档商务酒店则对应森林中的灌木层，它们数量众多，分布广泛，满足了大部分商务旅行者及中产阶级家庭出游的需求。经济型连锁酒店，则如同森林底层的茂盛草本层，虽然个体规模不大，但数量庞大，覆盖广泛。它们以低廉的价格、标准化的服务和便捷的流程，吸引了大量对价格敏感的消费者。酒店呈现出高度异质性，不同类型的酒店根据市场需求、服务品质等因素，在市场中找到了各自独特的生态位。

在森林模型中，不同类型的酒店之间既存在竞争关系，也相互依存，共同促进了整个生态系统的繁荣。但现实运营中，很多酒店管理者并不明白其中的逻辑和道理，打出了"五星级的服务，四星级的硬件，三星级的价格"的口号，采用降价的措施抢夺下一层级的客源，导致整个行业系统性地降价抢夺下一等级的客源。虽然短期内上一层的酒店可以获得一些流量，但也破坏了酒店氛围，影响了固有客群的体验，一旦恢复原来的价格体系，这些价格敏感的客源会流失。反过来，中档酒店也不要把高端酒店作为自己的竞争对手，由于硬件、配套设施等与豪华酒店存在差距,影响了自己对产品、客源甚至营销策略的判断。最好的方式是通过各自独特的生态位实现资源的有效配置和市场的细分化,从而促进整个酒店行业的可持续发展。

(三)池塘模型

池塘模型本质上是一个平台模型。太平洋是一个大的平台,小池塘是一个小的平台。在太平洋中,虽然食物众多,但竞争也激烈,众多的大鱼、小鱼会一起抢夺食物;但如果你选择成为一个小池塘,虽然小平台没有太多资源,但竞争也不激烈,如果好好运营,其生生不息的生命力也能超过一条大海中的大鱼。

选择池塘,也就是选择平台,是该模型的关键。北京、上海等一线城市的客流量大,但房租也高,费用也高;五线城市虽然流量不好,但竞争对手也就三四家。作为投资人,要根据自己的资源、战略规划等选择适合自己的平台。运营中也是如此,很多酒店的线上运营依赖 OTA 平台。携程、美团、飞猪等各有自己的优势客源,要依据自己的客源情况来选择合作,商务出行客人多的酒店大多选择携程,以本地消费市场为主的酒店,美团更有优势。即使选择携程独家合作,携程也是携程系的主战场,竞争异常激烈。如果精心运营去哪儿、同程、智行,虽然流量不如携程网大,也会赢得很多订单。

战略是酒店运营管理的首件大事,战略输,将会遭受重大损失。作为酒店高层管理者,要时刻关注社会、产业、行业的变化趋势,适时调整自己的战略,让酒店这艘大船顺风顺水,回避各种风险。

第五章
文化根植基因

在生物学领域，基因是生物体遗传信息的基本单位，它决定了生物体的生长、发育、繁殖等一切生命活动，是生命延续与进化的核心密码。把"基因"引入管理中，特指那些深植于企业中的经营哲学、价值观和行为准则，影响并塑造着企业全体员工的思维方式、行为习惯及决策模式的核心要素。这些"基因"如同生物体内的遗传物质，虽不可见却无处不在，它们通过日复一日的运作，悄无声息地推动着企业的成长与发展。衡量一家酒店的强弱，不是看其规模的大小，也不是看其营业收入的高低，而是酒店的基因。

企业文化无疑是酒店关键的"基因"。它不是一句口号、一份手册，而是酒店精神的集中体现，是全体员工共同遵循的价值观和行为规范。优秀的企业文化能够激发员工的归属感和使命感，提升团队的凝聚力和执行力，从而在激烈的市场竞争中脱颖而出，实现可持续发展。然而很多管理者并不认同酒店企业文化的作用，甚至质疑，"我们企业已经运营了十多年了，不做企业文化不也在快速成长吗？""我知道企业文化有效果，可是太慢了！""员工才不管你是不是做企业文化，只要工资发得足够高就行了！"事实上，企业文化的重要性不言而喻。缺乏先进企业文化的企业，犹如失去灵魂的躯壳，难以在激烈的市场竞争中稳步前行，更不用说走得更远、做得更好了。因此，企业制胜的关键，在于构建并不断优化其企业文化，使之成为推动企业持续发展的不竭动力。

一、正确理解企业文化

除了需要舒适的硬件设施、满足宾客需求的服务项目及流畅的服务流程，酒店优质服务落地更需要酒店优秀企业文化的引导。正确理解企业文化是实施有效的文化管理的第一步。

企业文化犹如一位智者的谆谆教诲，又似春雨般"随风潜入夜，润物细无声"，它通过精心构建的精神内核、价值观念与坚定信念，潜移默化地塑造着员工积极向上的心态。这一过程不仅激发了员工内在的动力，促使他们自发地采取行动，更将酒店所倡导的企业精神与职业道德深深植根于员工心中，进而体现在他们的日常行为之中。企业文化，作为企业集体的灵魂血脉，是企业独特气质与内在精神的集中体现，它在无形中塑造了一个企业独有的集体风貌与性格特征，是企业在长期发展过程中自然形成并持续强化的宝贵财富，是员工心目中的灯塔。不同的企业具有不同的企业文化，决定了企业价值趋向和服务理念。

企业文化作为一种难以量化的无形力量，深刻地渗透并塑造着企业内部的整体氛围与环境。无论他们各自的能力水平如何参差不齐，个性特征怎样千差万别，都不可避免地会受其潜移默化的影响，促使员工在共同的价值观、信念与行为准则下趋同。这种改变统一在内化于某种认同感、归属感和工作意愿。"文化"越是有力，就越用不着巨细无遗的规章制度。在这些公司里，员工都懂得他们该做些什么事。

二、酒店企业文化建设存在的问题

酒店企业文化管理作为提升酒店核心竞争力、增强员工凝聚力的关键因素，在酒店运营管理中扮演着重要角色。然而，当前酒店企业文化管理面临形式主义严重、管理层忽视、员工参与度低及持续性和创新性不足等问题。

（一）形式主义

在酒店企业文化管理中，形式主义的问题不容忽视。这种现象主要表现为过度追求形式上的统一和标准化，而忽视了企业文化的真正内涵和精神实质。一是企业文化宣传过于表面化。很多酒店在进行企业文化宣传时，往往只注重形式，如悬挂标语、制作精美的宣传册等，缺乏对企业文化理念的深入解读和传播。二是企业文化活动形式单一。酒店通常会组织一些会议或者团建活动增强员工的归属感和团队精神。这些活动往往形式固定、内容单调，缺乏创新和互动性，导致员工参与热情不高，甚至会产生抵触情绪。三是企业文化理念未能深入人心。酒店企业文化管理的核心在于让员工认同并践行企业的文化理念。由于形式主义的存在，很多酒店的企业文化理念仅停留在口号和标语层面，未能真正融入员工的日常工作和行为中。这种情况下，员工虽然表面上接受了企业的文化理念，但实际上却难以将其转化为自觉的行动，从而影响了企业文化的实际效力。

（二）管理层对企业文化建设不重视

管理人员在企业文化建设中扮演着关键角色。他们不仅是企业愿景与核心价值观的设定者，更是文化精神的实践者，以自身行为为标杆，让企业文化成为员工行动的内在驱动力。同时，管理人员需构建文化渗透机制，通过有效的管理手段，促进文化在组织内部的传播与深化。面对外部环境变化，他们还需灵活调整文化策略，确保企业文化保持活力与适应性，引领企业持续发展。因此，在酒店企业文化管理的实践中，管理层不重视、对企业文化建设的误解往往成为阻碍企业文化建设的重要因素。

一种常见的误区是将企业文化建设视为可有可无的附属品。这种观念往往源于管理层对企业文化的重要性认识不足，将其看作锦上添花的东西，而非企业管理的核心要素。这种态度导致了企业文化建设的投入不足，无论是资金、人力，还是时间，都未能给予充分的支持。另一种误区是将企业文化等同于企业形象宣传。这种观念将企业文化的功能过于简化，仅仅看作是对外展示企业形象的工具。还有一种误区是将企业文化管理视为短期行为。这种观念下的管理层往往对企业文化的建设缺乏长期规划和持续投入，导致企业文化建设难以持续进行，甚至可能半途而废。

（三）员工参与企业文化活动的积极性不高

员工参与企业文化活动的积极性不高，是当前企业文化建设面临的一大挑战。深入分析其背后原因，一是企业文化活动不能与员工的切身利益挂钩，员工参加企业文化建设活动是自己额外付出，没有把酒店的发展当作自己的使命。企业文化建设内容未能充分反映员工的真实需求与兴趣点，导致内容与形式缺乏吸引力，难以激发员工的参与热情。二是员工的个人价值观与企业倡导的价值观有冲突。企业彻底重塑或替代员工的个体价值观体系，是一个不现实的做法。相反，企业应当采取一种包容的态度，即在尊重并理解每位员工独特且差异化的个人价值观的基础上，通过精心设计的文化构建过程，逐步引导并促进一个共享的企业价值观的形成。一个成功构建的企业价值观体系，将是个人价值观与企业愿景深度融合的产物，它既能激发员工的个人潜能与创造力，又能确保整个组织在复杂多变的市场环境中保持高度的凝聚力与方向感。这一过程不仅促进了企业的可持续发展，也实现了员工个人价值与企业价值的双赢。

另外，企业文化宣传与动员机制不够完善，员工对企业文化活动的目的、意义及潜在价值认识不足，缺乏足够的认知驱动去主动参与。再者，现代职场的高压环境也可能对员工参与文化活动造成一定障碍，工作与生活之间的界限模糊，使员工在时间与精力上难以兼顾，进而影响对文化活动的投入与热情。

（四）持续性与创新性不足

在酒店企业文化管理中，持续性和创新性问题尤为突出。这一问题的具体表现可以归结为以下几个方面。

企业文化理念长期不变，缺乏必要的更新和升级。一些酒店在确立了自己的企业文化理念后，便将其视为永恒不变的真理，不再根据市场环境的变化和企业自身的发展需求进行调整。这种做法不仅使企业文化丧失了应有的活力和时代感，还可能导致企业文化与企业实际情况脱节，难以发挥应有的指导作用。

企业文化活动形式陈旧，缺乏创新元素。许多酒店在举办企业文化活动时，往往沿袭传统的形式和内容，如简单的文艺演出、座谈会等，缺乏新颖性和吸引力。这种陈旧的活动形式不仅难以激发员工的参与热情，还可能使员工对企业文化产生厌倦和抵触情绪。

企业文化管理缺乏长期规划和持续投入。一些酒店在企业文化建设上缺乏长远的眼光和持续的投入，往往只在特定时期或特定事件发生时才进行临时的企业文化宣传和活动组织。这种做法不仅使企业文化建设呈现出碎片化和断续性的特点，还可能导致企业文化建设的成果难以巩固和深化。

酒店企业文化管理中持续性与创新性不足的问题主要表现在企业文化理念缺乏更新、活动形式陈旧，以及管理缺乏长期规划和持续投入等方面。这些问题不仅影响了企业文化建设的有效性和持续性，还可能对酒店的长期发展产生不利影响。因此，酒店管理者应高度重视这些问题，并积极采取措施加以改进。

三、企业文化建设过程

（一）灌输

企业文化是企业每个人的文化，每个人都要置身其中。企业文化作为企业内部全体成员共有的精神财富，其构建与传承需要每位员工的深度参与及积极响应。每位员工都应当置身于企业文化的土壤之中，依据自身在组织中的工作角色，将文化精髓融入日常工作的每一个细节，以文化为尺，衡量言行；以文化为基，阐述道理；以文化理念为指南，指导实践行动。

为确保企业文化理念能够深入人心，得到全体员工的深刻理解与认同，酒店采取了一系列系统性、多元化的宣传与教育活动。这些活动包括但不限于组织学习讨论会，通过集体学习加深对企业文化理念的理解；利用例会时间进行评说，分享企业文化在日常工作中的具体体现；开展观念交流活动，促进员工之间思想火花的碰撞与融合；实施层层演讲计划，鼓励员工从不同层面阐述对企业文化的认识与感悟；同时，树立并宣传企业文化践行者的先进典型，以其为榜样，激励全体员工向企业文化的高标准看齐，形成积极向上、和谐共进的良好氛围。通过这些措施，酒店旨在不断加强企业文化的灌输力度，使之成为推动企业发展的强大精神动力。从新员工入职培训开始，通过各种授课、案例讨论等形式，让新员工掌握酒店的企业文化理念，考核合格才能上岗。领班以上管理人员可以每周利用固定时间，对社会、行业、酒店中出现的问题和案例，采用讨论的形式，畅所欲言，最终要形成与酒店价值理念一致的共识。管理人员或员工在工作过程中如有违反酒店企业文化的行为，情节严重者下岗培训企业文化，并结合学习的情况，写出书面检查，检查合格后方能上岗。酒店企业文化主管部门要针对近期发生的典型事例，组织员工在每天班会前进行评说。企业文化部每半年组织一次包括总经理在内的全体员工参加的企业文化考试。考试不合格者，允许补考一次，补考再不合格者，下岗培训。另外，酒店要组织"用心做事"报告会，由表现突出的员工介绍自己的先进事迹，让"身边的人教育身边的人"，为广大员工树立榜样。

（二）认同

通过各种形式的强化培训，结合酒店工作和服务的特点转变思维方式，认同酒店企业文化理念，洗礼、净化自己的思想。丢掉惯性思维，如果不改变常规思维观念就不可能深刻理解"宾客永远都是对的"，不可能做到尊重宾客、礼让宾客和感动宾客。因此，要让全体员工认同酒店的企业文化，必须丢掉与之相反的思想和思考问题的固有方式，重塑判断是非的标准。许多酒店的企业文化里提出了许多新的理念，比如，"没有给宾客留下深刻印象的服务是零服务""顾客没有表扬就是批评"等，这些都是推理和判断是非的依据。离开了这些标准，员工在处理日常工作时可能会失去正确的方向。因此，把握判断是非的标准，是贯彻企业文化理念中的关键。

（三）领悟、行动

领悟、行动，内化于心、外化于行。企业文化理念不应仅停留于口头宣扬，而必须深刻根植于每位员工的心中，实现"内化于心"的转化。更关键的是，这些理念必须转化为实际行动的指南，切实指导并优化员工的工作与服务表现，即达到"外化于行"的效果。我们强调"言必信，行必果"，倡导观念与行为的高度统一，确保言行一致。

在此基础上，我们要求每一位员工及管理人员在工作与服务中达到"自觉"与"自律"的高尚境界，这意味着无论外界监督是否存在，无论面对的是熟识的客人还是初次相遇的顾客，无论宾客数量多寡，都能保持一贯的高标准服务态度和质量。我们坚持将宾客置于首位，从细微之处着手，从我做起，从身边小事做起，以真挚的情感和实际行动展现对宾客的尊重、关怀、体贴与真诚。

通过这样持之以恒的努力，我们旨在广大宾客及社会公众中树立起正面、积极的品牌形象，赢得广泛赞誉与良好口碑。这不仅是对企业文化理念的实践检验，更是推动企业持续健康发展的重要基石。

当然只有制度约束和企业文化的引导并不够，还需要社会和酒店从多个方面做出努力。同时，酒店职业道德建设非一日之功，要持之以恒，随时随事，随人随地，这样才能实现酒店与员工的共同成长。

四、企业文化建设采取的措施

（一）提理念

理念作为企业文化的灵魂与精髓，不仅引领着企业的发展方向，更深刻影响着每一位员工的行为模式、价值观念及团队凝聚力，是推动企业持续成长与创新的内在动力，它可以帮助企业在众多选择中做出符合自身价值观和发展战略的决策。理念的不同导致企业文化的不同。亚朵的愿景是做品质生活的引领者,成为领先的生活方式品牌集团;华住的愿景是成为世界级的伟大企业;香格里拉集团的愿景是成为人们至爱的服务企业,以可持续的经营方式和待客之道,为人们创造丰富多彩的美好生活。不同的愿景产生了不同的酒店集团发展道路以及不同的经营措施。理念是灯塔,是价值观,是行为准则,因此企业文化建设的第一步就是提出理念。

(二)讲故事

说起台塑的老板王永庆,就会让人想起"卖米"的故事。15岁王永庆的创业传奇始于一间简陋的小米店。面对嘉义县米店林立的激烈竞争,他凭借独到的经营智慧脱颖而出。王永庆首先确保米质上乘,剔除杂质,赢得顾客的初步信赖。进而他打破常规,主动送米上门,深入了解顾客需求,如家庭人口、用米量及经济状况,精准预测送米时间,甚至细致到为顾客清理米缸,防止新旧米混放以保鲜。这些超乎寻常的服务举措,不仅展现了王永庆对顾客需求的深刻理解与尊重,更彰显了他作为商人的敏锐洞察与卓越执行力。他深知,商业的本质在于创造价值与超越期待,而这一切皆源自对细节的极致追求与不懈努力。卖米的故事是向他们公司的员工宣传"以客户为中心,持续创新,精细管理"最好的载体。

企业文化故事在企业文化建设中具有重要的作用。它们作为价值观与历史的具象化表达,深刻影响着员工行为模式与团队凝聚力。这些故事不仅塑造了员工对企业文化的高度认同感,促进了内部的一致性与归属感,还通过对外传播有效提升了企业的品牌形象与市场影响力。企业文化故事展示了企业文化如何转化为具体行动,促进了组织内部的沟通与协作,以及如何通过故事讲述的方式,构建企业与外部环境的积极互动。因此,深入挖掘与精准传播企业文化故事,对于强化企业文化根基、引领企业持续发展具有重要作用。

(三)抓案例

在某酒店集团中流传着这样一个案例,"不会看天气的厨师长不是个好厨师长"。李厨作为集团旗下某分店的资深厨师长,一直以其精湛的厨艺和对食材的独到见解闻名。然而,真正让他在众多同行中脱颖而出的,是他那超乎寻常的"天气经济学"。某日,当同事们正忙于日常筹备时,李厨却突然下达了一项令人意外的采购指令:青菜的采购量需提升至平日的三倍。这一决定立即触动了集团的采购预警系统,引起了集团高层的关注。在成本控制严格的集团内部,如此大规模的非常规采购无疑被视为异常操作,李厨很快收到了来自总部的询问与初步处罚通知,甚至有同事私下议论,质疑其行为的廉洁性。面对质疑与压力,李厨并未急于辩解。两天后,一场突如其来的大雪覆盖了城市,交通受阻,市场供应紧张,青菜价格应声暴涨,而李厨所在的酒店,却因提前的预判与充足的储备,不仅保证了菜品的质量与供应,还因成本的有效控制提升了厨房利润。消息传回总部,李厨的故事迅速成为佳话。集团高层经过深入调查后,不仅撤销了对他的处罚,还公开表彰了李厨的成本控制能力。更重要的是,这一案例被纳入公司培训教程,成为成本管控与创新思维的生动教材。

企业文化建设中,典型案例扮演着用"身边的人教育身边的人"的关键角色,它们作为企业文化理念的具象化载体,展现了企业文化在员工日常行为中的生动实践。这些案例不仅增强了企业文化的亲和力和说服力,还通过树立可学可追的榜样,激发员工的归属感和责任感。通过深入挖掘、精心整理与广泛分享这些案例的形式,企业能够直观展示企业文化成果,强化员工对文化价值的认同,形成积极向上的文化氛围。

(四)布网络

在企业文化建设中,载体的多样性是确保文化理念深入人心并持续传承的关键。构建多元的文化载体体系,不仅丰富了文化表现形式,也促进了员工对企业文化的深度理解与认同。具体而言,可通过设立官方网站作为官方信息发布与互动平台,定期出版月刊,既传递企业动态,又深化文化宣传。推行"季度阅读计划",鼓励员工每季度精读一本好书,以书籍为媒介拓宽员工视野,促进思想交流。每年一度的"好书分享"演讲比赛,则为员工提供了展现自我、交流思想的舞台，强化了文化的实践性和员工的参与感。此外，编纂《企业故事集》，记录企业成长历程中的感人瞬间与卓越成就，成为传承企业文化记忆的重要载体。员工运动会不仅增强了团队的凝聚力，也寓教于乐，让企业文化在轻松愉快的氛围中得以渗透。推行"年度义工服务计划"，鼓励每位员工至少参与一次社会公益活动，培养其社会责任感，与企业文化中的公益理念相呼应。

而"心灵之旅"项目，通过组织年度团队拓展或心灵成长工作坊，引导员工自我反思与成长，深化员工对企业文化价值观的理解与认同。最终，一年一度的难忘年会，以庆典的形式总结过去，展望未来，是对全年企业文化建设成果的集中展示与表彰，进一步巩固了企业文化的群体记忆与归属感。这一系列精心设计的文化载体，共同编织成一张紧密的网络，确保企业文化在企业内部生根发芽，生生不息。

（五）建机制

企业文化建设的持续关键，在于通过机制建设形成一套闭环管理体系，既保障文化建设的方向正确，又促进其不断深化和发展，最终实现企业文化与企业战略的深度融合与相互促进。企业文化建设的持续关键，在于构建一套完善且高效的机制体系。这要求企业不仅要有明确的文化导向和载体设计，更需建立一套能够自我驱动、自我完善的机制，以确保文化建设的连续性和实效性。机制建设应涵盖评估反馈、激励约束、教育培训等多个维度。通过定期的文化评估，企业能够及时了解文化建设的成效与不足，为后续调整提供依据；同时，建立有效的激励机制，将文化建设成果与员工绩效挂钩，激发员工的积极性和创造性，形成文化建设的内在动力。此外，持续的教育培训机制也是关键，通过系统的课程与活动，不断提升员工对企业文化的理解和认同，确保文化理念在企业内部得到广泛传播和深入实践。约束机制的建立同样重要，它规范了员工行为，防止文化偏离，确保文化建设沿着既定轨道稳步推进。

第六章
从经验到创新

有个网络上流传的笑话,讲的是一伙劫匪在抢银行,其中一个新来的劫匪看到抢劫这么多钞票,激动不已,便给老大说:"老大,我们数数抢了多少钱吧?"那个劫匪头子厉声呵斥:"你傻啊!这么多,不知要数到什么时候,今天晚上看新闻联播不就知道了!"哎,这年头工作经验咋就这么重要啊!

一、经验的两面性

什么是经验?通俗地讲,经验是从多次实践中得到的知识或技能。经验在酒店管理中的重要性不言而喻。有经验的管理人员可以通过自己的经验提升服务和产品的质量,可以更有效地解决宾客的投诉,在日常管理中可以更有效地规避经营管理的许多风险,甚至可以培训出更职业、更优秀的员工;有经验的员工,甚至不用培训就可以承担酒店安排的工作;还有类似经理、财务、工程师、厨师等这样的职位,必须有工作经验才能胜任。因此,在以往的酒店管理和运营中,员工的经验甚至是经历往往作为胜任某一职位的资格。因此,在各式各样的招聘中，常常能见到"应聘者须具备几年以上工作经验"的字眼。

经验被视为一种财富，然而，当对经验的过度依赖演变为一种固执，它可能悄然成为阻碍创新的绊脚石。小学课本里有篇课文叫"刻舟求剑"，讲的是战国时期，楚国有个人坐船渡江。当船只行至江心之际，一位乘客不慎将随身携带的珍贵宝剑遗落江中。他迅速反应欲要捞取，然时机已逝，宝剑已沉入水中。船上众人目睹此景，无不为之惋惜，而失主却表现出异乎寻常的镇定，即刻取出小刀，在船舷的显著位置刻下一记，并宣告："此乃吾剑落水之确切地点，故特留此印记。"此举令周围乘客大惑不解，却也未多加询问。待船只抵达岸边，该楚人即刻依照船舷上的刻记，跃入水中，企图寻回遗失的宝剑。然而，经长时间搜寻，宝剑踪影全无。他面露困惑之色，自言自语道："宝剑分明在此处失落，且我已留下明确标记，为何遍寻不着？"此刻，船上众人终是按捺不住，哄然大笑，解释道："船只已然继续前行，而宝剑沉没水底，位置固定不移，你以此法寻剑，岂非缘木求鱼？"事实上，宝剑坠入江中后，随水流静止，而船只在持续移动中，如此寻剑之法，实属荒谬至极，引人发笑。

经验代表过去，一味地迷信经验，遇到什么问题，习惯"往后看"，看有没有成规惯例可循、有没有现成经验可用，不仅解决不好问题，还可能束手束脚，把事情搞砸。

二、创新的内涵

在创新方面，商业饭店时期的斯塔特勒先生是酒店企业家的典范。在20世纪初的美国，酒店业正处于从传统豪华型向现代商业型转型的关键时期。埃尔斯沃思·米尔顿·斯塔特勒（Ellsworth Milton Statler）作为这一转型的先驱，凭借其卓越的创新能力和前瞻性的商业眼光，彻底改变了酒店业的格局，被誉为"现代饭店之父"。斯塔特勒最为人称道的创新之一，是在1915年年底特律开业的第一家斯塔特勒酒店大胆地提出了"每两个房间合用一组供水、供暖和供电线路"的模型，被建筑学教科书称为"斯塔特勒管道柱（Statler plumbing shaft）"，首次实现了每间客房都配备独立浴室。独立浴室的引入不仅满足了客人对隐私和卫生的需求，还标志着酒店服务标准的显著提升。这一举措在当时的酒店业中可谓前所未有，极大地提升了客人的住宿体验。酒店客房配置单独的浴室被业界广泛接受和模仿，成为现代酒店设计的基本标准之一。

斯塔特勒始终坚持宾客导向的经营理念，不断根据宾客的需求和市场变化调整产品和服务。他敏锐地观察客人在使用酒店设施过程中的不便和不满，并立即采取措施进行改进。例如，他更换了所有门锁以方便客人在黑暗中开门；将报纸和冰水价格降至与街头同价等。后来，酒店又添加了房间内的全身镜、床头和门口的灯光开关、配备文具的写字台，有灯光的嵌入式衣柜，专为旅行推销员设置的样品陈列楼层，无不是斯塔特勒敏锐地发现客人未被满足的需求。这些看似微小的改进却极大地提升了宾客的满意度和忠诚度。斯塔特勒酒店的产品和服务始终随着客人的需求而不断进化，这种以客户为中心的经营理念至今仍被广泛应用。

彼得·德鲁克认为创新是一种赋予资源新能力的活动。通过创新，资源能够创造出新的财富和价值。德鲁克提出，创新的本质是将资源从低生产率和低产出效率的领域转移到高生产率和高产出效率的领域，从而实现资源的优化配置和价值的最大化。创新不仅是技术层面的革新，更是一种思维和行动的方式，可以应用于企业的各个层面和领域。

创新是有价值的改变。创新的内涵是多维度的，从哲学的角度来看，创新是人类对物质世界矛盾的再创造，是一种实践行为。这种观点认为，创新是人们基于现有的知识和物质条件，在特定环境中为了满足某种需求或理想而进行的改进或创造新事物的活动。这不仅包括物质产品的创新，也包括方法、元素、路径、环境等方面的创新。同时，创新也可以被视为一种意识的新发展，即人对自我的创新。这意味着创新不仅限于外部世界的改变，还包括个人内部世界的变化，如思维方式、认知模式的更新。在经济学和社会学的概念中，创新通常指的是在社会或经济领域中引入新的思想、产品、技术或方法，以提高效率、效果或满足新的需求。它可以发生在科技、企业、文艺等多个领域，并且是推动社会进步和经济发展的重要动力。创新是推动发展的关键因素。

三、创新的意义

（一）时代需要

在玛格丽特·米德的学术著作《文化与承诺》中，她基于文化传递模式的差异，将人类文化划分为前喻文化、并喻文化以及后喻文化三个核心类型。具体而言，在前喻文化（Pre-figurative Culture）时代，年龄大的人走过的桥比年轻人走过的路还多，年轻一代向年长一代学习来获取知识、价值观和社会规范；在并喻文化（Co-figurative Culture）时代，社会变化加剧，面对层出不穷的新事物、新规则，年长的一代出现了茫然和不知所措，为了解决问题，无论是晚辈还是长辈，都倾向在同辈群体中相互学习，共享信息与文化经验；至于后喻文化（Post-figurative Culture）时代，互联网和新技术的发展，使年青一代在信息获取和技术应用方面远超长辈，导致长辈需要向晚辈学习。这三种文化类型反映了不同历史时期和社会背景下人类学习方式的演变。当今世界在信息技术的推动下，正朝着信息化、全球化、网络化迅猛发展，信息更加对称，传播成本更加低廉、快速、高效。在新技术、新知识快速发展的时代，在很多新问题、新业态面前，我们都是"新"手，原有的经验解决不了新问题，甚至还有可能受原有习惯和经验的束缚。

改革开放以来的40多年，我国酒店业的增长模式发生了巨大变化，从原来的政策驱动、市场驱动、管理驱动向创新驱动转变。

政策驱动阶段：酒店业的发展主要依赖于政府政策的支持和引导。例如，政府通过税收优惠、资金扶持等政策，鼓励酒店业的发展，推动旅游业的繁荣。然而，随着市场竞争的加剧和政策环境的变化，单纯的政策驱动已难以满足酒店业持续发展的需求。

市场驱动阶段。酒店业开始更加注重市场需求和消费者行为的研究。企业根据市场趋势和消费者偏好，调整产品和服务策略，以满足市场需求。然而，随着市场饱和度的提高和消费者需求的多样化，仅仅依靠市场驱动也难以保持长期的竞争优势。

管理驱动阶段：酒店业开始关注内部管理的优化和提升。通过改进管理流程、提高服务质量、降低运营成本等措施，提升企业的竞争力和盈利能力。然而，管理驱动虽然能够提高企业的运营效率，但难以带来颠覆性的创新和突破。

现在，酒店业正逐渐进入创新驱动的发展阶段。在这个阶段，酒店企业需要不断探索新的业务模式、技术应用和服务方式，以创造更多的价值。创新驱动不仅能够帮助酒店业应对外部环境的挑战，还能够推动行业的转型升级和持续发展。

创新不是解决某个问题或者某些问题的需要，而是时代的需要。改革开放初期，我国酒店业主动与国外酒店业接轨，走出去，引进了，学习借鉴国外的酒店管理运营的先进经验和做法，但随着我国酒店业近几年的快速发展，我国酒店企业无法再向国外酒店业"抄作业"，而是进入了边分析，边决策，边实验，边验证，边调整的创新发展时代。

（二）获取竞争优势

企业竞争归根结底是一场优势竞争。酒店业的竞争日趋激烈，创新是企业获取竞争优势的重要途径，也是推动经济增长的重要力量。创新不仅能帮助酒店在市场竞争中脱颖而出，还是实现长期盈利和增长的关键因素。特别是在信息技术飞速发展的今天，创新的重要性越发凸显。

很多酒店可以在通过研发新技术、新工艺，提高生产效率的同时，降低能源消耗和减少废弃物排放，实现绿色、低碳的生产模式。例如，全球知名酒店四季酒店（Four Season），在可持续发展和社会责任方面做出了很多创新和努力。比如，在环保节能方面，一是节能、节水、减少碳足迹：四季酒店致力于减少能源消耗和水资源使用，通过客房节能控制系统、节能灯具、节水设施等措施，降低对环境的影响；二是减少废弃物：酒店实施严格的废弃物管理计划，避免使用一次性塑料水瓶和浴室用品，鼓励客人重复使用毛巾和床品，以减少废弃物的产生；三是绿色采购：酒店使用经过生态认证的清洁产品和环保材料，确保从源头上减少对环境的污染；同时提供客人使用的电动汽车充电桩，可供客人使用的自行车，提供纯素食和素食菜品，如客人无特别要求，床品和毛巾每三天更换一次等。为了减少食物浪费引入了"Lumitics AI 系统"。该系统通过实时库存监控，确保食材的数量、种类及保质期得到精准管理，从而避免过期浪费。同时，利用历史销售数据和消费者行为分析，Lumitics AI 系统能够预测未来食材需求，助力酒店优化采购计划，减少因供需不匹配造成的浪费。在厨房内部，该系统还可以根据订单和库存情况智能分配食材，提高使用效率。此外，通过对食材全过程的损耗分析，Lumitics AI 系统能识别浪费的关键环节和原因，为酒店提供针对性的改进建议。当食材接近保质期或库存不足时，系统还会自动发出智能提醒，确保酒店能及时采取措施。随着科技的进步和可持续发展理念的深入人心，越来越多的企业采用 AI 技术来管理食物浪费，而 Lumitics AI 系统正是这一趋势下的佼佼者。尽管无法直接确认其在四季酒店等具体场景中的详细应用，但可以合理推测，该系统将凭借其多项功能，助力酒店实现食材管理的优化和浪费的减少，进而推动可持续发展和环境保护的目标。四季酒店通过创新实践绿色环保理念的同时，强化了自身品牌的影响力和美誉度。

　　酒店业的竞争日益加剧，新产品、新体验、新品类、新模式层出不穷。与强者差异，才能与强者同行。酒店业想在激烈的竞争中实现持续增长，就需要不断创新，不断寻找竞争优势，要么必须比竞争对手更好地满足宾客需求，要么提升效率，要么提升用户体验，要么提高产品和服务的性价比。只有不断创新才能帮助企业持续保持竞争优势。

四、创新的途径

　　彼得·德鲁克在《创新与企业家精神》一书中提出了创新的七大来源，既可能来自产业内或领域内的意外事件、不协调事件、程序需要以及未被注意到的结构变化，也可能来自社会大环境的变化，如人口变化、认知变化以及新知识的产生。他建议企业从现有业务改进、成功经验挖掘、已发生变化的发现，以及新知识应用等方面系统性地寻求创新机遇。

　　在约瑟夫·熊彼特的经典著作《经济发展理论》中，他构建了经济增长的"创新"理论框架,该理论将创新置于经济发展的核心引擎地位。熊彼特所界定的创新,特指"企业家对生产要素实施的新颖组合",这一概念涵盖了多个维度:一是新产品的引入,即市场上前所未有的商品或服务的诞生;二是生产方法的革新,涉及技术流程、工艺手段或管理方式的优化与变革;三是新市场的开辟,意味着企业探索并成功进入之前未被充分开发或完全未知的市场领域;四是原材料或半成品供应来源的新发现,旨在降低生产成本、提高资源利率或确保供应链的稳定与多样性;五是企业组织形式的创新,即构建或采用更为高效、灵活或适应市场变化的新型组织结构与管理模式。这些方面共同构成了熊彼特创新理论的核心内容,强调了创新作为推动经济持续发展的根本动力。酒店管理者也自觉或不自觉地将熊彼特的创新理论应用于酒店创新中。

(一)产品创新

宾客的需求随着经济、社会的发展,也会不断变化。产品时代,谁掌握资源谁就是王者;商品时代,谁管理好、效率高,谁就是王者;服务时代,谁能稳定高效地提供给客人标准化的服务,谁就是王者;体验时代,出色的设计和策划给特定的客户带来难忘的体验,而体验是服务交付后的结果。

酒店为了让宾客更喜欢自己的酒店,也会根据市场需求和消费者偏好的变化,引入新的产品或服务,包括开发新的房型、提供特色餐饮、推出定制化服务等。甚至有些酒店集团采用"酒店+X"理念,推出了电竞酒店、电影酒店等。通过产品创新,酒店可以满足消费者多样化的需求,提升客户满意度。

2023年,首旅集团推出了备受瞩目的"YUNIK HOTEL",以其独特的品牌魅力和卓越的客户评价荣获迈点MCI年度推荐潮玩酒店奖项,深刻体现了年轻派酒店品牌的核心精神。YUNIK HOTEL不仅是一家酒店,更是一个潮流文化的聚集地,为追求个性和新潮体验的年青一代提供了一个理想的社交平台。

YUNIK HOTEL精心设计了一系列与年轻文化紧密相连的社群活动,包括独家IP的剧本杀、电影沙龙、音乐分享会以及鸡尾酒文化体验,让每位客人都能沉浸在充满活力的社交氛围中。特别是YUNIK电竞酒店,它不仅提供了专业的电竞体验和赛事活动，还有休闲娱乐设施，为电竞爱好者提供了一个完美的集结地。

YUNIK HOTEL 的核心理念是"年轻就爱玩在一起"。客户服务经理将组织丰富多彩的活动，带领客人以当地人的视角探索每座城市的独特潮流文化。从 YUNIK HOTEL 出发，消费者可以开启一段深入了解城市潮流前沿的旅程，体验独一无二的故事，收获新的友谊和强烈的归属感。

此外，YUNIK HOTEL 拥有一支经过专业培训的 HO（Happy Organizer，快乐组织者）服务团队，他们将带领客人参与各种精彩纷呈的活动，如观看表演、学习插花艺术、体验桌游等，让每一位客人都能感受到欢乐和活力。

（二）技术创新

酒店行业技术创新是一个不断发展的领域，它涉及利用新技术来提升客户体验、优化运营效率以及降低员工的劳动强度等。目前，大多数酒店已采用机器人送餐、送物服务；通过 App 控制房间内的场景、灯光、音乐、电视和空调；利用红外线感应器和监控系统提高酒店的安全水平，同时，通过环境控制系统进行空气质量和温湿度检测，为客人提供更舒适的住宿环境；利用智能科技替代传统前台，允许客人提前在线办理入住手续，到店后直接入住房间，从而减少排队时间并提高效率；通过大数据分析顾客的个性化需求，提供定制化服务，如智能客房服务、音乐和灯光控制，甚至是美食推荐等。一旦顾客习惯这些技术应用，如果有的酒店不配置，就会被顾客"嫌弃"落后。

原来很多酒店的服务沟通流程为"前厅—服务中心—员工"，即当客人产生服务需求时打电话到前厅，前厅通过电话将客人的服务需求转到服务中心，服务中心再通过电话转给楼层服务员。信息经历数次电话中转，不仅影响服务响应速度，容易传达失误，而且也无法对需求信息进行分析统计，将顾客需求形成大数据，优化现有服务标准和流程。一些酒店采用蓝豆云，实现后台运营数字化，为酒店智能化转型夯实基础。接入蓝豆云之后，酒店前台收到顾客的需求可以直接在系统里下单，服务员从系统接收服务单，直接服务，极大地减少了中间的复杂流程，提高了酒店的服务效率。顾客下达的服务需求单都有记录，这样可减少出错，服务员完成服务，向系统记录汇报，系统显示完成，服务结束。服务效率显著提高，减少了顾客的等待时间，酒店体验自然更好。

（三）文化创新

酒店文化创新是指酒店在服务、管理、设计、营销等方面融入文化元素，通过文化的力量提升酒店的品牌形象和市场竞争力。常见的酒店文化创新策略有文化主题酒店打造、顾客参与和社群经营、文化赋能等方式。

2017年以来，浙江、山东等旅游文化大省鼓励酒店积极创建文化主题酒店，以当地特色文化为基础打造出差异化的服务和产品。山东省还评出6家金星级文化主题饭店。

除了利用当地文化资源创建文化主题酒店，以亚朵为主要代表的中档精品酒店与文化、科技、生活方式类公司或产品IP进行合作，创造了知乎、严选、虎扑、腾讯云等品牌合作的IP酒店，通过调动顾客深度参与的积极性，以及摄影和书店等文化活动增加顾客黏性。通过这些文化创新实践，酒店不仅能提供更丰富的顾客体验，还能提升自身的品牌价值和市场竞争力。

世茂集团打造的凡象ETHOS酒店，以其对中国智造的深刻理解和不懈追求，致力于将自身打造成为中国制造、设计和创造的骄傲象征。从宾客踏入酒店大堂的那一刻起，一场沉浸式的中国元素之旅便已启程。大堂中播放的是由品牌与中国独立音乐人联手打造的定制音乐，它不仅为空间注入活力，更激发着宾客的无限想象。凡象ETHOS酒店携手中国新锐艺术家，通过定制的雕像、摄影展和艺术装置等，将当地文化特色融入酒店的每一个角落，唤醒千禧一代对中华文化的认同感，塑造一个真正属于他们的国潮酒店品牌。

（四）市场创新

酒店可以开拓新的市场，通过市场调研和分析，发现潜在消费者群体，并制定相应的营销策略。酒店业经过40多年的发展，一、二线城市的酒店市场进入红海，覆盖人口近十亿，GDP 已占近六成的三、四线城市的优质酒店市场却供不应求。国内很多酒店集团，比如，华住酒店集团和尚美酒店集团，都在积极布局下沉市场。华住创始人季琦把下沉策略总结为两个维度：下沉三、四线，下沉"小低平"。"小"，指小酒店，"低"就是低端酒店，"平"是平价酒店。他认为，无论哪一个方向都要深入下去，用高效赋能管理，扩大规模的同时，把品质做到极致，做到出众。被称为"小镇之王"的尚美数智集团，一直深耕四线城市的酒店业市场。面对国际、国内酒店集团加快的下沉步伐，尚美数智也不会坐以待毙，而是与国际酒店品牌雅高集团达成战略合作，独家运营雅高瑞享品牌，计划在下沉市场开设超过 400 家门店；同时获得小米的战略投资，共同探索"酒店+科技"发展新机遇，利用科技赋能四、五线城市的酒店。同时，还与腾讯电竞合作打造电竞赛事主题酒店，借用腾讯会员特权引流；与同道大叔合作亲子星座主题酒店，围绕亲子功能+年轻化设计元素搭配，打造新青年父母最爱的家庭风格；与"大英博物馆"合作国内首个艺术商旅酒店——兰欧酒店，让普通人也可以体验"在艺术中醒来"。酒店+业态上，尚美生活体系内孵化了咖啡、烘焙、书店等多个生活服务品牌，也与麦当劳、COSTA 等多家知名连锁餐饮品牌达成战略合作，在酒店大堂里通过酒店+咖啡、酒店+书店等方式为客人们提供更好的服务，同时提升酒店坪效。另外，尚美生活推出了联合办公的跨界服务，实现了商务人士在办公、聚会、用餐的自由切换。例如，在酒店内将小罐茶的茶室空间落地，满足客人商务会客、休闲放松的多元需求。

（五）组织创新

在当今竞争激烈的酒店行业中，组织结构的优化与转型已成为提升运营管理效率、增强市场竞争力的关键。当酒店组织未能有效解决内部管理问题时，往往会导致运营流程僵化、决策迟缓、员工士气低落，进而影响顾客体验与满意度，最终损害酒店的品牌形象与盈利能力。因此，从目前传统的机械型组织向更加灵活、适应性强的生物型组织转变，成为酒店业组织创新的新方向。

1. 机械型组织存在的问题

机械型组织以其层级分明、职责清晰、规章制度严格著称，这在一定程度上确保了组织的稳定性和可控性。然而，随着市场环境的快速变化和顾客需求的日益多样化，机械型组织的弊端逐渐显现：一是决策链条冗长，导致对市场变化的反应迟钝；二是部门间沟通壁垒高筑，信息流通不畅，难以形成跨部门协作的合力；三是员工创新空间受限，难以激发其主动性和创造力，进而影响服务质量和效率。

2. 生物型组织的优势

相比之下，生物型组织以其灵活、自适应、高度协同的特点，为酒店业带来了全新的管理视角。生物型组织鼓励扁平化管理，缩短决策路径，使酒店能够迅速响应市场变化；同时，强化跨部门沟通与协作，促进资源共享与知识流动，形成强大的组织合力；更重要的是，生物型组织注重员工的成长与发展，鼓励创新思维与自主管理，从而激发团队的积极性和创造力，为顾客提供更加个性化、高质量的服务体验（见图6-1）。

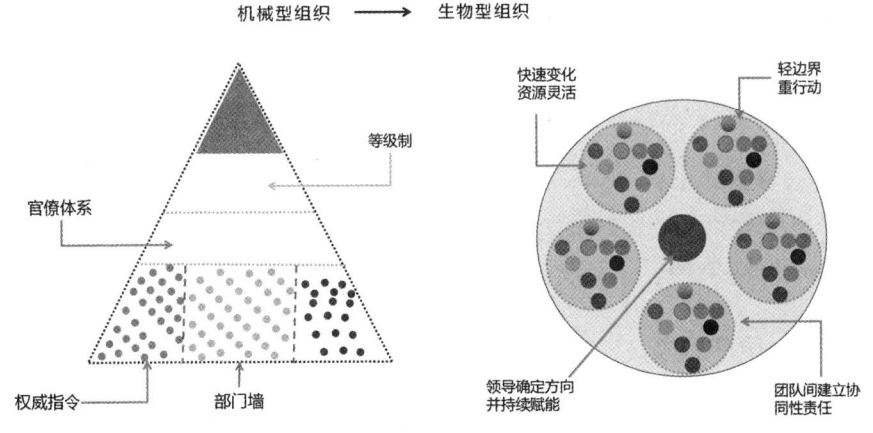

图6-1 机械型组织向生物型组织转变

快餐界的坪效之王"南城香"2015年的组织架构是常见的职能型组织架构：董事长下面是总经理，总经理管理各大部门：后勤部、市场部、财务部、工程部、运营部、人力资源部、产品研发部、采购部、行政部。运营部下面是区域经理，每个区域经理管理好几家门店。

在前期门店少的时候矛盾和问题还不大，后期规模大，门店和总部的沟通越来越困难了，简单总结就是：脑袋大、脖子细、腿发软。脑袋大：总部很大，总部的人员权力很大；脖子细：扮演跟总部和门店沟通的区域经理的角色；腿发软：整个基层员工都没有干劲。

南城香为了加强总部和门店的沟通，把"飞机型组织架构"改为"飞碟型组织架构"，飞碟的中央是总部成员，包括董事长和总经理，三位总监、六位经理，飞碟的外围是80多家门店。把中间层砍掉了，把门店和总部打通，总经理可以直接知道门店里的情况，店里做得好不好，一清二楚。飞碟型组织特征就是：脑袋小、脖子粗、大腿硬。其实说白了，就是压缩总部，强化一线，把总部的人全派到一线去。

另一个典型的案例是东呈集团的组织创新。东呈酒店集团创业18年来，依托过硬的产品服务、高效的运营管理、扎实的市场耕耘，实现"五年十倍速"发展，成为中国大众刚需住宿市场的引领者。但随着酒店行业的高速增长期已成过往，取而代之的是更加激烈的市场竞争和具有不确定性的市场环境。东呈酒店集团将改革的矛头对准了组织变革，提出了"强一线、精中台、轻后台"的改革方向，旨在通过优化组织结构，提升运营效率，强化一线服务能力，以满足消费者日益多样化的需求。

五、创新的来源

（一）用户意见

宾客是酒店的场外指导。他们依据自己过往的消费体验来评价我们的服务往往更真实，更有说服力。宾客所提的意见和抱怨都是正确的，宾客的感受都是真实的，宾客的要求都是合理的。按照这样的原则处理各种问题，才能达到让宾客赢，进而达到双赢的结果。设立意见反馈渠道、及时处理投诉以及关注在线旅游代理（OTA）评论对酒店业的创新和持续改进至关重要。

1. 设立意见反馈渠道

客户反馈是创新的关键来源，因为它提供了实际使用服务的客户的真实体验和期望。通过线上平台（如官方网站、社交媒体）、每日征询顾客意见或24小时随时扫码投诉，酒店可以收集客户的意见，这些意见可以帮助酒店识别服务中的不足之处以及可能的改进点。反馈还可以帮助酒店了解客户的新需求和偏好，从而设计新的产品和服务，满足客户的变化需求。

2. 及时处理投诉

投诉处理不仅能够解决客户的即时问题，还能够提供服务流程中缺失的重要信息。通过对投诉的分析和处理，酒店可以发现潜在的服务失败点，进而采取措施进行修正，甚至还能激发新的服务创新思路。

3. 关注OTA评论

OTA平台上的评论可以作为酒店服务质量的"温度计"，帮助酒店管理者了解客户对服务的真实感受。尤其评论中的负面信息，都是宾客的真实感受，也是酒店存在的问题或盲区，如果把这些问题解决了，将会在服务和产品上提高一大步。另外，通过关注OTA评论，酒店还可以了解竞争对手的表现，针对性地设计酒店的服务和产品，从而在市场中获得竞争优势。

（二）员工反馈

鼓励员工参与创新对于酒店业来说是非常重要的。员工作为服务的直接提供者，他们对服务流程和客户体验有着深刻的理解。

1. 鼓励员工提出建议

创建一个开放的沟通环境，让员工感到自己的意见被重视，这有助于激发他们提出改进建议的积极性。因为他们对日常工作流程和客户需求有直接的了解，员工通常能够从不同的角度识别问题，并提出切实可行的解决方案。通过定期收集员工的反馈，管理层可以获得一手的服务改进信息和创新灵感。

2. 举办创新大会

定期组织头脑风暴会议或创新工作坊，可以促进跨部门的协作和知识分享。在这些活动中，员工可以自由地表达自己的想法，无论这些想法多么大胆或非传统。集体智慧的激发有助于产生创新的解决方案，同时，也增强了团队之间的合作精神和归属感。

3. 奖励优秀建议

对于那些提出并实施了优秀创新点子的员工，给予物质奖励或公开表彰，可以显著提高其他员工的积极性。奖励机制不仅能够激励个人，还能够营造一种积极的竞争氛围，鼓励所有员工都参与到创新中来。表彰可以是形式多样的，如奖金、晋升机会、额外的假期或者公司内部的荣誉称号等。通过这些方法，酒店可以有效地利用员工的智慧和创造力，不断改进服务质量，提升客户体验，并在竞争激烈的市场中保持竞争力。员工参与创新还可以提高他们的工作满意度和忠诚度，因为他们会感到自己对酒店的成功有所贡献。

（三）数据分析

数据分析在酒店业中发挥着至关重要的作用，它能够帮助酒店更好地理解客户需求、优化服务、提升客户满意度以及增加收益。

1. 分析客源结构和用户画像

利用数据分析工具，酒店可以分析客户的基本信息，如年龄、性别、职业、籍贯等，以及他们的行为数据，如预订方式、住宿偏好、消费习惯等。这些数据可以帮助酒店构建更加准确的用户画像，了解不同客户群体的特征和需求，并根据用户画像，设计出个性化的服务和营销策略，提高服务的相关性和吸引力。

2. 提取网评高频意见

在线评价是了解客户满意度和期望的重要渠道。通过文本分析工具，酒店可以从在线旅游代理（OTA）平台、社交媒体和其他评论网站上提取客户的评价。分析这些评论中的高频词汇和表达，可以揭示客户对酒店服务的看法，包括他们的喜好和不满之处。这些信息对于改进服务质量和提供创新服务来说非常宝贵，因为它们直接反映了客户的真实感受和期望。

3. 历史经营数据分析

通过对酒店的历史经营数据进行深入分析，可以识别出服务中的模式和趋势，例如，入住率、平均房价、重复客户比例等关键性能指标。分析这些数据可以帮助酒店发现服务中的弱点和不足，例如，低入住率的时间段或客户投诉的常见原因。这些洞察可以为服务创新提供方向，帮助酒店制定策略以提高效率、增强客户忠诚度和提升整体竞争力。数据分析为酒店提供了宝贵的洞察力，使其能够基于实际数据而非猜测来做出决策。通过这些分析，酒店能够更精准地定位服务创新，满足客户的需求，同时提高业务的绩效。

（四）专家洞察

专家洞察是酒店业提升服务质量和创新服务的重要手段。

1. 邀请专家暗访

酒店可以邀请行业专家或第三方评估机构以普通顾客的身份进行暗访，这些专家通常具有深厚的酒店管理、服务设计或客户体验背景。专家们在暗访过程中会从专业的角度出发，对酒店的各个服务环节进行细致的观察和评估，包括前台接待、客房服务、餐饮服务、设施维护等。他们能够发现那些可能被酒店员工视为"常态"而忽略的问题，同时，也会识别出那些具有改进潜力的服务流程或创新机会。

2. 服务与产品评估

在推出新的服务或产品之前，酒店可以邀请专家进行预评估，以确保新推出的项目不仅符合行业标准，而且能够真正满足客户的需求和期望。专家的评估可以涵盖多个方面，如市场定位、价格策略、服务质量、客户体验等，他们的反馈可以帮助酒店优化服务设计，避免潜在的问题。此外，专家还可以提供关于如何通过有效的沟通和服务交付来最大化客户满意度的建议。

通过专家洞察，酒店不仅能够获得关于服务现状的客观评价，还能够基于专业建议制定出更加有效的服务创新策略。这种方法有助于酒店提前识别并解决潜在的问题，同时，也能够激发新的创意，从而在竞争激烈的市场中脱颖而出。

（五）同行学习

同行学习是酒店业持续改进和创新的关键策略之一。

1. 关注行业动态

酒店管理者应该定期阅读行业报告、专业杂志、在线论坛和新闻发布，以了解最新的服务趋势和技术发展。参加行业会议、研讨会和网络研讨会也是获取信息的有效途径，这些活动通常会展示前沿的创新案例和研究成果。通过社交媒体关注行业领袖和影响者，可以帮助酒店及时获取新观点和市场动态。

2. 借鉴竞争对手优势

酒店可以通过客户反馈、在线评价和神秘顾客程序来评估竞争对手的服务表现。对比分析可以帮助酒店识别竞争对手的强项，如客户服务、忠诚度计划、技术创新或环境可持续性措施。

通过访问竞争对手酒店或体验其服务，可以直接了解运营流程和客户体验的细节。通过向同行学习，酒店不仅能够提升自身的服务水平，还能够在市场中保持竞争力。这种学习方式有助于酒店发现潜在的合作机会，同时，也能够激发内部团队的创新思维。重要的是，酒店应该将所学到的知识和经验与自身的实际情况相结合，确保任何采纳的新服务或改进措施都能够满足自己客户的特定需求和偏好。

需要注意的是，服务创新并非一蹴而就的过程，而是需要持续地努力和迭代。酒店应根据自身实际情况和市场环境，灵活运用上述方法，不断优化和创新服务，提升客人的满意度和忠诚度。同时，酒店还应注重培养员工的创新意识和能力，为服务创新奠定坚实的人才基础。

第七章
从传承到转型

酒店曾经经历过"卖方市场",在管理和经营中处于强势地位。凭借这种强势地位,酒店管理者为回避管理和经营的风险,以酒店利益为中心,形成了控制思维模式。在这种模式下,管理者的角色往往集中在指挥和监督上,他们负责制定目标、分配任务、监督进度,并确保团队成员遵守既定流程和标准。这种自上而下的控制型管理方式在一定程度上保证了组织的有序性和效率,但也可能导致对员工创新性的抑制和过度依赖上级指示。

传统管理者的话语权往往按照所拥有的权力大小、所担任的职务高低以及直接管辖的下属数量来衡量。这种衡量方式侧重于形式上的权威与控制范围。随着组织环境的日益复杂、动态多变以及人本管理理念的深入人心,对管理者效能的评估逐渐超越了这些外在指标,转而聚焦更深层次的"责任"维度。责任被赋予了多重含义,它既包括对组织目标实现的承诺与贡献,也涉及对团队成员成长与发展的关怀与支持;同时,还涵盖了在决策制定过程中对社会伦理、法律法规及环境可持续性的考量与尊重。当今的管理者只意味着岗位,而不再具有任何身份意义；只意味着资源，而不再意味着资格。

同时，当今酒店与员工之间超越雇佣关系，成为合作关系。管理人员和员工不再是管理与被管理的关系，而是命运共同体，共商、共建、共享是未来管理者与员工关系的主流，不能实现团队价值最大化的管理者不是合格的管理者，不能提升员工职业价值的管理者是渎职、失职！因此，酒店员工管理模式和管理方法需要紧跟环境的变化。

一、管理要从"控制型"向"服务型"转变

控制思维是建立在一系列假设基础之上的：多数员工被假定为具有内在的惰性倾向，尽可能避免工作负担；大多数人缺乏进取心与责任感，不愿主动承担责任，缺乏明确的职业抱负，对承担职责持回避态度，更倾向在领导者的指导下行动。基于上述假设，依据"劳动分工原理""制度化管理理论"，通过精细划分工作任务，实现工作流程的标准化与专业化。强调通过建立健全的规章制度体系，明确界定职责范围，规范员工行为，以确保酒店运营的秩序性与稳定性。具体实践中，按照宾客在酒店的消费过程设计服务链，把对宾客服务的过程分解为最简单、最基本的操作程序，让员工重复操作，从而提高员工服务的熟练程度。在管理上，强调"管理驱动"，利用职权和监督，提升效率，降低成本费用。这种模式适应了当时工人素质低下、劳动力廉价的情况，可以有效提高员工的工作效率，强化流程监督，促进管理和经营。同时也过多强调管理者的作用，弱化员工的能动性。评价员工好坏的标准是管理者的感受，而非宾客的体验。但随着宾客需求的多样性和随机性，增加了服务组织和提供的难度，原有的组织结构、切块式的服务流程不仅不能促进工作效率的提升而且还成为提升服务质量和宾客满意度的障碍。控制思维虽然在一定程度上减少了酒店的损失和风险，但也束缚了优秀员工向宾客提供更优质服务的机会。

多年来，酒店业一直提倡"以人为本"的管理理念，实际上就是提醒管理人员要从"以酒店为中心"向"以宾客和员工为中心"转变。正如现代管理学之父彼得·德鲁克所说的"管理的本质是激发善意"。酒店规定的服务流程，

要求餐厅人员见到宾客必须问候。考核数量容易，但无法考核语气、微笑和其他身体语言。因此，德鲁克说，让员工"能干"之前，关键是让他们"想干"。让他们想干就要激发他们的善意。酒店管理者的职责和管理功能需要适应管理环境的变化，构建员工"自我驱动"和"自我约束"的管理模式。酒店的管理重心不再是以往的控制，而是放权和为下属服务，弱化管理者的指挥功能，"让听见炮声的人指挥战斗"，由原来的管控员工转变成如何帮助员工完成宾客多样性和随机性的服务需求。组织结构"倒置"，提升服务功能，让每一个员工都能按照酒店设计的路径，用宾客喜欢的方式更灵活地完成服务，实现组织最大价值。

济南有家酒店在酒店内推行了全员授权，每一位工作人员都有500元的额度（或一天房费的权利）去解决每一个用户反馈问题时所提出的合理需求。一线员工得到授权，让每一位工作人员接到用户反馈的问题时，可以第一时间有决心、有勇气、有资源去解决，避免了层层汇报的烦琐流程，减少了顾客等待的时间。一线授权不仅提高了宾客的满意度，还增强了员工的责任感和归属感，使他们更积极地参与到对客服务中，并在处理问题的过程中锻炼员工更多的技能，有助于他们的个人成长和职业发展，这就是所谓的管理赋能。赋能的意义是原本也许不可能完成的事情，但是在特定的环境里，可以完成。酒店雇用的不是员工的双手，而是整个人。

作为全球第二大酒店集团的锦江酒店集团为员工提供了多元化的培训体系，满足集团及门店不同层级、不同岗位员工的学习需求。一是根据不同层级的管理需要，设置了四层级五大类培训项目。实施员工级、基层管理者、中层管理者、企业经营班子四个层级的培训项目，涵盖了技工培养、大学生"雏鹰"计划、基层管理者培训、中层管理者培训以及企业经营班子培训五大类，确保员工在职业生涯的各个阶段都能获得必要的成长支持。二是加强校企合作，锦江集团与国内知名院校如浙江大学、中南大学、东北大学等建立了联合培养的校企合作机制，通过理论与实践的深度融合，加速员工的专业成长和技能提升。

除了管理措施的赋能，还有很多酒店集团采用数据技术降低员工的工作强度、提高员工的工作效率。比如，华住酒店集团通过实施一系列数据技术和数字化工具降低岗位难度、缩小能力差异，提升了员工的工作能力。采用自助服务设备如"华掌柜"一体机使客户能在10秒内完成入住，极大地减轻了前台的工作量；采用移动化工具"易系列"简化了运营流程，让员工通过移动设备更高效地完成任务；使用智能机器人"华小爱"承担了客房服务和提醒的职责，减少了员工的重复性劳动。此外，华住还利用大数据分析优化了收益管理，减少了管理人员的决策负担；数字化学习平台与云学堂的合作，提供了个性化培训，提高了培训效率；通过业务流程的自动化，华住减少了员工手动处理的任务，有效降低了工作强度，使员工能够专注于提供更优质的客户服务。

> 很多人不自觉地认为，酒店管理人员的观点更权威，更有说服力，职位低的，只能做好对客服务工作，但很多案例告诉我们，更应该让听到"炮声"的人去"指挥战斗"，由于他们直接对客服务，他们最了解宾客的意见和困难，他们最了解酒店的问题和短板，他们知道如何让宾客更满意，他们最明白服务哪里最紧急。

二、服务要从"流程化"向"场景化"转变

大部分酒店现行的服务流程源于"工业化流水线"，以酒店为中心，假设服务的宾客没有太大差别，基于这些假设，酒店在设计服务流程时，强调标准化和工作效率，通过提供"流水线"服务节约费用，保证质量，减少风险。比如，无论商务宾客、家庭宾客、会议宾客，无论男士宾客还是女士宾客，无论宾客什么职业、年龄，酒店服务员在开夜床时，几乎按照一样的方式提供晚安致意品，甚至住五天的宾客和住一天的宾客的夜床服务模式也基本相同。尽管有些酒店利用"个性化"服务流程，为"标准化"打了"补丁"，但员工基本上是按照酒店培训的流程提供服务，流程没有要求做的，他们也不会根据顾客的需要提供针对性的服务。

现实中，宾客的需求共性是主要的，但差异决定了他们的不同。多数宾客都有用早餐的需求，但就餐时间会有很大差异。多数酒店在设计早餐时间时，是考虑了多数宾客的需求和酒店自身的费用，把早餐定在6:30至10:00，那么6:30之前和10:00之后的宾客的早餐该如何解决？有些酒店就根据宾客"场景"，创新了"打包路早"和"早午餐免费送餐"服务，很好地满足了宾客需求。这就是"场景化"服务。

场景本来是一个影视用语，指影视作品中一个个不同的情境。后来场景这个词转化成经济学概念用来描述一个特定的时空营销环境。酒店原有的客源划分和服务设计的依据是年龄、地域、性别、收入等统计学指标，而通过这些宏观的指标只能抽象出模糊的一类人的画像，不能准确地界定宾客个体的需求。如果聚焦到一个个"小场景"，酒店能更好地把握这一场景下的心理活动和真实需求。每一个场景都对应着宾客的不同需求，酒店可以根据每个场景设计出具有针对性和引导性的服务和产品。因此，场景是酒店为宾客提供服务的接口。将服务和产品的设计引入场景化，酒店可以更准确地获取宾客的需求，让自身产品更"贴心"，同时，也能让自身服务团队对宾客和提供的服务理解得更加透彻。服务要从"流程化"向"场景化"转变，这是服务理念的变革，其本质既是以酒店为中心，还是以宾客为中心。通过场景化的思维，对酒店现有的服务流程重新评估，对不能最大限度满足宾客需求的服务进行"流程再造"。

场景理论不仅为不同场景的宾客提供了个性化的服务，还可以根据不同场景下的顾客需求设计特色产品以吸引不同类型的客人，比如，神州专车曾经为孕妇推出了"孕妇专车"。神州汽车为塑造"孕妇专车"专业服务形象，对司机进行严格筛选，只选择那些拥有良好服务记录、无不良驾驶记录的司机。所有司机都必须接受包括孕妇护理知识、紧急情况处理、平稳驾驶技巧在内的专业培训，以确保他们能够提供适合孕妇的服务。神州专车还制定了一套详尽的服务标准和操作流程，明确了如何协助孕妇上下车、调整车内温度和座椅，以及行驶过程中应注意的事项。车辆要定期进行维护，以确保车内环境整洁，并配备了安全带、安全气囊等必要的安全设施。司机的身体健康同样重要，因此，公司要求司机定期进行健康检查，以保证他们能够安全驾驶。为了监控服务质量，神州专车利用客户反馈、车内监控和GPS追踪等手段，对司机的服务表现进行实时监控和管理。同时，司机们接受应急工具使用和急救培训，以确保在紧急情况下能够提供及时的帮助。公司还建立了一个高效的客户服务系统，确保孕妇及其家属的任何问题和需求都能得到及时的响应和解决。孕妇专车的推出不仅获得了较好的收益，而且还树立了良好的社会形象。随后神州专车还推出了"机场寄送专车""带子出行专车""夜晚加班专车"和"会议专车服务"，得到了市场的一致好评。

不同的出行目的往往产生不同的需求，长春某酒店根据宾客不同的出行目的精心设计了不同的情境化服务，以增强客户体验和满意度。比如，针对家庭出行旅客，酒店提供亲子房，内设有儿童娱乐设施，确保小宾客也能享受愉快的住宿体验。此外，酒店还提供缝补衣物服务以及艺术折巾和果盘，以应对旅途中可能出现的小意外，以及为家庭创造温馨舒适的住宿环境。这些细节体现了酒店对家庭出游需求的深刻理解和贴心服务。商务出行客人往往需要一个安静且专业的环境来进行工作或会议。为此，长春某大酒店提供礼貌拜访服务，确保客户感受到被尊重与关注。同时，酒店还提供名人字画和茶具服务，增添文化氛围，为商务洽谈或休闲时刻提供理想的背景。此外，酒店还提供邮寄快递和订购车票服务，确保商务人士的出行便利，果盘服务则为忙碌的商务活动增添一份清新。至于情侣出行，酒店则提供了更为浪漫的服务套餐，包括送上玫瑰花、小糕点，以及苹果汁和艺术折巾，为情侣们的甜蜜时光增添一份情趣。巧克力、酸奶、银耳羹和果盘等美食，更是让情侣们的住宿体验充满惊喜和温馨。通过这些定制化服务，长春某大酒店不仅满足了不同顾客的基本需求，更通过周到的个性化关怀，让每位顾客都感受到家一般的温暖和专业的服务标准（见表7-1）。

表7-1 场景服务措施

情 景	个性化服务
独自出行	热牛奶、果盘、巧克力、艺术折巾

(续)

情　景	个性化服务
家庭出行	亲子房（儿童娱乐设施）、艺术折巾、缝补衣物、果盘
朋友出行	小零食、小糕点、苹果汁、菊花茶、果盘
情侣出行	玫瑰花、小糕点、苹果汁、艺术折巾、巧克力、酸奶、银耳羹、果盘
商务出行	礼貌拜访、名人字画、茶具服务、邮寄快递、订购车票、果盘
节日特色	节日由来、历史典故、形象故事、幸运转盘、康乃馨、汤圆、鲜花预订、月饼、窗花、爆米花、佩戴毛主席像章、党的誓言誓词、贺卡、包饺子、贴对联、冻柿子、冻梨、猜灯谜
季节特色	应季水果、冰红茶、绿豆汤、南瓜汁、百香果饮、山楂果饮、果盘
生日特色	蛋糕、艺术折巾、气球、贺卡、照片、相框、开机画面、唱生日祝福歌
儿童特色	儿童牙刷、儿童故事书、儿童看护、吉祥小玩偶、猜谜游戏、酸奶、果盘
婚房特色	红色喜字、气球、红色床单和被罩、洗漱用品、面条、鸡蛋、果盘
女士出行	女士楼层、女士拖鞋、黄瓜面膜、纯牛奶、银耳莲子羹、月经床垫、红糖水、果盘
中、高考特色	设立中考和高考楼层、金榜题名、艺术折巾、字画、寓意水果、文具袋
特殊群体	老人：接送机服务、订购机票、足浴盆、梳头服务、小米粥、晚安饮品、艾叶泡脚、果盘

注：根据长春某酒店操作流程整理。

按照这个思路，很多酒店为了更好地服务考试客人并吸引这一客群，特别推出了"考试客人服务设计"，该设计从多方面考虑了考生的需求和体验。首先，通过电话询问预订客人是否参加考研，并为这些客人提前安排安静的考研楼层房间。在酒店公共区域设置温馨提示牌，提醒所有客人共同创造一个安静的休息环境。入住时，考生将收到象征好运的"金榜题名"手链和"逢考必过"红包，而客房门上同样贴上了手写的祝福语。

客房内，考生会发现一系列精心准备的物品，包括装有耳塞和定制口罩的紫色信封、象征心想事成的橙子、营养舒化奶，以及提供能量的士力架和威化饼。此外，酒店还提供了一系列增值服务，如考生专属楼层、睡前纯牛奶、空气净化器或香薰、特制考场交通路线图、快速退房服务、免费文具、24小时专属管家服务，以及免费早餐和矿泉水，确保考生能够安心备考。酒店还为考生提供了免费的行李寄存服务，以减轻他们的负担。通过这些周到的服务设计，酒店不仅为考生提供了一个有利于备考的环境，也进一步提升了自身的服务质量和市场竞争力。

三、经营要从"成本导向"向"宾客满意导向"转变

传统成本管理思想是最大限度地降低各种经营成本费用，谋取成本费用的最小化和利润的最大化，被称为"成本导向"。尤其在酒店收入提升比较艰难的背景下，通过控制成本可以实现更多利润。这种成本导向在经济型酒店成功运营的成功经验也成为许多星级酒店借鉴的管控模式。但在实际运营中，把增加利润的重点放在了"成本管控"上的模式对酒店的长远发展带来了不利影响。在成本导向的指导下，酒店往往不考虑宾客的体验，在免费自助早餐、宾客一次性用品等方面，狠下"成本砍刀"，不能很好地满足宾客需求，导致了宾客的不满和流失。短期内，酒店的利润会上升，但会对酒店造成"内伤"，造成未来经营的困难。实际上，这种成本管控方法是对"成本导向"管理思维的误解，不能把在经济型酒店的成功经验作为一把"万能钥匙"，不同客源类型的酒店在成本管控上应该有所区别。一味地控制成本，势必会降低宾客体验，对酒店长远运营造成伤害。

"以宾客满意度导向"的成本管控思维，是基于酒店宾客需求，通过制定与实施符合宾客需求的成本管控模式来形成酒店的竞争优势，创造出酒店的核心竞争力。在这种逻辑下，不能为宾客创造价值的投入，称为"成本"；能为宾客创造价值的投入，视为"投资"。通过一定的投入，塑造出自身特色，树立更好的口碑，从而带来更多客源，创造更大的利润。宾客满意导向的成本管控，也并不是不核算成本，而是"好钢用到刀刃上"，采用管理措施和管理工具，且不能降低宾客体验。他们常用的措施有：靠文化降低装修成本；靠特色降低

营销成本；靠科技降低能源成本；靠精细降低物料成本；靠保养降低运作成本；靠专业降低管理成本；靠精管降低人力成本；靠合作降低竞争成本。

在成本管控中，要避免价值陷阱。什么是价值陷阱？我们先看一个案例，济南有一家早餐非常知名的酒店，因大部分客房含早餐，早餐收入大部分是从客房收入中拨付给餐饮部。近一年厨房人员总是抱怨成本不够，需要提高早餐的拨付。咨询团队根据酒店提供的采购清单发现多个品种，如泡藕芽、高山云雾笋、蒲公英预拌菜等菜品，酒店上了顾客也不一定知道，也不会因为酒店上了，就说早餐好，不上也不会说早餐不好。这种不能为顾客创造价值的原料就称为成本陷阱，应把这种原料取消掉，把钱用到"刀刃"上。

总之，成本管控要以宾客为中心，而不是以酒店为中心，更不是以酒店管理者的喜好为中心，成本管控不能以降低目标客群的体验为代价，否则是作茧自缚；也不能不研究成本是否创造价值，形成价值陷阱，没有实现投入成本的效用。

第八章
从流量到留量

2012年,阿里巴巴创始人马云与万达集团总裁王健林进行了世纪之约,他们打赌到2020年,电商份额能不能占到零售份额的半壁江山?今天再看这个赌约,答案不言自明。"没人上街,并不代表着没人逛街"!流量成为时下的流行语。所谓的"流量思维"是指以吸引和维护用户流量为核心目标的商业模式和策略。

一、一切生意的本质都是流量

酒店虽然属于传统行业,但在一百多年前就有朴素的"流量"思维。美国商业饭店之父斯塔特勒先生选择适宜的地点(Location)来建造饭店,并始终认为酒店取得成功的最重要的因素是"Location,Location,Location"!酒店选址就意味着选择客源,靠近景区会吸引更多旅游观光客人,将酒店建在海边会让度假的客人更加青睐,选在学校周边,学生会给酒店带来更多收益。因此,酒店的地点会影响酒店的客流量的大小及客源类型。20世纪90年代以前,交通方便、位置优越的酒店就会有较大客流量,商家竞争的核心在于占领商圈和好地段。进入20世纪90年代,随着竞争日益加剧,酒店纷纷成立销售部,通过各种促销、广告,借助旅行社等销售手段扩大酒店客源市场。销售的本质是吸引并留住更多客源,和"地理位置"同属"流量"。这个阶段酒店竞争的核心从商圈转向"资源",谁掌握了"政府资源""行业资源""广告资源",甚至是"个人资源",谁就能招徕和留住更多客源。

随着移动互联网技术的普及,我国已形成了9亿人规模的巨大的商业市场。互联网打破了传统商业模式中的地域限制和时间限制,使企业可以通过电子商务平台等方式直接向消费者销售产品和服务。这种变化不仅减少了中间环节,降低了销售成本,更极大地提高了市场销售效率。

互联网为企业提供了更多的营销渠道和方式,如社交媒体营销、搜索引擎营销、内容营销等。这些新兴的营销方式更加精准、高效,可以更好地满足消费者的需求,提升企业的品牌影响力和市场竞争力。互联网打破了传统商业模式中的竞争格局,使小型企业和创业公司也有机会与大型企业竞争。

互联网流量好像埋在地下的宝藏,在没有人发现其价值时,企业在网上的获客成本只有几毛钱,当时百度推广是企业获取流量的有力武器,只要凭借精明和闯劲就可以通过搜索引擎轻易获得百万用户。但随着新浪、搜狐、淘宝、百度等互联网企业垄断了PC端80%的流量,百度推广的费用水涨船高,被一些有实力的公司占据了大部分流量,甚至出现恶意抢占、恶意竞争的事件。随着智能手机普及和4G网络的投入使用,流量从PC端向移动互联网转移。但流量被少数互联网公司垄断,企业线上获客成本不断攀升,甚至酒店营业收入的15%~20%被OTA平台拿走,大部分酒店没有更好的获客能力和渠道,很多酒店只能在互联网巨头制定的流量规则下让出主导地位,甚至在价格方面也要看OTA平台的"脸色"。

酒店为了在这场激烈的流量大战中占据优势,纷纷采取了多种策略以吸引和保留顾客。有的酒店以价格换流量,通过价格战来吸引对价格敏感的消费者,有的酒店为了扩大在线曝光率和销售渠道,通过提高在线旅游平台(OTA)的佣金比例，与某 OTA 平台签订独家合作协议，参加各种线上促销或推广活动等，以期获得更多预订量；还有的酒店通过社交媒体、搜索引擎优化、内容营销等手段，提高品牌知名度和吸引力，引导潜在顾客进行预订。国内大的酒店集团为了将流量抓在自己手里，大力发展会员体系，同时，在与 OTA 平台合作时，保证集团门店的 OTA 客源占比不超过 30%。即使这种规定会影响投资方、酒店运营方眼前的利益，但从战略上看在充分利用公域流量的同时，大力发展私域流量，是十分必要的。

除了互联网的流量，酒店在产品设计中也要打造"流量产品"。在当今竞争激烈的酒店行业中，产品开发已不仅是功能与服务的堆砌，而是需要通过创意来构建独特的购买理由，以吸引并留住消费者。

（一）寻找购买理由

酒店产品开发的首要任务是寻找能够触动消费者内心的购买理由。这要求酒店企业深入市场，通过问卷调查、社交媒体分析、顾客访谈等多种方式，全面了解消费者的需求与期望。购买理由不仅是物理上的舒适与便利，更是情感上的共鸣与认同。例如，随着年轻消费群体的崛起，他们更加注重个性化、体验化和情感化的住宿体验。因此，酒店可以开发具有地方特色、文化韵味或创新设计的客房产品，以满足这一群体的独特需求。

（二）确认购买理由

在收集到大量消费者的反馈后，酒店需要从中提炼出最具吸引力的购买理由，并构建差异化的竞争优势。这一过程需要酒店管理者具备敏锐的市场洞察力和判断力，能够准确识别出消费者最关心的痛点与痒点。例如，某酒店可能发现消费者对健康睡眠的关注度日益提高，于是决定将客房的床垫升级为高品质的记忆棉床垫，并配备专业的睡眠顾问服务。这一举措不仅满足了消费者对健康睡眠的需求，还成功构建了酒店产品的差异化优势。

（三）放大购买理由

确认购买理由后，酒店需要通过多种手段将其放大，使消费者能够深刻感受到产品的独特魅力。这包括提升客房的硬件设施、优化服务流程、打造独特的品牌故事等。例如，酒店可以在客房内设置智能控制系统，让客人能够轻松调节室内温度、灯光和音响等，提升住宿的便捷性和舒适度。同时，酒店还可以通过举办文化沙龙、艺术展览等活动，增强客人的文化体验和情感认同。这些举措不仅提升了购买理由的吸引力，还强化了酒店的品牌形象和市场地位。

（四）传播购买理由

最后，酒店需要通过多元化的营销手段来传播购买理由，吸引更多潜在消费者的关注。这包括利用社交媒体、在线旅游平台、线下广告等多种渠道进行宣传推广。例如，酒店可以在微博、微信等社交媒体平台上发布精美的客房照片和客人评价，吸引粉丝关注和转发；同时，还可以与知名旅游博主或网红合作，通过他们的推荐和分享来扩大品牌影响力。此外，酒店还可以举办各种促销活动和会员优惠计划，提高客人的忠诚度和复购率。通过这些努力，酒店可以成功地将购买理由传递给更多消费者，实现市场的拓展和增长。

流量思维往往侧重于获取流量，吸引更多的潜在客户，一定程度上促进了酒店业的发展，但也存在明显的局限性。它过于关注短期的流量增长，而忽视了用户需求的深度挖掘和长期关系的建立。同时，流量思维下的营销策略往往缺乏个性化和差异化，难以形成独特的品牌形象和竞争优势。

二、流量红利消失，用户思维决定未来

根据著名的电商公式，销售额 = 流量 × 转化率 × 客单价，酒店的经营业绩受三个因素的影响，流量是其中非常关键的一个。在过去的几年，有流量就有市场，流量就等同于市场。传统线下实体店和平台电商时代，可通过各种广告、推广、优化等营销手段不断引流，从而实现产品销售。

第八章 从流量到留量

流量思维的落脚点是如何吸引流量，只要通过营销工具吸引来宾客就算达到了目的。酒店为了获取更多流量，力争在OTA上获得更好的排名，不得不与OTA平台签订合作协议，提高自身支付的佣金，为OTA平台提供更优惠的价格，配合OTA平台参加各种促销活动等，大幅增加了酒店的成本和费用。即使这样，很多酒店还趋之若鹜，争做特牌、独家等。有些酒店获得了特牌或独家，依然得不到较好的名次，不得不进行购买"流量"的金字塔、带客宝等活动。更大的挑战是流量基本被几个互联网公司垄断，甚至个别OTA一家独大，导致流量越来越贵。而酒店业和其他出售产品的行业有所不同，无论在线营销吸引来多少流量，最后都需要到达酒店这个承接平台。目光只盯在流量上，如果到店消费的宾客对产品、服务、环境等不满意，他们就会选择不再光顾，甚至还有部分客人将自己的失望、不满甚至是投诉发到网络平台，影响酒店的口碑，对其他宾客产生不良影响，导致酒店流量的下滑。因此，酒店如果只在意流量，而不在乎留量，就无法留住顾客，留下顾客的好评，最后让自己陷入恶性循环的陷阱。酒店为了获得更多流量不得不加大营销开支，而更大的营销开支却换不回更多流量，甚至流量越来越少。

酒店不仅要关注流量，更要关注留量，要有用户思维。在了解用户思维之前，先要弄清楚什么叫用户？用户、客户、粉丝、铁杆粉丝，这几个词汇耳熟能详。但他们之间到底有什么区别：客户是酒店服务和产品的购买者，但不一定重复购买；用户是酒店服务和产品的重复购买者。粉丝是酒店产品和服务的信赖者，更是酒店产品和服务的忠实使用者。铁杆粉丝是粉丝中的VIP，除了自己重复购买和使用，往往还主动承担了分享、宣传的任务。

酒店用户思维的优势在于能够深刻洞察并精准满足每一位宾客的独特需求与期望。通过深入了解宾客的偏好、习惯及反馈，酒店能够定制化地提供从入住到离店的全方位服务体验，不仅提升了宾客的满意度与忠诚度，还推动了口碑的积极传播。用户思维是抛弃原有的一次性交易的想法，把自己的客户培养成重复购买的用户，进而培养成酒店的粉丝和铁杆粉丝，让产品和服务占领宾客的心智，使他们不仅第一时间联想到酒店品牌，而且还会主动推荐，使产品和服务自带流量。这种以宾客为中心的思维模式，有助于酒店构建长期稳定的客户关系，提高品牌竞争力，从而在激烈的市场竞争中脱颖而出，实现可持续发展。

第九章
从"差不多"到"精准"

一、酒店运营和管理中的"差不多"现象

(一)服务和产品的差不多

在酒店经营管理中,"差不多""大概"的现象随处可见,让人时时看到胡适先生描写的"差不多先生"们的身影。在当今追求个性化与便捷性的消费趋势下,酒店业纷纷推出了"百宝箱"服务,旨在满足顾客多样化的需求,从棉签、创可贴到儿童尿不湿、儿童小推车,一应俱全,甚至部分酒店的百宝箱内的物品种类已突破二三百种,这一创新举措无疑为顾客带来了前所未有的便利体验。然而,在这光鲜亮丽的背后,却隐藏着一笔亟待厘清的糊涂账。多数酒店对于百宝箱内各项物品及服务的使用频率缺乏精准的数据统计与分析。首先,哪些物品是顾客频繁借用的"明星产品",哪些则长期尘封、无人问津,顾客不需要的物品,不仅占用酒店资金,甚至过期丢掉,造成浪费,还长期占据百宝箱空间,加大日常百宝箱的管理。其次,百宝箱的费用管理也是个模糊

地带。此外，酒店百宝箱每月实际产生的费用是否合理？因为补充不及时或者其他原因无法给客人提供服务导致顾客投诉或不满的次数增多等。本来推出的特色服务项目，最后成为一笔糊涂账。在服务和产品中，这种现象还很多，比如，酒店推出了擦皮鞋服务，请问酒店客房部经理、酒店总经理是否知道一个月擦了多少双皮鞋？还有的酒店在每一间客房里都摆着放大镜，请问摆放大镜的依据是什么？利用率是多少？很多中档酒店里的免费矿泉水摆放两瓶，依据是什么？每天客房需要给客人送多少瓶矿泉水？

（二）管理运营的不精准

除了服务方面的不精准，在经营管理上还存在很多粗放的地方。曾经调研了一家餐饮营业收入位居全市前列且菜品口味和出品也非常不错的酒店。询问餐饮总监每月的营业收入指标，其却不能一口答出，她解释酒店不考核部门收入，只考核利润，只要利润完成了，即使收入完不成也没关系。随着调研的深入，发现这家酒店的餐饮为了完成利润指标，员工离职了也不再招聘，几乎没有服务；布草破旧，也不更换……虽然目前餐饮利润尚可，但毫不客气地说是"破坏性"经营，透支了未来的发展。就眼前而言，这任餐饮总监的业绩还比较亮眼，甚至会为自己赢得晋升的机会，但给酒店餐饮持续发展埋下了隐患。"考核失去了初心，考核也就失去了意义"。绩效管理如果不精准，也就是失去了考核的意义，甚至还逼迫着管理者或员工做出不利于酒店发展、影响宾客满意度的事情。

大部分酒店考核客房的指标比较单一，只考核利润。利润 = 收入-成本-费用，一些酒店客房为了提高利润，其管理人员严控一次性用品、夜床费用以及洗涤费用等，甚至做到了影响宾客体验的地步。为了改变这一不良做法，便在酒店客房绩效管理方案里提出了一个"预算差异率"的概念。绩效管理方案里将一次性用品、夜床费用以及洗涤费用等单独考核，按照预算实施差异率考核，只罚不奖。如部门将这几项费用控制在95%~105%，不处罚，超过这个准确率就要处罚，并强迫部门将这些费用花到位，而不是一味节约。采用这种方法的原因是基于"运营的目的是利益最大化,利益最大化是一个可持续的过程,而不是某个时间点"的理念。

笔者曾经辅导的济南吉华大厦的早餐受到宾客的广泛好评,其中有很多宾客因为留恋他们的早餐而不断地光顾。很多酒店同行也关注到,便派高管带队前来学习,要走菜单,对菜品进行拍照,计划回去完全模仿,但事后效果不佳,究其原因只是学到了"皮",而没有学到"魂"。大部分酒店的早餐是为客房住店宾客提供免费的早餐,每月按照就餐人数从客房收入中拨付到餐饮收入。但实际运营中,早餐的成本不是线性增加的,而是随着早餐人数的增加使得人均成本降低,随着早餐人数的减少而人均成本大幅增加。比如,酒店有150人用早餐,成本可能会是20元/人,如果增加到300人,早餐的人均成本可能会降低到17元/人;如果早餐就餐宾客只有50人,要保持原有的早餐质量,人均成本可能会提升至50元/人。如果酒店按照固定人均成本拨付给餐饮部,早餐就餐客人多时,餐饮部为了执行酒店标准,就会从早餐中挪走一部分原料到其他厨房,获得"隐形利润"。如果早餐就餐人数较少,餐饮部实际上是在"暗亏",需要从午晚餐或者别的厨房调拨原材料来弥补。餐饮出力,还亏钱,当然在早餐上没有积极性。通过这个分析,大家就会很清晰地认识到,在酒店早餐上,酒店、客房部和餐饮部存在利益博弈。酒店应该明晰早餐对酒店的战略意义,采用动态成本法平衡餐饮和客房的利益关系,早餐客人少时,应多拨付人均成本,早餐客人多时,应少拨付人均成本。

再谈一个人力资源管理不精准的案例。如果问一家酒店的人力资源总监每个月该酒店的人力资源成本是多少,大部分人会脱口而出;但如果要问具体哪一天实际在岗人数的人力成本是多少,能回答上来的人寥寥无几。在人力成本占酒店营业收入30%以上的今天,酒店管理者对每日实际的人力成本和费用却不能掌握,不难看出,酒店倡导"减员增效"仅是一个口号或目标。但如果你问麦当劳和肯德基的店长,其店里具体哪一天的人力成本或费用是多少,他们会具体到个位数。这是因为麦当劳、肯德基的店长会根据预测营业收入来进行排班管理,甚至会根据当天的经营情况调整人员安排,满足用工需求或者降低人力成本。

在酒店业竞争日益加剧的今天，有专家笑称，活着的酒店几乎没有不重视酒店服务的，因为不重视服务的酒店都倒闭了。即使如此，很多服务优秀的酒店还存在对服务理解的误区。很多酒店管理者认为酒店服务项目多就是服务好，因此，学习其他酒店的服务乐此不疲，但如果仔细问问管理者每月有多少人次享受了某项服务，有哪些服务项目一个月，甚至一年都没有宾客使用过，大部分的管理者只能凭借感觉和猜测，很难说出一个准确的数字。这里我们要强调一个观念，服务项目不等于宾客体验，不等于服务优质。只有宾客乐于使用的服务，才是宾客喜欢的服务，才是能为宾客提供良好体验的服务，才是有效的服务。

阿基米德曾经说过，"给我一个支点，我就能撬起地球。"这句话背后的含义不是他有多大力量，而是强调了找准支点的重要性。找到支点就需要精准。历史上的名医华佗提出过"对症下药"，在他眼里，无所谓"好药""差药"，只要精准治疗疾病的药才是好药。许多酒店的经营管理浮于表面，满足于"差不多、过得去"，制度程序照抄别的酒店，在酒店实际运营中无法落地；有些酒店缺乏对具体执行方法和手段的研究，针对性、操作性和稳定性不强；在日常管理中存在众多交叉、盲区，管理效率低下；制度程序员工不了解，也就无法谈执行，一线员工标准化意识不强，工作粗枝大叶，有的工作看似做了，实际没做，或者细处没做；经营过程中的跑、冒、滴、漏等各种浪费现象普遍存在，考核工作的结果往往以是否完成来评价和衡量。

二、精准管理的含义

通俗地讲，精就是简化，易操作；准是结果定义清楚，量化、细化和可操作化。精准管理是以数字化为基础，以目标、问题或战略为导向，采用简单易操作的方式，从而提升宾客体验，降低成本、费用和风险，实现效率和效益改善的过程。

（一）酒店精准管理的意义

1. 精准管理是基础管理的有效手段

精准管理通过对酒店运营的各个方面进行细致的量化和分析，使管理更加科学、系统化。它要求酒店管理者对业务流程、服务标准、员工行为等进行精确的把控，确保每个环节都能够高效运作。例如，通过精准的数据分析，管理者可以识别出服务中的弱点和不足，从而采取针对性的改进措施，提升服务质量和管理效率。

2. 精准管理是强化执行力的标尺

精准管理强调结果的量化和明确，为执行力提供了具体的评估标准。酒店管理者可以根据预先设定的精确目标和指标来衡量员工的工作表现，确保团队成员明确知道期望的结果，进而推动执行力的提升。例如，通过设定具体的服务质量指标和客户满意度目标，管理者可以更有效地监督和激励员工，确保服务标准得到贯彻实施。

3. 精准管理是降低内部沟通成本的工具

当管理变得精准时，它能够减少因信息不明确或误解导致的沟通成本。精准管理通过建立清晰的沟通渠道和标准化的工作流程，确保信息在组织内部的传递更加高效和准确。这不仅减少了沟通中的误差和时间浪费，还有助于提升团队协作的效率，从而降低内部沟通成本。

4. 精准管理是提升服务体验和降低成本、风险的手段

精准管理通过对客户数据的深入分析，能够更好地了解客户需求和偏好，从而提供更加个性化和高质量的服务体验。同时，通过精确的成本控制和资源分配，使酒店能够降低不必要的浪费，提高资源利用效率，从而实现成本节约。此外，精准管理还能够识别和预防潜在的风险，通过及时调整应对策略，减少经营风险,确保酒店业务的稳定和可持续发展。

(二)酒店精准管理的步骤

卡普兰和诺顿曾经提出:"你无法描述的,就无法衡量;你无法衡量的,就无法管理!"这个思想也是精准管理的理论基础。要想做好精准管理,第一步要做的就是盘点酒店哪些该量化的项目还没量化。

比如,客房营业收入是酒店管理者最关注的数据,但很多管理者只是把目光盯着这个数据本身,而没有将这一指标进一步细化。酒店客房收入还可以细化成不同房型的收入、钟点房收入、非房收入和预售收入等。大部分酒店不重视钟点房收入,认为钟点房客源会对酒店设施造成破坏、影响酒店品牌形象等。但钟点房为非全日住房,是在酒店较高出租率基础上可以深挖的潜在收入;还有预售收入,很多酒店也没有特别关注,实际上一家酒店客房预售收入越高,代表着酒店的回头客越多,宾客对酒店的满意度越高。考核预售收入可以激励员工更好地做好当前的服务,提升宾客体验,让更多的宾客成为回头客,形成酒店、员工和宾客三者的良性循环。

另一个数据是出租率。除总体出租率外,还可以细化到每一个房型的出租率,找出问题房型、畅销房型,然后采取促销或者涨价措施;还可以找出周、月的出租率,找出淡旺季或者容易满房的时间,查找问题,采取措施;还可以计算出客房出租率如果提升1%,酒店客房收入将会提升多少万元。以此为基础,针对性地制定前厅和营销部的激励措施。

酒店不仅要关注营业收入和利润,还要关注客源市场的分布,酒店协议客户、会议市场宾客、OTA宾客以及上门散客等不同客源市场的占比必须每月做好规划,月末要进行复盘。即使月末超额完成了收入指标,如果客源市场发生重大偏差,也就预示着酒店虽然"吃饱了",但吃的"不健康",对未来酒店经营带来不利影响,对于这种情况,在绩效管理方案里不能奖励,而要处罚。

精准管理的第二步是考核。不要高估管理者的觉悟,也不要低估管理者的能力。有些管理者在工作中克扣员工和坑害宾客,不是他本身愿意或者天生就是如此，而是在酒店考核制度的逼迫下，为了完成部门指标，维护自身利益，良好觉悟在利益面前会慢慢失去抵抗力，一步一步滑入与酒店战略相悖的深坑。

宾客在酒店消费前、消费中和消费后都会产生大量的数据。入住前数据就是用户在入住前的选择行为数据，例如，用户在入住前，对酒店的搜索、浏览、预订等行为留下的数据，这些数据反映了整个市场的需求和用户偏好。入住中数据就是宾客在酒店入住过程中所形成的数据，它实际上就是PMS（酒店管理系统）中的经营数据。这些数据反映了酒店的经营状况。入住后数据即宾客入住结束后的反馈数据，例如，宾客点评、调查问卷等，当然也包括专家暗访数据。这些数据从宾客和专家的角度，反映了酒店的产品及服务价值。挖掘、分析这些数据，对于提升酒店管理和服务具有重要的意义。一是通过大数据分析，酒店可以精准地了解宾客消费行为、消费习惯，更好地服务宾客；二是通过大数据分析，酒店可以根据宾客消费偏好及客源类型做好精准营销；三是酒店可以了解竞争对手的价格和一些相关的市场及财务指标等，制定更有针对性的竞争策略及强化收益管理。挖掘分析数据的能力是衡量一个管理者水平高低的重要指标之一。

第十章
从生产到价值共创

  传统企业管理者认为生产与消费是两个相对独立的过程。企业是价值创造的核心，宾客是价值的被动接受者，企业为自己的目标群体提供相应的服务和产品，通过收入和成本差来获得企业利润，这种也被称为生产逻辑的价值创造。在这种逻辑的主导下，酒店旨在通过优化生产流程、采用先进技术、提升产品质量等方式，考虑将其传递给消费者，而宾客不参与生产过程，他们通过市场交换来获取自己所需的产品和服务，并在消费过程中消耗或"毁灭"价值。在这种模式下，价值在交换之前已经由企业生产，价值通过市场交换得以实现，生产者与消费者之间泾渭分明。

  在传统酒店经营观念里，宾客是上帝，酒店尽量让宾客省事，尽量为宾客做多的事情。在20世纪50年代，一家美国的食品企业遭遇了蛋糕粉产品销售不佳的困境。面对市场反馈的冷淡，企业研发团队持续对配方进行迭代优化，然而消费者接受度并未显著提升，这一问题成为企业亟待破解的难题。最终，美国心理学家欧内斯特·迪希深入剖析了这一现象，揭示了蛋糕粉滞销的症结所在——预拌蛋糕粉因其配方的高度完整性，剥夺了家庭主妇们在烘焙过程中"亲手参与"的愉悦体验。迪希创造性地提出了解决方案：即在蛋糕粉中去除蛋黄成分，转而要求家庭主妇在烘焙时自行添加。这一创新思路后来被形象地称为"鸡蛋理论"。尽管此举在客观上增加了烘焙的复杂度，但它巧妙地激发了家庭主妇们的参与感和成就感，因为她们认为，只有通过自己亲手添加鸡蛋这一步骤，蛋糕才真正意义上成为"我的作品"。"鸡蛋理论"深刻反映了消费者行为中的一个普遍心理现象：人们对于自己投入劳动或情感越多的物品，往往会赋予其更高的价值评价。通过这一理论的应用，该食品企业不仅成功解决了蛋糕粉滞销的问题，还实现了销量的快速增长，生动诠释了理解并满足消费者心理需求对产品成功的重要性。

一、价值共创的含义

随着酒店业竞争的加剧和宾客代际更迭的加速，酒店业也在进行着一场"价值革命"。越来越多的酒店集团开始思考，如何从产品、运营到服务的各个环节去打造"有价值"的体验，而这需要更多的合作伙伴共同参与。酒店与宾客之间的互动不再仅限于提供住宿服务，而是深入住宿体验、服务创新等多个方面。宾客不再是被动的服务接受者，他们可以提供自己的需求和意见，与酒店共同打造更加个性化的住宿体验。这种深度合作不仅提升了宾客的满意度和忠诚度，也为酒店带来了新的竞争优势。

从更深一层的角度来看，价值共创还体现了企业社会责任的实践。在这个过程中，员工不仅与组织本身共同承担责任，还与宾客一起参与到可持续发展实践中来。这意味着，在价值共创的过程中，员工、酒店和宾客三者之间形成了一个紧密的互动网络，共同推动着价值的创造。

价值共创还强调了企业与顾客之间的平等关系。在传统的营销模式中，企业往往处于主导地位，而顾客则处于被动接受的状态。但在价值共创的理念下，企业与顾客是平等的合作伙伴，双方共同投入价值的创造过程中，实现双赢的结果。

二、酒店价值共创的模式与机制

酒店价值共创涉及多种模式和机制，这些模式和机制共同促进酒店与顾客之间的互动和协作，从而创造更大的价值。酒店价值共创的一种重要模式是顾客参与服务设计。在这种模式下，酒店鼓励顾客提供关于服务流程、设施布局等方面的建议，以此优化服务质量和顾客体验。例如，锦江酒店集团就曾通过线上问卷调查和顾客访谈的形式，收集顾客对于酒店设施和服务的意见，进而调整客房布局、改进餐饮服务，更好地满足了顾客需求。这种模式的成功运作，得益于酒店建立的顾客反馈机制，通过这一机制，顾客的声音能够直接传达给酒店管理层，为服务改进提供有力的支持。

个性化定制服务是酒店价值共创的另一种典型模式。随着消费者对个性化需求的日益增长，酒店需要提供更加贴心、独特的服务来吸引并留住顾客。华住酒店集团就推出了"个性化房型"服务，顾客可以根据自己的喜好选择房间装饰、床品配置等，从而打造出符合个人品位的住宿环境。这种模式的实现，依赖于定制化服务流程的建立，酒店需要整合内部资源，确保从顾客需求收集到服务交付的每一个环节都能高效运作。

社交互动也是酒店价值共创中不可忽视的一环。在数字化时代，社交媒体成为酒店与顾客沟通的重要桥梁。携程酒店预订平台就通过微博、微信等社交媒体渠道，与顾客进行实时互动，不仅及时回应顾客咨询和投诉，还定期发布酒店优惠信息和旅游攻略，增强了顾客黏性。社交互动的成功，离不开酒店对社交媒体营销的重视和投入，通过精心策划的内容和活动，酒店能够在激烈的市场竞争中脱颖而出。

酒店价值共创的模式和机制多样化共同构成了酒店与顾客之间紧密联系的纽带。通过顾客参与服务设计、个性化定制服务以及社交互动等模式，酒店能够更好地理解并满足顾客需求，从而提升服务质量和市场竞争力。同时，这些模式和机制的有效运作也离不开酒店内部的支持和配合，包括建立完善的顾客反馈机制、定制化服务流程和社交媒体营销策略等。在未来的发展中，随着消费者需求的不断变化和市场竞争的加剧，酒店需要不断创新和完善价值共创的模式和机制以适应新的挑战和机遇。

三、价值共创对酒店的影响

价值共创对酒店竞争力的提升作用不容忽视。在酒店行业中，通过实施价值共创策略，酒店能够更好地满足顾客的个性化需求，从而提升顾客的满意度和忠诚度。这种满意度和忠诚度的提高，可转化为酒店的市场竞争力，使其在激烈的市场竞争中脱颖而出。

价值共创的核心在于酒店与顾客之间的互动与协作。通过鼓励顾客参与服务设计、提供个性化定制服务以及加强社交互动，酒店能够与顾客建立更紧密的联系。这种联系不仅有助于酒店更深入地了解顾客的需求和期望，还能够促进服务创新和产品升级。例如，一些酒店通过在线社区或移动应用收集顾客的反馈和建议，以便及时调整服务策略，改进设施和服务质量。

在实施价值共创策略时，酒店需要关注几个关键方面。首先，建立有效的顾客反馈机制至关重要。通过定期收集和分析顾客反馈，酒店可以及时发现并解决问题，不断优化顾客体验。其次，提供个性化定制服务是满足顾客多样化需求的关键。酒店可以根据顾客的偏好和需求，提供量身定制的住宿体验，从而增强顾客的满意度和归属感。

价值共创还体现在酒店与顾客之间的情感连接上。通过加强社交互动，如举办主题活动、提供在线社交平台等，酒店可以与顾客建立更深层次的情感联系。这种情感联系不仅能够提升顾客的忠诚度，还能够促进口碑传播，为酒店带来更多的潜在顾客。

从更宏观的角度看，价值共创对酒店竞争力的提升还体现在品牌知名度和市场占有率的提高上。通过实施价值共创策略，酒店能够塑造独特的品牌形象，增强品牌的吸引力和影响力。同时，随着顾客满意度和忠诚度的提高，酒店的市场份额也会相应增加，从而进一步提升市场竞争力。

价值共创在酒店行业中发挥着举足轻重的作用。通过加强与顾客之间的互动与协作，酒店能够更好地满足顾客需求，提升顾客满意度和忠诚度，进而增强其市场竞争力。因此，对于想在激烈的市场竞争中立足的酒店来说，实施价值共创策略无疑是一个明智的选择。

价值共创理论强调的是顾客与企业共同参与、共同创造价值的过程。随着市场环境的变化，消费者的角色从单纯的价值接受者转变为积极的参与者，他们不仅消费产品，还通过自身的知识技能参与企业的研发、设计和生产等环节，共同创造更好的消费体验和价值。企业不再是价值的唯一创造者，而是与消费者、其他利益相关者共同合作，通过互动、沟通和协作，共同实现价值的创造和提升。

如今，在信息技术飞速发展、互联网长足进步以及社会和市场深刻变革的动态复杂的大环境下，消费者是一个更加自主、更有力度、更愿彰显形象的个体，早已不是被动地等待着被满足的个体，消费者的角色和地位发生了重大转变，不再纯粹是被动接受产品和服务的角色，越来越多的消费者也正在转变为企业行为的参与者。价值共创的时代已经到来。

四、价值共创的过程

价值共创的过程分为三个阶段：消费前、消费中、消费后。在消费前，主要是积极地鼓励宾客参与产品的设计开发，通过与宾客进行深入的对话、交流等互动活动，降低因产品多样化导致收集信息困难而造成的宾客成本，同时，充分了解宾客对于产品的需求，以宾客为中心，设计生产满足宾客个性化体验的产品，提高宾客对产品的购买率，提升宾客满意度，而且这样还会提高产品质量，降低企业成本，为公司赢得口碑，吸引更多的宾客购买产品。埃隆·马斯克为了给特斯拉消费者不同的体验，邀请消费者通过附近的互动监控器来选择油漆颜色、设计车内皮革，甚至欣赏自己打造的这辆车在不同地点"上路"。

价值共创不仅是企业和消费者之间的价值共创，还牵扯到相关利益者。比如，酒店行业的宾客、酒店和OTA三者的价值共创。消费前，宾客可以在OTA网站上进行初步的酒店搜索，阅读评论，比较价格，通过OTA平台了解酒店提供的服务和设施。OTA预订平台提供给用户友好的搜索过滤功能、清晰的预订流程、透明的定价，以及宾客评价，并给予不同级别的客户不同的权益。酒店也可以通过OTA更新酒店信息，发布实时房价，提供特色服务描述，确保信息的准确性以吸引潜在顾客。并在顾客预订后，根据OTA提供的宾客联系方式联系宾客，提供个性化、定制化的服务（见图10-1）。

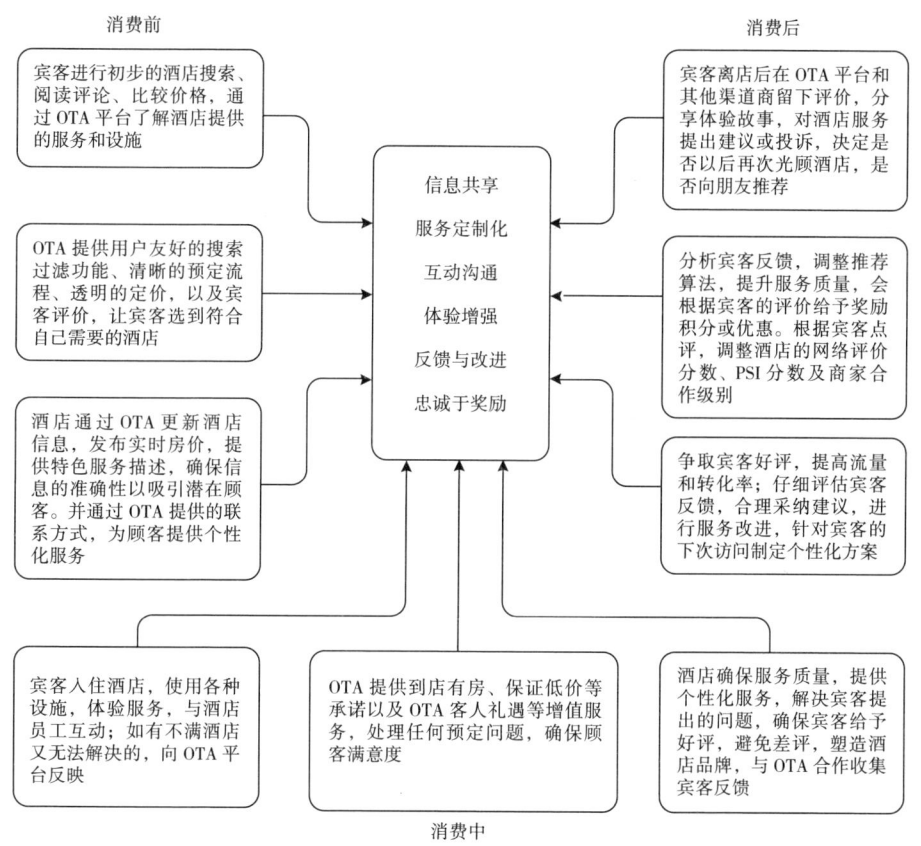

图10-1 OTA平台、客人和酒店三方价值共创过程

消费中，一方面，宾客入住酒店，通过使用各种设施，体验服务，将满意和不满甚至随机产生的需求告知酒店，酒店会尽力提供相应服务。如果入住后，发现酒店在OTA上宣传或者承诺的服务未满足，或者与自己的期望相差较大，可以主动告知酒店，酒店会进行补偿性服务，如果还是不满意可以向OTA平

台投诉，维护自己的权益。另外，酒店通过多次为宾客提供服务，充分获取宾客信息，了解宾客对于产品和服务的反应，有助于企业强化服务能力和提升服务价值，同时，消费者体验的提升将提高宾客对于产品甚至企业的满意度，使企业得到更多的利润。酒店掌握的宾客信息越多，越能提供宾客期望的服务。在没有更多投入成本的前提下，可以提升酒店在回头客心目中的价值。在消费过程中，OTA 作为中介，保证到店有房、价格最低等承诺，确保宾客的满意等。

消费后，消费者对于产品或服务的体验在消费过程中不断积累，最终形成完整的体验评估，并通过互联网等手段以及面对面沟通，传递给其他的潜在宾客，使其形成间接体验，提升消费者对于产品和服务信息的了解，帮助他们进行正确决策。同时，企业可以通过收集宾客体验评估反馈，不断改进和重构服务流程。OTA 平台在顾客消费后，向酒店收取相应的中介费用，并根据宾客的评价调整 OTA 平台上的评分以及 PSI 分数，并对未来酒店的流量和转化率产生一定的影响。

喜欢就能创造价值。OTA 平台预订量逐年递增，酒店对宾客的评价越来越重视，这是因为在价值共创时代，酒店的价值不仅取决于酒店服务和产品本身的客观存在，也并不完全来源于最初的创造者，而是更依赖于消费者的主观体验和认知，甚至每一个欣赏、传播酒店的参与者都是酒店价值的创造者。酒店宾客越多，喜欢的人越多，好评的人越多，酒店的价值就越高。

消费者容易"随大流"。哥伦比亚大学的社会学家邓肯·瓦茨（Duncan Watts）曾经做了一个实验：让 14000 人参与一个网站音乐的试听、下载不知名乐队的歌曲。将参与实验者分成两组，一组只能看到歌曲的名字，看不到下载和试听的次数，而另一组不仅可以看到歌曲名字，还可以看到其他实验者下载和试听的次数。实验表明，下载次数越多的歌，越容易被其他人下载。这个实验表明消费者的主观偏好在很大程度上是建立在其他消费者相关评价基础之上的，而且这种偏好往往能够改变更客观的产品质量评价所产生的效果。

酒店 OTA 网评分数、网评数量及宾客差评会对酒店潜在宾客产生较大影响。而网评分数、数量等指标是酒店自身无法完成的，需要酒店通过自身努力，用优质的服务和产品去赢得宾客的参与和好评。OTA 网络评价是典型的酒店和宾客的价值共创的经典案例。

不同的宾客给酒店带来不同的价值。酒店价值无法用生产成本理论进行精确计算，比如，一瓶青岛啤酒在快餐厅卖 4 元，在中餐宴会厅卖 8 元，在酒吧可能要卖到 20 元。酒店产品和服务的价值不仅取决于生产成本，而且取决于宾客的效用认知。一般来说，宾客越认同，越愿意用更高的价格购买。因此，越是宾客认知的品牌酒店，价格越高于同档次的普通酒店。认知群体的影响力越大，酒店的价值就越高。那些明星、社会名流和政府官员出入的酒店和餐厅，往往定价更高。

五、酒店的价值共创实践

（一）锦江酒店集团价值共创的实践

锦江酒店深知价值共创对于提升酒店竞争力的重要性，因此，要在实践中积极探索和尝试。除了上述提到的顾客参与、服务设计和会员制度，锦江酒店还在多方面展开了价值共创的实践。

锦江酒店注重与顾客的社交互动。通过社交媒体平台，锦江酒店与顾客建立了紧密的联系，及时回应顾客的疑问和建议，增强了顾客的归属感和忠诚度。同时，锦江酒店还利用社交媒体平台推广酒店的活动和优惠信息，吸引了更多潜在顾客，扩大了酒店的市场影响力。

锦江酒店在个性化定制服务方面也取得了显著成效。针对不同顾客群体的需求，锦江酒店提供了多样化的定制服务，如商务客人的行政楼层服务、家庭客人的亲子房型等。这些个性化服务不仅满足了顾客的差异化需求，也提升了顾客对酒店的满意度和认可度。

在实施价值共创策略的过程中，锦江酒店还注重员工的参与和培训。酒店员工是与顾客直接接触的重要群体，他们的服务态度和专业素养直接影响着顾客的住宿体验。因此，锦江酒店定期组织员工培训，提升员工的服务意识和专业技能，确保员工能够与顾客建立良好的互动关系，共同创造价值。

锦江酒店还通过技术创新推动价值共创。利用先进的信息化技术，锦江酒店实现了智能化的客房服务和自助设施，提高了服务效率和质量。同时，通过大数据分析技术，锦江酒店能够更准确地洞察顾客需求和市场趋势，为酒店的战略决策提供有力的支持。

锦江酒店在价值共创方面进行了全方位的实践和探索，通过顾客参与服务设计、社交互动、个性化定制服务以及技术创新等手段，实现了酒店与顾客的共同价值创造。

（二）华住酒店集团的价值共创策略

华住酒店在价值共创方面，以个性化定制服务为核心，展现出了其对市场趋势的敏锐洞察力和对消费者需求的深刻理解。酒店通过运用先进的大数据技术，对顾客的行为习惯、消费偏好进行深入挖掘和分析，从而精准地把握住了消费者的个性化需求。

在实践中，华住酒店不仅根据顾客的睡眠习惯来调整房间的光照、温度以及床品配置，创造出最符合顾客期望的休息环境，而且依据顾客的饮食口味和营养需求，提供定制化的早餐服务。这些细致入微的个性化服务举措，无疑在极大程度上优化了顾客的住宿体验，使每一位客人都能感受到酒店的专业与用心。

除了直接的个性化服务，华住酒店还通过会员体系的建设，进一步加强与顾客的联系。酒店为会员提供了一系列专享优惠和特色服务，比如，优先入住、免费升级房型等，以此增加顾客的黏性，同时，也为顾客提供了更多参与价值共创的机会。

华住酒店在价值共创策略上的成功，不仅体现在顾客满意度和忠诚度的显著提升上，更表现在其市场竞争力的不断增强上。通过持续创新和优化服务，华住酒店已经成功地将价值共创的理念融入日常运营中，从而赢得了消费者的广泛认可和好评。这种以消费者为中心的经营理念，无疑为华住酒店在激烈的市场竞争中脱颖而出提供了有力的支持。

更值得一提的是，华住酒店在推进价值共创的过程中，还积极寻求与产业链上下游企业的合作。通过与供应商、旅行社等合作伙伴的紧密协作，华住酒店得以实现资源共享和优势互补，进一步提升了服务质量和运营效率。这种跨界的合作模式，不仅拓展了价值共创的广度和深度，也为整个酒店行业的创新发展提供了新的思路。

华住酒店在价值共创方面的策略和实践，无疑为酒店行业的转型升级提供了有益的借鉴。通过深入挖掘消费者需求，提供个性化的服务体验，以及加强与产业链上下游企业的合作，华住酒店已经探索出了一条符合市场发展趋势和消费者期待的价值共创之路。

（三）携程旅行网的价值共创实践

携程酒店的价值共创模式彰显了其作为在线旅游预订平台的独特优势。通过深度整合线上线下资源，携程酒店不仅为顾客提供了便捷的预订服务，更在住宿体验上进行了全方位的创新。

在线上平台方面，携程酒店凭借强大的技术实力和丰富的行业经验，汇聚了海量的酒店信息，包括酒店位置、设施、服务以及价格等，为顾客提供了广泛的选择空间。同时，用户评价系统的引入，使顾客能更加直观地了解酒店的实际住宿体验，从而做出更为明智的决策。这种透明、公开的信息展示方式，不仅增强了顾客的信任感，也促进了酒店服务质量的提升。

在线下服务方面，携程酒店与众多酒店建立了紧密的合作关系，共同推出了一系列增值服务。例如，"无忧退改"服务允许顾客在特定条件下免费取消或更改预订，极大地降低了顾客的预订风险；"接机送机"服务则为顾客提供了便捷的交通解决方案，减轻了顾客的旅行压力。这些增值服务的推出，不仅提升了顾客的整体住宿体验，也进一步巩固了携程酒店在市场上的领先地位。

携程酒店的这种线上线下融合的价值共创模式，不仅为顾客带来了更加便捷、舒适的住宿体验，也为酒店业的发展注入了新的活力。通过充分利用互联网技术和大数据分析，携程酒店成功地将线上线下的优势资源相结合，实现了与顾客的深度互动和合作。这种创新性的价值共创模式，无疑为酒店业的未来发展提供了有益的启示和借鉴。

第十一章
从速度到高质量

　　自改革开放以来，中国酒店业经历了前所未有的飞速发展，凭借政策红利与市场需求的双重驱动，迅速崛起为仅次于美国的酒店大国，从最初的涉外宾馆寥若晨星，到如今五星级酒店遍布各大城市，经济型、主题式、度假型等多种类型酒店的百花齐放。规模扩张与品质提升并进，国际化管理与本土特色融合，不仅满足了国内外旅客的多元化需求，更彰显了中国酒店业在全球舞台上的重要地位与影响力。但快速发展的同时，也产生了很多问题，比如，盈利能力不高、过多消耗资源影响当地生态环境等现象。党的十八大以来，以习近平同志为核心的党中央高瞻远瞩、统揽全局，洞察国内外发展大势，深刻剖析了我国发展的历史条件和阶段，全面认识和把握了我国现代化建设的实践历程以及各国现代化建设的普遍规律，作出了推动高质量发展这一具有重大战略意义的决策部署。这一决策不仅顺应了我国经济发展的内在要求，也符合世界经济发展的大趋势，为我国经济的长远发展奠定了坚实的基础。积极推动产业链条长、关联度高、资源消耗小、综合效益好的文旅产业高质量发展,是对国家高质量发展的有力支撑。

一、酒店高质量发展的内涵

(一)盈利高,回报快

盈利是高质量发展的核心标准,没有收入也就不会有利润。彼得·德鲁克认为"利润是企业的生命线",强调企业无法离开利润而存在;亨利·福特则说"利润是企业发展的源泉",强调了利润与企业成长的紧密联系。衡量一家酒店是否健康,是否有发展潜力,一个重要的指标就是拥有较高的盈利能力,能够较快地收回投资。没有利润的企业会面临生存与发展的困难:没有利润,企业的现金流将受到严重影响,可能导致无法按时支付账单、员工工资等,进而影响企业的日常运营;长期不盈利的企业在寻求外部融资时,可能无法获取外部资金的支持;缺乏利润可能导致企业无法提供具有竞争力的薪酬福利,从而导致优秀员工流失,同时,难以吸引新的高素质人才;没有利润作为支撑,企业可能难以承担创新所需的资金和风险,从而陷入停滞不前的困境。盈利是酒店管理者的责任,也是酒店发展的必要条件。

衡量一家酒店的盈利能力,可以从以下三个方面进行衡量。

1. 行业标准

酒店行业的盈利标准通常通过一系列关键绩效指标(KPIs)来衡量,如每间可用客房收入(RevPAR)、客房出租率、平均房价,还有人均创收能力、人均创利能力,每间客房的营收能力,年度增长率等。这些指标不仅是衡量酒店盈利能力的重要依据,也是评估酒店整体运营效率的关键参数。本书根据文化和旅游部以及行业协会公布的数据,整理出了高档型酒店(四星级、OTA标注四钻级)的收入及相关指标供大家参考(见表11-1)。

表 11-1　酒店常见效率指标

行业相关指标描述	行业标准
员工年人均创收不低于	30 万元
每间客房年收入不低于	10 万元
年度收入增长率不低于	20%
酒店的客房平均出租率不能低于	80%

2. 竞争对手的水平

了解并分析竞争对手的盈利能力及相关运营数据，对于评估自身酒店的盈利能力至关重要。应评估竞争对手的每间可用客房收入(RevPAR)、客房出租率、平均房价，还有人均创收能力、人均创利能力、每间客房的营收能力、年度增长率等指标是否优于自家酒店。如果对方的指标高于自己的指标，说明竞争对手的盈利能力强于自己，酒店还有优化和改善的空间；如果他们的指标比不上自己酒店的指标，也要继续探索提升酒店经营效益的潜在途径，避免骄傲自满。

除了以上指标，与竞争对手相比还要关注其他指标。比如，所占市场份额——酒店在当地市场中的份额占比可以反映其市场地位和盈利能力。更大的市场份额通常意味着更强的盈利能力；服务质量与客户满意度——通过比较竞争对手的客户满意度和服务质量，可以间接推测其盈利能力。更高的客户满意度往往能带来更多的回头客和口碑传播，从而提升盈利能力；营销策略与创新能力——分析竞争对手的营销策略和创新能力，可以了解其在吸引和留住客户方面的优势。这些优势通常与盈利能力密切相关。

3. 股东的要求

股东对酒店的盈利能力有明确的期望和要求，这些要求通常体现在财务指标、市场与客户指标、运营效率指标以及投资回报、成本管控以及风险管控等方面。董事会通过全面分析和评估这些数据和信息，可准确地了解酒店的盈利状况。这些指标的完成情况，是董事会评估、聘任酒店管理层的重要依据。

以上三个方面能够从不同角度验证酒店的盈利情况，对于酒店管理层具有较强的指导作用。但同时要关注不要因为完成了指标而损害了目标。很多酒店管理层为了完成当前的财务指标，选择牺牲宾客满意，从而导致酒店口碑的下降。

（二）酒店要成为头部

彼得·德鲁克在其《成果管理》一书中提出，企业只有保持领先，才能创造利润。企业在某个领域做出独一无二的贡献，或者至少做出了截然不同的贡献，它获得的回报就是利润；而且什么是有意义的事情是由市场和顾客决定的。只有提供顾客认为有价值的、并愿意购买的东西，企业才能赚取到利润。中小酒店要想发展壮大，一定要找到属于自己的那个"山头"，然后"占山为王"！"找山头"，就是建立自己的根据地，有了自己的根据地，才能进可攻、退可守。"占山为王"，就是做第一！就算做不了行业第一，也要做细分品类第一。作为酒店，做不了当地豪华酒店的第一名，但可以做亲子酒店、电竞酒店、温泉酒店、主题酒店等细分市场的第一名；如果做不了细分市场的第一名，也要做区域市场的第一名。总之一句话，想在市场杀出来，那就一定先要找到属于自己的那个"第一"！因为只有做第一，才能让自己脱颖而出。否则企业、产品、服务的利润就会变得微乎其微。利润非常低的企业、产品、服务是无法长期生存的，更不用说创造利润了。它只是勉强存在，只要市场出现风吹草动，它迟早会被挤出市场。

因为只有做第一，客户才更容易记住你！彼得·德鲁克认为企业的利润来源于市场的领先地位。尤其在互联网经济时代，进一步放大"马太效应"。口碑第一的酒店 OTA 也会给予更多的流量支持。

（三）员工满意，成才快

员工在酒店运营中的地位举足轻重，是酒店运营成功的关键。酒店员工不仅直接服务顾客，以优质服务、专业能力和高效沟通塑造顾客满意度与忠诚度，强化品牌形象与市场竞争力，同时，员工通过持续学习提升服务质量，为顾客营造舒适的住宿体验；传承酒店文化，展现团队精神，更是创新的驱动力，为酒店发展注入活力与创意。高质量发展的酒店不仅可创造较高的利润，更重要的是员工的满意度是否保持较高水平，员工能否不断成长、成才。用工荒的背后，是员工满意度低；管理者一定要帮助基层员工实现自我价值，而不是将自己的负面心态传递给他们。你是不是大师，要看看你手下的员工有多少人成为大师；你有没有能力，要看看你手下的员工有没有能力。

一家酒店是不是高质量发展，可以从以下方面衡量：营业收入不仅是"高"，更应该有"内涵"；不仅是房价、餐标的"提升"，而且应该品质更优，顾客更满意；不仅是企业的快速发展，而且应该提升员工的满意度和个人的能力；不仅是财务指标，而且还有品牌价值的打造。

二、酒店高质量发展的逻辑

（一）充分认识竞争的本质

竞争的本质是塑造不公平。这种不公平，并非对弱者的残酷剥削，而是市场规律与人性驱动的必然结果。在竞争中，优秀者因其卓越的能力、不懈的努力和敏锐的洞察力，往往能够获取更多的资源、机会与认可，从而在各个领域脱颖而出，形成明显的优势。相反，那些缺乏竞争力、未能及时适应环境变化的个体或企业，则可能逐渐失去市场地位，面临被边缘化甚至淘汰的命运。竞争让好的更好，让差的更差。让生意好的酒店可以卖高价，让生意差的酒店低价也门可罗雀。然而，正是竞争机制，激发了全社会的活力与创造力，推动了技术革新、产业升级与经济发展。作为酒店管理者应当正视竞争的本质，积极拥抱竞争，努力提升自身竞争力。

酒店与竞争对手之间的真正差距，并非源自外在的地理位置、硬件设施或品牌光环，而是深深植根于管理者的内在认知结构之中。人与人之间的差距，更多体现在对信息的理解深度、认知框架的完善度，以及将认知转化为实际行动的执行力上，也就是我们常说的信息差、认知差和执行差。比如，对产品的认知，很多管理者认为产品就是酒店的硬件、服务设施、服务项目、菜品等具体的物品，或者高标准的服务过程，实际上产品是酒店表达"真诚"的道具。在对客服务中应少一些套路，多一些真诚。要敢于承诺，而且做的要比承诺好20%。

首先，认知的深度决定了管理者能否穿透表象，洞察事物的本质与规律。这需要管理者不断培养批判性思维，学会从多个角度审视问题，避免被表面现象所迷惑。其次，认知框架的完善度影响着如何整合信息、构建知识体系，并据此做出决策。一个开放、灵活且不断迭代的认知框架，能够帮助管理者更好地适应变化，抓住机遇。最后，执行力则是将认知转化为现实成果的关键。它不仅要求管理者有明确的目标和计划，更需要他们具备坚韧不拔的毅力、灵活应变的能力，以及持续学习和改进的态度。

（二）酒店经营不能一劳永逸

顾客需求是不断变化的，酒店的竞争环境也是不断变化的，优秀的酒店要保持长期的优秀，必须不断创新。无论你是大型酒店还是小型酒店，酒店经营不能一劳永逸。首先，从市场环境的动态性出发，酒店业作为服务行业的前沿阵地，其经营环境始终处于不断变化之中。消费者偏好的变迁、新技术的涌现、竞争对手的策略调整等因素，共同构成了酒店经营所面临的多维度挑战。因此，试图通过固定模式实现长期稳定的经营策略，将是一场"灾难"。

从管理视角来看，持续创新与适应变化是组织保持竞争力的关键。酒店作为一个复杂的组织系统，其经营过程涉及多个层面的管理与决策。在快速变化的市场环境中，酒店管理者必须具备高度的敏锐性和前瞻性，能够及时调整经营策略，以应对外部环境的变化。这种动态调整的能力，正是酒店实现持续发展的关键所在。

从顾客的角度分析，顾客需求的多样化和个性化趋势日益明显。当前消费者不再满足于基本的住宿需求，而是更加注重服务体验、情感连接和个性化定制。这就要求酒店在经营过程中，必须深入洞察顾客需求，不断创新服务内容和形式，以满足顾客的多元化和个性化需求。这种以顾客为中心的经营理念，正是酒店经营不能一劳永逸的又一重要体现。

下面以汉庭的蝶变为案例，展示一个品牌产品的不断变迁。汉庭酒店自 2005 年创立以来，已稳健走过辉煌的 20 载春秋。在这漫长的岁月里，汉庭的产品经历了从 1.0~3.5 多版本的华丽蜕变，每一次升级都深刻体现了品牌对市场趋势的敏锐洞察与积极响应。这些变化不仅是汉庭发展历程中的里程碑，更是其深刻理解并精准把握市场需求，不断追求创新与卓越的生动实践。

1. 产品变化方面

1.0 时代：汉庭初创时期，以"洗好澡、睡好觉、上好网"为核心理念，主打经济型酒店的基础住宿需求。这一时期的产品设计简洁实用，注重性价比，满足了当时消费者对基本住宿条件的追求。

2.0 时代及 2.5 时代：随着市场的逐步成熟和消费者需求的升级，汉庭开始引入工业风设计，注重空间的高效利用和视觉的简洁明快。同时，汉庭 2.5 版本加入了书香汉庭及咖啡水吧服务，使大堂空间更加多元和富有文化气息，提升了顾客的住宿体验。

3.0 时代及 3.5 时代：进入 3.0 版本后，汉庭在产品设计上实现了质的飞跃。不仅采用了北欧美学风格，提升了整体设计的美感，还通过模块化营建实现了成本的有效控制。同时，汉庭 3.5 版本在智能化服务上迈出了重要一步，如自助办理入住和退房、智能语音客房等，极大地提升了服务的便捷性和科技水平。此外，汉庭还注重客户体验的细微之处，如强隔音措施、加热马桶圈等，使顾客在住宿过程中感受到更多的舒适与关怀。

2. 变化背后的逻辑

汉庭从 1.0 到 3.5 的转变，背后是深刻的市场洞察和战略调整。随着消费者需求的不断升级和市场竞争的加剧，汉庭始终保持着敏锐的市场嗅觉和灵活的经营策略。从最初的满足基本住宿需求，到后来的注重空间利用和文化氛围营造，再到如今的智能化服务和细节关怀，汉庭的每一次升级都紧密围绕着市场需求的变化。同时，通过模块化营建和智能化设备的引入，汉庭在提升服务品质的同时，也实现了成本的有效控制。这种既注重顾客体验又兼顾成本控制的经营模式，为汉庭在激烈的市场竞争中保持领先地位提供了有力保障。

从汉庭的案例中可以找到企业长盛不衰的经营逻辑，酒店管理者必须树立动态运营的意识，持续关注市场变化，不断创新经营策略和服务模式，以确保酒店在激烈的市场竞争中保持领先地位。

三、酒店高质量发展策略

在追求酒店高质量发展的征途中，"看趋势，想清楚，坚持干！"这九个字不仅是行动指南，更是酒店业实现高质量发展的秘诀。

（一）看趋势

1. 酒店获客渠道的变化

随着时代的变迁与科技的飞速发展，酒店业的获客渠道正经历着前所未有的变革，这一趋势深刻影响着酒店的运营策略与市场布局。回望二十年前，酒店业几乎完全依赖于线下渠道获取客源，高达95%的客源来自协议客户、会议、上门散客以及旅行社等传统渠道，而线上渠道仅占据微不足道的5%。那时，互联网尚未普及，消费者习惯于通过实体媒介获取信息，酒店也主要通过线下活动和服务来建立品牌形象。

然而，仅仅过了十年，这一格局便发生了显著变化。随着互联网技术的迅猛发展和智能手机的普及，线上渠道开始崭露头角，占据了30%的市场份额，而线下渠道占比降至70%。酒店开始意识到线上平台的重要性，纷纷加大在网络营销、在线预订系统以及社交媒体推广上的投入，以吸引更多网络预订的消费者群体。

时至今日，线上渠道已成为酒店获客的主要阵地，占据了60%的市场份额，而线下渠道则缩减至40%。这一转变不仅反映了消费者行为的深刻变化，也迫使酒店业加速数字化转型，提升线上服务体验，以满足顾客日益增长的个性化需求。从官网预订、在线支付到智能客服、虚拟现实看房，一系列创新技术的应用让酒店服务更加便捷、高效。

展望未来五年，线上渠道的优势将进一步巩固，预计将达到70%的市场份额，而线下渠道则将进一步缩减至30%。这意味着酒店需要更加深入地拥抱数字化，利用大数据、人工智能等先进技术精准分析顾客需求，实现个性化推荐和定制化服务。同时，酒店还需注重线上线下融合，打造无缝连接的消费体验，让顾客无论在线上还是线下都能感受到同样的便捷与舒适。面对未来，酒店需紧跟时代步伐，不断创新服务模式，加强数字化建设，以更加灵活、高效的姿态迎接市场挑战。

2.客户终身价值的观念

在当今的数字化时代，酒店业正逐步转向以"客户终身价值（CLV）"为核心的经营理念，这一理念深刻重塑了酒店对客户关系的认知。它告诉酒店，每一次通过线上平台达成的交易，绝不仅意味着一个订单的完成和一笔佣金的支付，而是开启了一段与顾客建立长期、忠诚关系的宝贵契机。

在CLV的视角下，每位线上客户都是一座待挖掘的金矿，他们的需求、偏好乃至生活方式都是酒店持续优化服务、提升顾客体验的宝贵资源。通过精准的市场分析、个性化的服务推荐以及持续的情感连接，酒店能够逐步构建起与顾客之间的深厚信任与依赖，从而将一次性的交易转化为终身的合作关系。

这种转变要求酒店不仅要关注眼前的销售业绩，更要着眼于长远的客户价值。它促使酒店不断投资数字化建设，利用大数据、人工智能等先进技术来深入了解顾客需求，预测消费趋势，从而在关键时刻为顾客提供恰到好处的服务体验。同时，酒店还需注重顾客反馈的收集与分析，不断优化服务流程，提升服务质量，确保每一次与顾客的互动都能成为加深彼此关系的契机。

3. 竞争越来越"内卷"，平庸甚至无法生存

"内卷"一词，原指一种社会或文化模式在发展到一定阶段后，由于内部竞争加剧而导致边际效益递减的现象。在酒店业中，内卷化竞争则表现为酒店之间在价格、服务、设施等方面的同质化竞争不断加剧，使得单纯依靠传统优势已难以脱颖而出。

内卷给酒店业带来的挑战是显而易见的。一是内卷导致酒店利润空间压缩。随着竞争的加剧，酒店为了吸引顾客，不得不频繁推出优惠活动，导致利润空间被大幅压缩。长此以往，将严重影响企业的可持续发展能力。二是内卷导致服务质量波动。在成本压力下，部分酒店可能会通过降低服务标准或牺牲顾客体验来降低成本，这不仅损害了品牌形象，还可能引发恶性循环，进一步加剧市场的不信任感。三是内卷导致创新动力不足。内卷化竞争往往导致企业陷入短视的价格战和服务模仿中，忽视了长远的创新与发展，缺乏差异化竞争优势，使整个行业难以实现转型升级。

内卷不仅导致了市场竞争的残酷现状，更是对酒店管理者们发出了振聋发聩的警示：在这个时代，平庸已不再是生存的底线，即便是微小的差距，也可能成为被市场淘汰的致命原因。一些酒店既没有独特的品牌特色，也无法提供超越竞争对手的卓越服务，因此很容易被消费者忽视或遗忘。更糟糕的是，即便是那些曾经辉煌一时的酒店，如果未能及时适应市场变化，调整经营策略，也可能因为平庸而逐渐失去市场地位。酒店运营如逆水行舟，不进则退，千万不要停留在昨天，成绩只是暂时的。对于酒店管理者而言，平庸已不再是可接受的选项，它只会带来生存的危机和失败的命运。

4. 酒店用工荒将是常态

与快速发展的酒店业背道而驰的是越来越多的年轻人不愿意从事酒店业，酒店用工荒成为常态。酒店用工荒的常态化并非偶然现象，而是多种因素交织的必然结果。一是酒店行业基层员工的薪资水平低于其他行业基层员工的薪资

水平,直接影响了年轻人对酒店行业的兴趣。二是酒店业的工作强度大、工作压力大、工作时间不固定等特点,也使部分求职者对酒店行业望而却步。三是酒店行业在一定程度上仍然受到社会偏见和歧视,导致年轻人对从事酒店行业工作存在顾虑和担忧。酒店用工荒的问题,其复杂性与深远性远非单一企业或整个行业所能轻易扭转。这一现象背后,交织着社会经济变迁、职业观念转变、行业特性限制以及更广泛的社会因素,共同构成了酒店业面临的一项挑战。面对这一现实,酒店虽无法直接改变其根源,但酒店管理者应正视用工荒的常态化趋势,提前做好规划和准备。

5.酒店承担的功能在不断演变

随着时代的变迁,酒店所承担的功能在不断演变。改革开放初期,宾客的很多需求,社会层面无法提供,酒店秉承"家外之家(Home away from home)""城中之城(City in city)"的理念,除提供住宿与餐饮外,还承担了如花店、商务中心、洗衣房及票务中心等社会功能。但随着时代的发展和社会分工的细化,这些功能逐渐呈现被专业机构和社会化服务所替代的趋势。

酒店的餐饮功能也在经历着弱化。过去,酒店餐厅是吸引顾客的重要因素之一,但如今,随着美食选择的多样化和外卖服务的兴起,住店客人对酒店餐饮的依赖度有所降低。酒店开始更加注重餐饮的精致度和特色化,而非大规模、全方位的餐饮服务,以满足那些仍选择在酒店用餐的客人对品质的追求。

(二)想清楚

想不明白,就做不明白。企业需要关注的要素很多,其中有三个关键要素,需要重点思考:确立竞争核心优势、确定发展道路以及保持团队活力。

1.确立竞争核心优势

企业要取得胜利,首先要建立竞争优势,因为企业的竞争归根结底是一场优势竞争。核心竞争优势是企业相对于竞争对手所具备的独特且难以被模仿的优势,这种优势能够为企业带来市场话语权。企业的核心优势主要表现为品牌优势、技术优势、成本优势、服务优势以及渠道优势等。企业需要不断审视自身资源和能力,识别并强化自身的核心竞争优势,以应对市场变化和竞争挑战。

巴奴火锅在与当时火锅界风头正盛的海底捞的竞争中非常巧妙地确立自己的核心竞争优势,值得酒店管理者借鉴。巴奴确立核心优势的第一步是给自己贴标签,引导人们的认知。他们首先给海底捞贴上了"服务主义",给自己贴上了"产品主义"的标签,从认知层面与火锅品类头部企业进行分离,并提出了"服务不是巴奴的特色,毛肚和菌汤才是"。然后他们积极宣传推广"产品主义",并为产品主义做物理支撑:严选高品质、健康的新鲜食材,如新西兰冰鲜毛肚与云南野山菌,并引入地方特色如四川熊猫笋;持续研发新品,在传统火锅的基础上进行创新,绣球菌、乌鸡卷等原创菜谱与绿色健康食材广受好评;构建稳定可控的供应链体系,与供应商紧密协作,确保食材品质与供应效率。通过这些操作,市场接受了巴奴的品牌定位。为了进一步与海底捞进行区分,不断推出"服务不过度,样样都讲究""好面不用舞,天然0添加"等营销措施,确立了自己与海底捞火锅的差异化,并塑造了自己的核心竞争力。

2. 确定发展道路

"不谋全局者,不足谋一域。"企业要想长远发展,必须明晰自身的发展道路,制定科学合理的战略规划。这要求企业领导者具备高瞻远瞩的视野和深邃敏锐的洞察力,能够准确把握时代脉搏,预测行业趋势,为企业绘制出清晰的发展蓝图。同时,还需根据企业的实际情况,灵活调整战略方向,确保企业在复杂多变的市场环境中保持稳健前行的态势。

我们通过一个案例来更好地理解如何确定酒店发展道路。山东某酒店集团五年来,通过一系列战略举措与内部调整,年平均客房出租率比同商圈高20%以上,宾客回头率达30%以上,树立了良好的品牌形象。在展现其独特的发展优势的同时,也面临着不容忽视的问题与挑战。为了做好未来五年的发展,该酒店集团在分析现有优势、资源及存在问题的基础上,结合未来发展趋势,探索出一条可持续且适应市场变化的未来发展路径。

(1)优势与资源。

①硬件基础扎实:近五年来,山东某酒店集团通过持续的硬件改造,为酒店发展奠定了坚实的物质基础。这一优势不仅提升了顾客体验,也增强了酒店的市场竞争力。

②服务质量提升:酒店重视口碑,通过核心标准牵引,实现了服务态度的显著提升。同时,融入传统文化元素,塑造了产品的差异化,增强了品牌辨识度。

③合作伙伴优势:与携程网的深度合作,使该集团的客房出租率显著提升,展现了其"借船出海"策略的成功。这种合作模式不仅拓宽了销售渠道,也提升了品牌影响力。

④管理团队初具规模:以前厅服务团队为代表的管理团队初步形成,为酒店日常运营和未来发展提供了有力保障。

(2)存在的问题与挑战。

①服务与用品质量待提升:尽管网评分较高,但酒店装修掩盖了服务管理和用品的不足,难以长期支撑好评及顾客期许。

②营销能力欠缺:高出租率掩盖了营销的乏力,酒店集团的高出租率是由与携程网的密切合作获得的,而不是自己的营销能力使然。酒店在市场拓展和品牌推广方面仍需加强。

③餐饮短板明显:良好的整体收入掩盖了餐饮服务的短板,餐饮供应链的重要性被忽视,影响了顾客的整体满意度。

④市场竞争压力增大:占领市场先机的同时,面临全季、丽枫、亚朵等中档品牌的激烈竞争,市场份额面临被侵蚀的风险。

⑤高层管理能力待加强:经营业绩的光环掩盖了高层管理人员能力的不足,这对酒店的长远发展构成了潜在威胁。

(3)确定发展道路。

基于上述分析,山东某酒店集团确定发展道路应紧密围绕其优势与资源,同时直面问题与挑战,应采取以下几个策略:

①强化服务与产品品质：持续提升服务管理水平和用品质量，确保顾客体验的一致性与卓越性。同时，加强产品创新，深化文化主题酒店的打造，迎合研学市场、亲子市场和家庭旅游市场的需求。

②加强市场营销与品牌建设：加大营销投入，拓宽销售渠道，提升品牌知名度和美誉度。利用社交媒体、数字化工具等现代营销手段，精准定位目标客户群体，提高营销效率和效果。

③优化餐饮供应链：重视餐饮短板，优化供应链体系，提升餐饮服务质量与效率。引入优质供应商，丰富菜品选择，提升顾客满意度。

④提升市场竞争力：保持对市场动态的敏锐洞察，灵活调整市场策略以应对中档品牌的竞争。加强市场细分、差异化竞争，巩固并扩大市场份额。

⑤强化高层管理团队能力：加强对高层管理人员的培训与发展，提升其战略眼光和管理能力。建立健全激励机制，激发管理团队的积极性和创造力，为酒店长远发展提供了坚实的人才保障。

3. 保持团队活力

"人才是第一资源。"企业要想持续发展，离不开一支充满活力、敢于创新的团队。团队活力是企业发展的不竭动力，它源自团队成员的激情与创造力。因此，企业需高度重视团队建设，营造良好的工作氛围，激发团队成员的积极性和创造力。这包括建立健全的激励机制，让优秀人才脱颖而出；加强员工培训与发展，提升团队的整体素质；鼓励创新思维和跨界合作，激发团队潜能。一个充满活力的团队，能够为企业带来源源不断的创新灵感和竞争优势，推动企业不断向前发展。

（三）坚持干

"坚持干"是一种精神追求，更是一种实践行动。它要求酒店在前行的道路上，既要保持战略定力，锚定方向不动摇；又要保持创业精神，勇于开拓新局面；更要保持持续创新，引领时代潮流。只有这样，酒店才能在新时代的征程中，不断书写新的辉煌篇章，共同创造更加美好的未来。

1. 保持战略定力

战略定力是指在面对复杂多变的市场环境时，企业能够保持清晰的战略目标和坚定的执行力度。在复杂多变的经济形势、激烈的竞争态势以及众多发展机遇面前，保持战略定力，锲而不舍地做好自己的事情，是实现酒店高质量发展的重要前提。酒店业保持战略定力意味着坚守服务品质，为顾客提供超越预期的体验。因此，无论市场如何变化，酒店都应坚持对服务质量的极致追求。从历史上看，人们头脑不清醒的情况往往不是发生在逆境中，而是发生在顺境中。面对发展顺境，面对发展的众多机遇，许多酒店管理者忘记了自己企业的战略规划，像"小猫钓鱼"一样，一会儿抓蜻蜓，一会儿扑蝴蝶，遗忘了关键业务"钓鱼"，最后一无所获。成功的企业要坐得住"冷板凳"，要拥有长远的眼光与战略思维，要具备超乎常人的毅力与坚韧，不为外界的困难、喧嚣所动摇。

2. 保持创业精神

创业精神是一种勇于探索、敢于创新、不畏艰难、追求卓越的精神状态。它体现在管理者对风险挑战的勇敢面对以及对成功目标的坚定追求上。在酒店发展面临竞争日益加剧，新技术、新模式不断涌现的当今，不进步就是退步，不成为优秀就会被优秀碾压。但在很多酒店里，存在很多拈轻怕重、"躺平甩锅"、敷衍塞责、得过且过的管理者，他们认为创业多年，有资格、有条件可以"歇一歇"。中国重汽原董事长谭旭光曾经提出"不争第一就是在混"的激情文化，激励着每一位员工都要以争当第一为目标，不断追求卓越，勇于创新和突破；倡导"一天当两天半用"的效率文化，要求员工在工作中要高效、专注，以最短的时间完成最多的工作。这种创业精神让一个平庸的企业一跃成为全球知名企业。企业缺少了创业的激情，就如同航船失去了风帆，在市场的海洋中失去了前进的动力和方向。在这种状态下，企业可能会陷入一种"舒适区"的陷阱,满足于现状,缺乏对新机遇的敏锐洞察和把握,最终导致竞争力下降,市场份额被逐步侵蚀。

3. 保持持续创新

创新是引领发展的第一动力,也是"坚持干"的核心要义之一。在技术日新月异的今天,唯有不断创新,才能跟上时代的步伐。这要求管理者不仅要具备敏锐的洞察力,把握时代的脉搏,更要勇于实践,将新思想、新技术转化为推动社会进步的实际成果。酒店行业也是如此,在发展环境不确定性增大的今天,管理者在关注现有产品和服务的同时,更要前瞻性地布局未来,探索新的业务领域和技术应用。比如,利用人工智能、大数据等技术优化服务流程,提升宾客的体验;开发特色酒店,满足年轻消费者追求新奇、个性化的需求;推动绿色酒店建设、践行可持续发展理念等。通过这些创新举措,酒店不仅能够巩固现有的市场地位,还能引领行业潮流,为未来的发展奠定坚实的基础。

在管理层面,高层要有使命感,要知道你把企业带向何方。中层要有责任感,做对的事,把事做好。基层要有成就感,把细节做到极致就是好。

第十二章
理解服务内涵

　　酒店产品和服务是连接酒店与宾客的纽带，也是酒店生存和发展的基石。酒店管理者能否正确理解酒店产品的内涵对于酒店经营和管理意义重大。美国饭店管理先驱斯塔特勒先生也曾说过，酒店出售的只有一样东西，那就是"服务"。服务是酒店业的核心产品，也是与制造业最本质的区别。制造业产品生产者很少有机会直接接触消费者，他们通过有形产品间接地满足消费者需求。而酒店服务则不然，酒店服务传递系统和员工都属于产品服务中不可分割的一部分，服务系统和员工在影响宾客体验方面所占比重要远远大于产品本身的物质形态。有些酒店专家甚至认为，优秀的服务人员会改变酒店的环境和氛围，会影响菜品的味道和宾客感受。员工是酒店服务和产品的灵魂！因此，美国《商业周刊》撰稿人贝里把"商品"描述为"一件物品，一种器械，一样东西"，而把"服务"则描述为"一个行动，一次表演，一项努力"。把"服务"看作表演，是对酒店服务形象的比喻，即把服务传递想象为近似于一个剧本的上演，而服务员、宾客都是舞台上的"演员"。宁可自己麻烦十分，不让宾客不便一时。酒店服务就是员工自己麻烦让宾客方便的工作。

一、酒店服务的特性

酒店虽然也像超市一样出售酒类、食品等有形的商品，但这不是酒店产品的核心，也不是宾客来酒店购买这些酒类、食品等有形产品的目的。宾客花费高于超市数倍的价格来酒店购买这些商品，原因是酒店能够提供超市提供不了的价值，能够满足宾客在超市不能满足的需求，那就是酒店服务。影响满足宾客需求的因素既包括酒店设施是否舒适、方便，是否完好可用，客用品的品质优劣，还包括服务人员的态度、服务语言、服务技巧、服务氛围等。而看不见摸不到的态度、语言、氛围等甚至比有形的设施对宾客的影响更大。

同时，宾客对酒店服务质量的评价也与制造业有明显的不同。制造业的宾客评价质量的高低，重点在有形产品的结果，即是否符合相关标准等可衡量的指标；而宾客评价酒店质量的高低贯穿于整个消费过程，某一个环节、某一个员工甚至某个细节出现问题，都会导致宾客体验成倍地变差，这也就是酒店业里长说的"$100-1 \leq 0$"。因此，酒店服务从本质而言是宾客与酒店员工之间进行的互动式的无形活动。

另外，酒店业和制造业的产品服务交付过程也有很大不同。制造业生产者与宾客消费之间有时间的滞后效应，他们给宾客提供的都是有形的、确定性的产品，而酒店业交付给宾客服务过程实质上是酒店员工与宾客通过相互交流为宾客的需求找到一个有效的解决方案的过程。酒店服务即使有明确的操作标准，仍需要在酒店服务过程中，根据宾客需求、服务场景的不同不断调整。酒店服务与消费的同步性对酒店员工提出了更高的要求，这也决定了酒店运营管理的关键点在于员工，而制造业在于产品。

制造业的产品生产后，可以放在仓库储存或者商场售卖，但酒店服务是不可储存的。酒店可供出租的客房、餐厅、会议室当日不能售卖给宾客，这些设施为酒店创造收益的机会也就消失了。另外，酒店宾客的多少具有很大的不确定性，往往会受到当地旅游资源、气候条件、经济活动、客源类型特点及假期等因素的影响，会出现淡旺季，甚至一个星期里也会出现生意好和生意不好的时段。酒店业为了将产品和服务更好地实现价值转换，获得更好的收益，在经营管理中把营销工作放在首位，酒店的营销部门也被称为"龙头部门"。

二、酒店服务的核心是态度

150年前，凯撒·丽兹先生提出：宾客永远不会错；100年前，埃尔斯沃思·斯塔特勒先生提出，宾客永远是对；希尔顿先生提出"今天你对宾客微笑了吗？"这些理念不仅影响了酒店业，甚至成为酒店业的信条，其背后都强调了一个共同的思想——服务的核心是态度。态度是一切行动的开关。有积极的态度，才能心甘情愿地付出，不计回报地投入，知难而进，消极的态度是一切落后的根源。做好酒店服务，必须有良好的服务态度。

由于酒店资源不同，所以能够给宾客提供的服务项目不同，服务的标准也有较大差异，但酒店管理者和员工永远对宾客不能说"不"，要秉承"宾客永远是对的，我们永远是会的"的理念，即使有些时候无法满足宾客需求，也要用自己的行动和努力去换得宾客的谅解！酒店服务不是满足顾客所有的需求，而是态度。

三、宾客需求是酒店服务的根

没有需求就没有酒店服务。宾客需求是酒店存在的基础，也是酒店存在和发展的缘由。没有宾客，酒店就无法生存，不能满足宾客需求的酒店也会被宾客所抛弃。充分把握宾客需求，是做好服务工作的关键。

马斯洛层次需求理论告诉我们，在同一时间，宾客可能会存在几个不同层次的需求，但总有一个层次的需求会发挥主导作用，这就是优势需求。抓住宾客的优势需求及时给予满足，会达到事半功倍的效果。另外，任何一种低层次需求并不会因为高层次需求的满足而消失，只是不再成为行为的激励因素而已。也就是说，即使满足了宾客高层次的需求，但低层次的需求如卫生、安全方面也不能马虎，否则会导致宾客的不满甚至严重的投诉。

在消费升级的今天，酒店产品日益丰富，宾客消费酒店产品已经不再是产品物质本身，而是消费者的情感和期望。而这种情感和期望正是凝聚在产品中的酒店管理者和基层员工的精神、理念和价值倾向。成功的酒店一定是产品和服务能够与宾客的内心产生共鸣，消费者通过产品认同酒店的价值观念，能够通过消费有形的物质产品和无形的凝聚精神和理念的服务来达到精神上的愉悦或体验。一个酒店，其产品和服务不能附着宾客的向往、认同、愉悦等特殊体验，这个酒店就无法生存。

宾客需求是一个动态靶位。宾客的需求随着场景的不同，是不断变化而且不断提升的。酒店服务更像是一次"发现之旅"，需要在"不变"中寻求"变化"，在"普遍"中寻求"差异"，在主动中寻求机会，把不可能变成可能，无时无刻发现宾客的需求。只有如此才能让宾客享受到宾至如归的服务。

> 从客户角度：思考关键客户的价值在哪里，总结出"关键客户价值观"；从产品角度：思考现有产品线的优点和缺点，提出"关键产品优势"；从应用角度：思考通过价值活动我们能给客户带来哪些便利和收益，提出"关键好处"。

四、酒店服务的基本要素

服务的基本要素分为服务基础、服务场景、服务方式和服务目标四个大方面。服务基础是指服务的资源，有自然资源、社会资源和科技资源。比如，度假酒店常常开在风景优美的海滨，商务型酒店常常建在城市交通便捷、公司密集的商业中心区域……酒店所处的环境、气候、物产等都属于服务的基础要素。

服务场景是指酒店对客服务中所处的特有的时间、空间，且在这个空间里，酒店员工、宾客及硬件环境之间相互影响而形成的氛围。服务场景常常被分为公共服务场景、团队服务场景和个体服务场景三大类。公共服务讲求基本服务的底线，对所有人服务的公平性，以及服务的规范性和艺术性。团队服务除公共服务的几项要求外,又增添了服务的针对性和系统性。个体服务则更进一级,需要体现服务的针对性、定制化和独特性。

服务的基本方式是指酒店或者员工为宾客提供服务和产品的途径、方法或者技巧。服务方式中最重要的是人际沟通。酒店的服务能不能赢得别人的认可,关键在于酒店和员工与宾客的人际沟通能力。

服务目标简单地概括一下就是四个字:创造价值。酒店创造的价值,一般来说有三个层次。其一是宾客价值,即酒店通过提供优质的产品和服务,为宾客带来愉悦的体验,从而提升酒店顾客复购率和品牌影响力;其二是企业价值,酒店通过高效的运营管理、成本管控等措施,实现自身的盈利和增长;其三是社会价值,酒店作为社会活动的参与者,创造就业机会,促进区域发展等发挥积极作用,树立良好的社会形象。

五、酒店产品和服务是有形和无形的组合体

酒店产品和服务既蕴含了物质层面的有形元素,又囊括了体验层面的无形价值,恰如科特勒产品层次理论所深刻阐述的洋葱模型,层层递进,揭示了产品内涵的丰富性与复杂性。产品和服务是酒店运营的基础,如果没有产品和服务,营销工作做得再好,也往往是昙花一现。像前几年的雕爷牛腩、黄太极煎饼等网红门店早已不见踪影。

科特勒的产品层次理论之所以具有里程碑式的意义,首先在于它时刻警醒我们回归初心,明确酒店业的本质——为顾客提供高质量的睡眠与休憩体验。这一核心利益的实现,是酒店一切经营活动的出发点与归宿。作为酒店人一定要切记:有钱的话,替客人买个好床垫,买个能裸睡的床单;把浴水弄好,让他每次洗澡的时候都记得在你们酒店洗的那一次。如果再有钱,买豪华吊灯,买高档壁纸,买进口家具,配苹果电脑……

要记得科特勒说的产品层次理论的第二个含义:酒店出售的是整个产品,而不是某个层面。科特勒的产品层次理论还启示酒店探索如何实现"1+1>2"的协同效应。对于酒店而言,这意味着不仅要关注硬件设施的直接投入,更要

深刻理解并挖掘服务的无形价值，使之成为提升顾客满意度与忠诚度的关键。

酒店在产品的某一个层面（如核心产品）已成"定局"时，酒店管理者更应灵活运用产品层次理论的精髓，即在核心产品既定的情况下，通过增强附加价值与潜在价值来重塑竞争优势。例如，打造特色早餐、提供个性化服务、优化前台接待流程等，这些看似细微却至关重要的服务细节，往往能够成为吸引顾客、创造口碑的亮点。

因此，酒店业的发展不应仅依赖于互联网流量等外部工具的短暂繁荣，而应聚焦产品与服务的持续优化与创新，实现有形与无形的完美融合。正如历史所见证的，那些仅凭营销手段短暂辉煌的案例，终因产品本身的不足而难逃被市场淘汰的命运。相反，那些能够深刻理解并践行产品与服务并重理念的酒店，方能在激烈的市场竞争中屹立不倒，实现可持续发展。

第十三章
服务飞轮效应

一、优质服务的飞轮效应

飞轮效应源于物理学的一个概念,后被广泛应用于管理学、经济学等。飞轮效应是指为了使静止的飞轮转动起来,一开始需要付出很大的力气,一圈一圈反复地推,每转一圈都很费力。但是,随着飞轮转动速度的增加,其动能也会增大,使飞轮能够克服较大的阻力而维持原有的运动状态。这一过程中,飞轮转动的速度会越来越快,最终达到高速运转的状态。吉姆·柯林斯(Jim Collins)在其著作《基业长青》和《从优秀到卓越》中详细阐述了飞轮效应在企业经营中的应用。

什么样的服务是优质服务?不同的人有不同的答案。有的人认为个性化服务就是优质服务;有的人认为给宾客惊喜的服务是优质服务;有的老总认为只有让宾客满意的服务才能算优质服务,否则只是流程或者规范,不能称之为服务;青岛海景花园酒店认为,不能给宾客留下深刻印象的服务不是优质服务;宝格丽酒店认为一家酒店的服务,分为三档。第一档是有求必应;第二档是主动服务；第三档是换位思考。而宝格丽，做到了第三档。这些关于优质服务的表述对实际工作具有较强的指导性，但作为酒店管理者，对优质服务的理解仅达到这一个层面还远远不够。

在酒店优质服务飞轮效应里，各环节环环相扣，推动酒店不断向前发展。员工满意是基石。当员工对工作环境、待遇及发展空间满意时，会满怀热情与积极性投入工作，进而输出优质服务。优质服务直接作用于顾客，满足顾客需求，提升顾客入住体验，带来顾客满意。满意的顾客会自发向他人推荐，形成好口碑。好口碑如强力磁石，吸引了更多潜在顾客，为酒店带来流量。流量增多后，酒店有更多机会展现优质服务，持续巩固顾客满意度。随着顾客满意度不断提升，酒店口碑也进一步提升，引发业务裂变式增长。业务增长又能为员工提供更好的福利与发展机遇，再度提升员工满意度。如此周而复始，酒店在这个闭合的良性循环中稳步发展、不断壮大（见图13-1）。

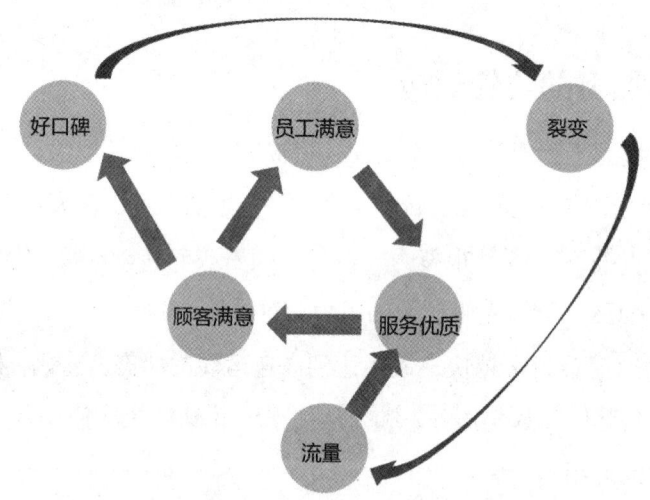

图13-1 酒店优质服务的飞轮效应

二、宾客是裁判

酒店服务是否优质，由宾客说了算，宾客是酒店服务是否优质的裁判。以宾客为中心，极力满足宾客需求的服务才是优质服务，也才是具有竞争力的服务。斯坦福大学做了一个有趣的实验，要求学生在自己额头上画上大写的 E，虽然他们画的形态各异，但归结起来只有两种方式：一种是自我视角的 E；另一种是他人视角的 E。在这次试验中，90%的学生画了自我视角的 E。喜欢以自我为中心是人的天性，酒店管理者虽然天天讲"宾客是上帝"，把宾客放在极其重要的位置上，但服务和管理中还是不自觉地以自己为中心，减少自己的风险，事事更有利于自己。"口实不一"的做法，最终会让顾客产生不满，从而产生投诉。因此，作为管理者要时刻关注宾客的买点，而不是产品的卖点，从宾客的需求出发，而不是从产品本身出发。

三、没有表扬就是批评

宾客惊喜、感动和满意是衡量酒店服务最好的标尺。宾客表扬的服务一定是酒店给宾客提供了有"感觉"、有"体验"的服务，甚至是宾客认为优于其他酒店的方面。如果酒店服务没有得到顾客的表扬，就表明酒店的服务低于宾客的期望，没有让顾客感受到酒店的用心和努力，他们也不会在 OTA 平台上写好评，也不会将酒店推荐给其他宾客。没有受到顾客表扬的酒店是没有竞争优势的酒店。因此要想得到宾客的认可和表扬，必须"溺爱"宾客。在别的酒店不可以的服务，在你的酒店可以；在服务中不断放大宾客利益，要时刻把客户的事情放在心上，即使是一件微小的事也要如此。把客户的利益放大来看，你会觉得事事都很重要，都很紧迫，你会给自己压力，努力做好，客户自然满意。

四、优质服务是比较出来的

优质服务是比较出来的。宾客评价一家酒店服务的好坏往往将这家酒店的服务与以前住过的相类似价位的酒店进行比较。如果这家酒店的服务体验比自己以往的同星级同价位的酒店体验更优秀，他往往给个好评；如果这家酒店的服务比不上以往的同等级的酒店体验，即使这家酒店的各方面都符合星级评定的要求，甚至比自己以前的服务大有改进，宾客依然不会给好评。因此，一家酒店的服务是否优质，不仅和自身的服务有关，还与酒店业同行的服务水平有关。一家四星级酒店提供四星级酒店标准的服务是没有口碑的,只有在同一星级、同一价位的酒店中脱颖而出,宾客才能给出好评。

宾客对酒店服务的评价除了和自己的消费经历进行比较,往往还和自己的消费期望有关。顾客期望的服务是指顾客在购买产品或接受服务之前,基于个人经验、市场宣传、口碑推荐、品牌形象以及个人需求等因素,所形成的一种对即将接受的服务质量、内容、态度、环境等方面的预期或希望。这种期望不仅是对产品或服务的基本功能需求的满足,更包含了顾客对于整个消费体验的心理和情感上的期待。如果酒店提供的感知服务等于甚至大于宾客的期望服务,宾客就会满意甚至惊喜,会继续重复光顾或者将酒店推荐给亲朋好友;如果酒店提供的服务低于宾客的期望,宾客就会失望,不满,投诉,甚至不再光顾。宾客评价较高的服务,并不一定比评价差的服务的服务水平更高,而是由于宾客期望不同,导致了宾客的评价结果与实际背离。因此,当你看到携程网上丽思卡尔顿的评分只有4.7分时,而桔子精选酒店的网评分数为4.9分时不要惊讶。不是桔子精选酒店的服务比丽思卡尔顿酒店的服务好,而是宾客对丽思卡尔顿的期望高,而丽思卡尔顿没有达到部分宾客的期望而已。

关于宾客期望服务,最知名的理论是日本东京理工大学教授狩野纪昭(Noriaki Kano)于1984年提出的狩野模式(Kano model)。该模型开创性地构建了宾客满意度的二维分析体系,颠覆了以往单一维度衡量服务对宾客满意度影响的传统观念。传统的一维满意度模型假定,服务的增加(功能或服务的扩展)会直接导致宾客满意度的提升;反之,服务的减少则引发不满。然而,狩野纪昭通过深入研究揭示,服务提供与宾客满意度之间的关系远比这复杂。某些服务的提供并不一定能带来宾客的满意,反而可能因未达到特定期望而引发不满;另外,有些服务提供与否对宾客而言并无显著差异,即所谓的"无差异"。

狩野纪昭通过自己的研究发现对影响宾客满意度的服务可以划分为五个类型。一是基本服务(Must-be)。该类需求是宾客认为酒店必须有的服务和设施,如客房内可以洗澡、能收看电视、房门门锁比较安全等。如果这类需求没有得到满足，宾客就会非常不满意甚至离开。当这类需求得到充分满足时，宾客也不会提高宾客的满意度。一般情况下，基本需求是宾客选择酒店的先决条件，一旦无法满足，宾客就会流失。

基本服务不是一成不变的，会随着酒店类型和宾客的不同产生较大差异。比如，一家五星级酒店提供24小时送餐、游泳池等服务是酒店的基本需求，而对于经济型酒店甚至中档精品酒店反而不是必备服务。同时，有些服务如能收看电视节目，对于大部分宾客来讲都是必备服务，但是有些禅修主题酒店却不配备电视，宾客也不需要此类服务，因此有些服务项目可从基本需求中删除。

期望服务（One-dimensional）：宾客入住酒店都会对酒店抱有特别的期许。比如，第二次入住的宾客，往往希望酒店员工能够识别自己是回头客；客房房间提供夜床服务时，服务员能够放一张天气预报提示卡；离店时，如果时间过早，早餐厅尚未营业，酒店能主动打包早餐等。期望需求可能会超越酒店应该提供的服务标准，甚至超越行业的标准，比如，带宠物外出旅游的宾客希望酒店提供宠物友好型客房，让自己的宠物和自己待在一起。但大部分酒店却不是宠物友好型的，不允许宾客带宠物进入酒店，大部分宾客也是理解的。期望需求的特点是满足程度越高，宾客满意度越高，反之亦然。期望需求往往是宾客对酒店提出的期许，如果酒店能做到且做得越多，表明酒店的服务水平越高。

魅力服务（Attractive）：比如，亚朵酒店推出的宾客入住免交押金、夜晚入住提供免费消夜、住店生病、免费车辆送医等服务打破了酒店行业许多传统的做法，受到了宾客的好评，圈粉无数。魅力服务大多是酒店突破行规或者与其他酒店有所不同的服务，往往会受到宾客的"吹捧"和传播。

无差异服务（Indifferent）：无差异服务指的是对宾客满意度没有显著影响的服务。酒店无论是否提供这类服务，宾客的满意度都不会产生明显变化。酒店投入此类服务的成本算作沉没成本，造成了无形浪费。

逆向服务（Reverse）：比如，有的酒店给宾客清洗内衣，看似对宾客体贴入微，但该服务实际侵犯了宾客隐私，导致宾客的不适甚至是反感。逆向服务就是不做宾客还满意，做了，投入了成本和精力，反而让宾客反感的服务。

宾客期望服务具有双重作用。一方面，它是吸引宾客的动力，正是因为有期望，宾客才会选择自己心仪的酒店来满足自己的期望；另一方面，宾客期望服务又给酒店建立了一个标准，如果酒店达不到这个标准，宾客就会不满意，甚至会选择其他酒店。因此做好宾客期望服务管理对于提升宾客满意度和经营非常重要。

除了宾客期望服务，宾客让渡价值理论从另一方面解释了"优质服务是比较出来的"。1996年科特勒先生第一次提出了宾客让渡价值这一概念。他认为宾客在购买产品和服务时，不是因为付出的代价高低来决定是否购买，而是将付出与所得进行比较，如果付出大于所得，宾客就会不满；付出等于所得，就会满意；所得大于付出，就会惊喜。同时他又将付出细化为所花费的时间、货币成本、体力、精神等要素，将所得细化为产品价值、服务价值、人员价值和形象价值等。这一理论模型中的要素虽然会受到宾客认知不同的影响，具有不稳定性，但给企业认识"影响宾客购买决策的要素组合及其作用机理"提供了一个定性的衡量手段和模型。宾客让渡价值理论让企业清晰认识到宾客所体验的价值实际上不仅包含了物质因素（产品的使用价值、产品的价格），同时还包含了许多精神因素（人员价值、服务价值、形象价值、时间、精力、体力成本）。企业市场优势的获得是综合因素作用的结果，企业不仅要重视改善生产经营环节，更重要的是必须根据市场的变化不断调整和改善管理工作，提高整体宾客价值，降低宾客购买成本，实现宾客让渡价值最大化，从而提高宾客满意度和宾客忠诚度。

五、优质服务是观点，不是事实

马克·奥勒留在《沉思录》里写道："我们听到的一切都是一个观点，不是事实。我们看见的一切都是一个视角，不是真相。"这告诉我们所感知到的世界是经过人们自身经验和主观意识过滤的，并非绝对的事实或真相。观点是指观察事物的立场或出发点；事实是指事情的真实情况，即客观真理。我们先测试一下我们能否正确区分哪些是观点，哪些是事实。比如，我说今天天气很热，是观点还是事实？如果我说今天气温 31℃，是事实还是观点？显然，31℃ 是事实，而今天天气很热是观点。

酒店服务的好坏是事实还是观点？按照刚才的思路，很显然是观点，而不是事实。一千个人眼里有一千个哈姆雷特，由于宾客的受教育程度、生活阅历、职业、年龄、性格特点等因素不同，对同一家酒店的服务评价也会有很大差异。酒店服务的优劣除酒店自身产品的原因外，还有一个重要的因素就是宾客。宾客往往凭借自己的主观来判断酒店的好坏，同样一家酒店，有的宾客给5分好评，有的宾客却给了1分差评。这些评价都是基于宾客自己对服务的认知和主观因素给出的，因此当你发现自己觉得不错的酒店在携程网上有宾客给了很低的评价，也就不难理解了。

除了宾客的个性因素，造成宾客观点差异的原因还有很多。我们从以下几个方面来探讨：

宾客在酒店消费中，经常会出现选择性记忆的现象，也就是我们常说的"情人眼里出西施"，晕轮效应、"$100-1 \leq 0$"法则。在宾客眼里，绝对没有"功是功过是过"的说法。在宾客眼里，100个员工好，有一个差员工，就是差；100次都好，有一次差，就是差；100个环节都好，有一个环节差，就是差。如果酒店的服务让宾客不便和难堪，他们也会不自觉地盯着我们的不足和缺陷，而忽视了酒店的闪光点。酒店服务水平不能用平均值来衡量，宾客经常以服务水平最低的那个员工为准。反过来，如果酒店的服务感动了宾客，宾客会不自觉地去挖掘我们好的方面，而忽视服务存在的不足。

酒店优质服务会因人而异，没有一个统一的标准。酒店为提升服务水准、指导员工的服务，借鉴学习工业企业的经验，出台了细致严密的标准服务操作程序（SOP），然而服务业与工业具有明显的差异，标准操作流程好比社会上的法律，是一个人最低的行为准则，标准操作流程也是一个酒店服务最低的要求和标准。要想做出优质的服务，必须在遵守标准操作程序的基础上，主动识别宾客不同的需求，主动满足宾客的需求。尤其在团队市场散客化，散客市场碎片化的今天，即使用标准操作流程应对同一会议的宾客，也不会让大部分宾客感到服务的优质。服务不仅是一种行为，更是一种哲学。酒店在日常服务中要求员工做到：对重要宾客精心服务；对特殊宾客贴心服务；对反常宾客热心服务；对普通宾客全心服务；对困难宾客细心服务；对挑剔宾客耐心服务。要主动识别服务的三个机会：当你准备向宾客说"不"的时候，用心做事的机会到了；当宾客有个性化需求时，让宾客惊喜的机会到了；当宾客有困难需要帮助时，让宾客感动的机会到了。

时势造英雄。同样，优质服务也是在特殊条件下产生的。越是苛刻的要求，你满足了，宾客的赞誉越高；越是分外的要求，酒店满足了，宾客就会惊喜并传颂；越是别人不做的，酒店做了，你的服务才是优质的。

六、酒店优质服务建立在多次博弈基础之上

酒店生意不是建立在一次博弈而是多次博弈的基础之上，今天酒店"宰"了一个宾客，酒店也发不了财。但是被"宰"的宾客可能会用"嘴"投诉，给酒店和员工带来更多的精神负担甚至是财务损失。有的宾客会用"手"投诉，在携程网等 OTA 网站或者各类新媒体上写差评，影响其他宾客的购买决策；还有的宾客会用"脚"投诉（跟风），再也不来酒店消费。酒店口碑不好了，就会减少潜在宾客，影响酒店的发展。

如果酒店提供的服务和产品超出了宾客的期望值，甚至给宾客带来惊喜，宾客也有可能成为酒店的义务宣传员，介绍更多宾客来酒店消费；其会在 OTA 上写好评，提高酒店的网评分数，给酒店带来更多客源。即使酒店的服务没有满足宾客需求，甚至造成了宾客投诉，只要真诚对待宾客、认真整改酒店的问题和不足，甚至给宾客相应补偿等，投诉的宾客还会再次下榻酒店，而且还有可能成为酒店的忠诚宾客。因此，体贴服务让宾客更喜欢酒店，喜欢酒店的宾客越多，酒店就发展得更好。

酒店生意需长远布局，只有每天为每个宾客都提供优质服务，才能保证酒店生意长盛不衰。要不断反思酒店服务和产品是否满足了宾客需求，超越了宾客预期，对自身产品和服务要不断快速地迭代。

第十四章
管理造就优质

优质服务可以提升酒店宾客满意度，从而提升酒店的经济效益和社会效益。因此，不同等级、业态的酒店的管理者都把提升服务质量作为日常工作的重要内容。在酒店实际运营中，有的酒店服务会得到社会、宾客及行业的一致好评，成为其他酒店学习的标杆；但也有些酒店，虽然酒店管理者十分重视服务品质的提升，但在实际运营中，优质服务无法落地，导致酒店优质服务不能落地的因素除酒店硬件等客观因素外，更多的还有哪些因素。

一、制度是优质服务的保障

没有规矩，不成方圆。酒店的规章制度就是企业的"规"和"矩"，是酒店成"方"成"圆"的根本。做得好的酒店总是有健全的管理制度，规范并引导着酒店健康、稳定地发展。

制定制度的目的是执行。强化制度管理首先要做好制度的制定和完善工作。酒店规章制度制定的目的是解决实际工作中的问题。制定的制度不仅要合法、合情、合理，更重要的是能够提供其他辅助条件保证实施和执行。

保证制度的执行必须与奖罚措施相联系，在制度推行中，要高悬"奖惩"这个尚方宝剑，如有人违反马上处罚，突出管理的刚性和力度，才会体现管理的严肃性。要有效制止不遵守制度的现象，需要做到以下几点：一是"热炉法则"：制度制定了就要严格执行，要不就不要定。违反了制度就要处罚，使人不敢去碰它，如同热炉，你看到了就知道不能碰它，碰它就要烫伤。二是"移木法则"：对执行规则的人要进行奖励，使人们明白按要求去做就能带来利益。就像商鞅变法时，让人从南门扛一根木头到北门就奖五十金那样，说到做到。三是制度要不断创新。制度不是一成不变的。张瑞敏初到海尔时，面对的是一个亟待整顿与重塑的企业。为了从根本上改变企业的面貌，树立起新的秩序与标准，他果断地发布了一系列厂规厂章，其中有一条"不允许随地大小便"。这一规定不可思议，但它却是对企业最基本文明素质的一次强力呼唤，是对旧有陋习的一次有力冲击。随着时间的推移，海尔在张瑞敏的带领下，不仅彻底解决了这类基础性的问题，更在管理制度上实现了质的飞跃。从最初的简单约束，到后来的全面质量管理、市场链理论等先进管理模式的引入，海尔的制度体系不断进化，始终紧贴企业发展的实际需求，成为推动企业持续成长的重要力量。酒店管理者要根据行业和酒店的发展，实施调整，修改制度，保证制度与时俱进，尤其是出现的新问题、新矛盾，要出台新的条款加以制止和处罚，这样才能保证制度的严肃性和规范性。

二、员工满意度是优质服务的保证

酒店员工的素质直接影响宾客对酒店的感知，酒店员工的个人素质，决定了服务过程的质量。一般来说，酒店员工的素质具体表现为思想水平、知识水平、业务能力、应变能力、服务态度、服务技巧等。员工素质是影响酒店服务质量的重要因素之一，酒店员工已成为酒店竞争优势的一个来源。

虽然近几年，酒店业采用了大量机械设备，甚至机器人，但酒店业的定制化生产模式、交互的价值实现过程和制造业流水线仍有本质不同。机械设备、机器人在酒店运营管理中起到辅助和补充作用，对于高频度交互性的酒店业，机器人不可能完全代替人的作用和位置。

酒店获得竞争优势不是依赖于酒店服务项目的多少，也不是服务项目的创新速度，而是服务过程是否满足宾客需求，是否超出宾客期望值，过程质量的好坏比服务项目的多少对宾客来说更有意义。由于酒店服务具有生产与消费的同步性，酒店大部分服务和产品是通过员工面对面为宾客提供的，这些提供服务的一线员工决定了过程质量的高低。企业利润的多少是由宾客的忠诚度决定的，忠诚宾客会给企业带来超常规的利润空间，忠诚宾客越多，企业利润获取的机会越大；而宾客忠诚度会受到宾客满意度的影响，宾客满意度越高意味着宾客忠诚度也会越高；决定宾客满意度的是企业提供的产品和服务价值；而产品和服务的价值是受到企业内部员工的满意度影响的。也就是说，员工满意度决定宾客满意度，宾客满意度决定宾客忠诚度，宾客忠诚度决定企业的利润空间。"没有满意的员工就没有满意的宾客"已成为酒店业的共识。正如德鲁克所说，让员工"能干"之前，关键是让他们"想干"。

酒店运营管理坚持"以宾客和员工为中心"，提升内部服务质量，通过提升工作场所设计、工作内容设计、员工甄选、奖赏、肯定等方面提高员工的满意度，从而激发员工服务的主动性、积极性和能动性，确保基础服务质量的可靠性和高效的响应性，并根据宾客的个性化需求，提供让宾客难忘的服务，提升宾客的忠诚度，从而提高酒店的效益。

三、优质服务需要培养机制

优质服务并非一蹴而就，它需要企业建立一套完善的培育机制。

（一）精炼各板块

酒店客源不同，对服务的需求也有所不同。酒店要根据自身情况，先急后缓，首先需要在组织内部进行精炼，确保每个板块都有明确的规划、步骤和重点。优质服务的培育机制如图 14-1 所示。

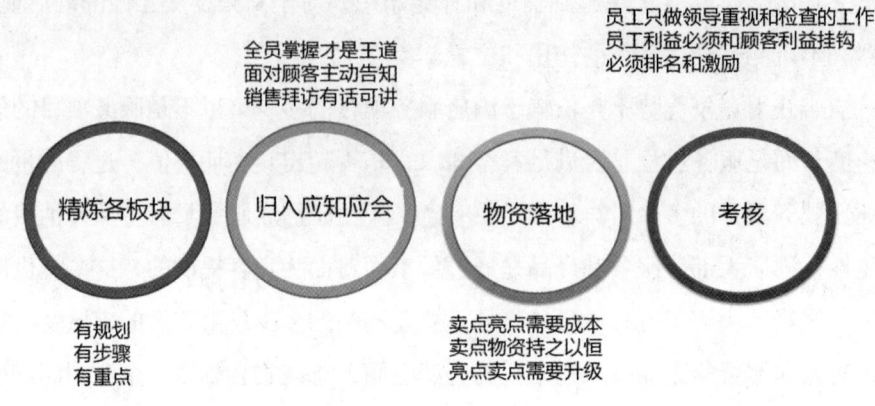

图 14-1　优质服务的培育机制

1. 有规划

规划是优质服务培育机制的蓝图。酒店需要根据自身特点和市场定位，制定出一套长期和短期的服务目标。这些目标应当具体、量化，并且与酒店的总体战略相一致。通过规划，企业能够明确服务改进的方向，为后续的步骤和重点打下坚实的基础。

2. 有步骤

有了规划之后，酒店需要将这些规划分解为可操作的步骤。这些步骤应当是有序的，每个步骤都对应着一个或多个具体的行动计划。例如，对于服务部门，步骤可能包括培训员工、优化流程、引入新技术等。通过明确的步骤，企业能够确保服务改进工作有序进行，避免混乱和重复劳动。

3. 有重点

在规划和步骤的基础上，酒店还应当确定服务优化的重点。这些重点应当是酒店服务中最急需改进的地方，或者是最能提升客户满意度的环节。通过集中资源和精力在这些重点上，企业能够更有效地提升服务质量，增强市场竞争力。

（二）归入应知应会

优质服务的培养机制还需要将服务标准和流程纳入员工的应知应会之中，确保每个员工都能够掌握并执行。

1. 全员掌握才是王道

优质服务不仅是前台员工的责任，还需要企业全员的参与和支持。因此，企业需要通过培训和教育，确保每个员工都能够理解并掌握服务标准和流程。这种全员掌握的服务意识，是提供优质服务的基础。

2. 面对顾客主动告知

在服务过程中，员工应当能够主动向顾客告知服务流程和标准，这不仅能够提升顾客的满意度，还能够减少误解和投诉。员工的这种主动性，是优质服务培养机制的重要组成部分。

3. 销售拜访有话可讲

对于销售团队而言，他们需要掌握足够的产品知识和服务信息，以便在拜访客户时能够提供专业的建议和解决方案。这种能力不仅能够提升销售业绩，还能够增强客户对企业的信任和忠诚度。

（三）物资落地

优质服务的培养机制还需要在物资层面得到落实，确保服务的卖点和亮点能够得到有效的支持。

1. 卖点、亮点需要成本

酒店需要认识到，优质服务的卖点和亮点是需要成本的。这些成本可能包括培训费用、技术投入、流程优化等。酒店需要合理分配资源，确保这些成本能够得到有效的控制和利用。

2. 卖点物资持之以恒

优质服务的培养机制要求酒店在物资支持上有持续性。这意味着酒店需要持续投入资源,以确保服务的卖点和亮点能够得到长期的维护和升级。

3. 卖点、亮点需要升级

随着市场的变化和客户需求的演进,酒店服务的卖点和亮点也需要不断升级。酒店需要通过市场调研和客户反馈,及时调整和优化服务内容,以保持竞争力。

(四)考核

优质服务的培养机制还需要通过考核来确保其有效性。

1. 员工只做领导重视和检查的工作

员工的工作表现往往受到领导重视和检查的影响。因此,酒店需要通过定期的检查和评估,确保服务改进工作得到足够的重视。

2. 员工利益必须和顾客利益挂钩

为了激励员工提供优质服务,酒店需要将员工的利益与顾客的利益挂钩。这可以通过绩效考核、奖励机制等方式实现,以确保员工有动力去提升服务质量。

3. 必须排名和激励

酒店还需要通过排名和激励机制,鼓励员工之间的良性竞争,促进服务质量的提升。这种机制不仅能够激发员工的潜力,还能够提升整个团队的服务水平。

四、极限思维来打造极致产品

用极限思维来打造极致产品是一种高效且富有成效的方法论。这种方法论强调在产品开发过程中，以用户需求为导向，充分挖掘和满足用户的痛点、痒点或兴奋点，同时要求团队自我挑战，将产品做到能力的极限，并通过紧密的管理确保产品质量和进度。以下是针对这三条方法论的具体解释。

（一）需求抓得准

产品的核心在于满足用户需求，因此，准确抓住用户的痛点、痒点或兴奋点是至关重要的。痛点是指用户在使用产品或服务过程中遇到的问题和困难，解决这些问题能够直接提升用户体验；痒点则是用户潜在的需求或期望，满足这些需求能够增强用户对产品的好感度；兴奋点则是能够激发用户情感和兴趣的点，通过这些点能够提升用户的参与度和忠诚度。为了准确抓住这些需求点，需要进行深入的市场调研和用户分析，了解用户的需求和期望，以及竞争对手的情况，从而制定出符合市场需求的产品策略。

（二）自己逼得狠

打造极致产品需要团队不断挑战自我，将产品做到能力的极限。这要求团队成员具备高度的责任心和使命感，不断追求卓越和创新。同时，也需要制定严格的标准和流程，确保产品的质量和性能达到最佳状态。在产品开发过程中，可能会遇到各种困难和挑战，但只有通过不断尝试和突破，才能打造出真正具有竞争力的产品。

（三）管理盯得紧

管理在产品开发过程中起着至关重要的作用。没有盯紧的地方往往容易出现问题，因此，管理者需要密切关注产品开发进度和质量，及时发现和解决问题。同时，也需要建立有效的沟通机制，确保团队成员之间的信息畅通无阻，避免出现信息孤岛或沟通障碍。此外，还需要制定明确的责任分工和考核标准，确保每个团队成员都能够承担起自己的责任和义务，共同推动产品的开发进程。

用极限思维打造极致产品需要团队在需求把握、自我挑战和管理紧盯三个方面下足功夫。只有这样，才能打造出真正符合市场需求、具有竞争力的产品，赢得用户的信任和支持。

卫生问题是酒店客房的痛点，除汉庭提出"要干净，住汉庭"外，北京子美酒店也抓住极致卫生这个点，塑造"一家用心做卫生的酒店"形象，对外公开承诺：

（1）每一位员工必须持健康证上岗。

（2）每一间客房都要经过紫外线消毒。

（3）每一个口杯要经过多道程序清洗，并经 84 消毒液和紫外线双重杀菌。

（4）每一件床单、被套要经过严格洗涤和消毒。

（5）每一个客房区域要使用专用抹布清洁。

（6）每一个公共区域都用紫外线定期消毒。

（7）每一处客人用手触摸到的地方都会用酒精定期消毒。

这个案例不仅告诉酒店同行，把任何一个点进行放大，做到极限，都会成为酒店的亮点，提供不同的价值感。

五、从无效到有效

在日常对客服务中，很多酒店上下对精心设计的服务满怀憧憬：宾客一旦享受，一定为此惊喜。事实上，反响却不及预期的好，甚至是好心做了坏事。所设计的服务对宾客并没有产生效用，甚至产生了反向的效果。

什么是有效服务？能真正满足宾客需求并创造价值的服务，才是有效的服务。酒店有效服务的实例比比皆是，为了更好地说明问题，以下从另一角度论述什么不是有效服务。

（一）不能满足宾客需要的服务不是有效服务

自己认为好的东西，顾客不一定喜欢。酒店曾经提倡"三到"服务，宾客办理完入住手续，抵达房间后刚刚进入卫生间，门铃和"Housekeeping"的敲门声响起，宾客急忙开门，一看是服务人员送"三到"来了，只好笑脸相迎。

酒店认为刚才的服务起到欢迎宾客、提升服务档次的作用，实际上是打扰了宾客，故所提供的服务不是有效的服务。如果要送"三到"，需要把握合适的时机，必须要在宾客进入房间没有关闭房门前送到，这样才是有效的服务。

这种现象也出现在对客服务上。女士入住的房间，男士剃须刀不撤出；男士入住的房间，女宾卫生袋依然摆放在卫生间里。虽然是小事，宾客不用也不会责怪，下次宾客入住即可使用，方便省事，但反思酒店管理和服务的细节还是暴露出没有以宾客的需求为出发点。还有一个案例，酒店为一位贵宾的客房内配备了精美硕大的果盘，房务员发现贵宾从来不食用水果，酒店为了表示对其的尊重，无论贵宾是否食用，每天继续配备水果。直到贵宾退房时，酒店才知道该贵宾患有糖尿病，不能吃水果。再精美的水果对这位贵宾来说都是摆设，甚至让贵宾反感。如果能时刻反思我们提供的服务对宾客是否有效时，可能会及时发现问题，并采取有效措施加以弥补。

还有的酒店在宾客入住时会赠送一些如游泳、保龄球、桑拿等免费服务，当宾客不需要这些且问询能否换成其他项目时，往往得到的回答是不可以。这样的服务也是没有根据宾客的需求设计，没有充分考虑宾客需求、给宾客更多的选择，好事往往办成坏事。

（二）不能确保提供的服务不是有效服务

酒店不能确保提供的服务在日常运营中屡见不鲜。

宾客预订时要求无烟房，但抵达房间时，发现房间内弥漫着浓浓的烟味，咖啡桌上摆放着烟灰缸和火柴。宾客以为酒店弄错了，便询问楼层员工，楼层员工顺手拿走了烟灰缸，回答这就是无烟房，烟是上一个宾客吸的，开窗通风一会儿就没有烟味了，这样的回答让宾客哭笑不得。

客房内放置了印制精美的送餐菜单，打电话叫送餐，你可能得到的答复是没有原料、做这个菜的厨师今天休息、送餐的时间很长等理由，最后的结果都是一样的，就是无法提供。还有一些印在服务指南上的服务项目，当宾客需要时，经常因为正被其他宾客使用或者设备坏掉等原因拒绝宾客，这样的服务也不是有效的服务。

（三）不能始终如一提供的服务不是有效服务

"100-1≤0"是为酒店人熟悉的服务哲学，100次都好，1次差错就是差。在酒店日常服务和管理中经常遇到这样的现象：这一次做得非常好，下一次由于人员的变动或者信息传递不畅，造成了服务不能始终如一，有些服务没有了或者大打折扣，给宾客带来不便，甚至造成伤害。

一位宾客经常去一家五星级酒店，这家五星级酒店的停车场提供免费擦车服务，宾客将车停在停车场，只要宾客不明确反对，等宾客用餐完毕或者退房时，车辆已经擦洗光亮。这种服务很受宾客好评，甚至擦车师傅每天都会收到不菲的小费。有一天这位宾客开着车又去了这家酒店，正好应该洗车了，本以为酒店会免费擦洗，可等宾客消费完毕出来开车时，酒店并没有擦车。由于没有时间去清洗，宾客只好开着这辆脏车去机场接贵宾。即使再受好评的服务，如果没有始终如一地坚持，就不是有效的服务。

（四）不能给宾客创造安全舒适感的服务不是有效服务

有一次，笔者出差去一家酒店，受到了酒店总经理的热情招待，给我安排了酒店最好的套房。第二天吃早餐时，总经理还寒暄问我昨天休息得还好吧？由于关系很熟，我就告诉他，休息得很好，只是昨晚没有洗澡。昨天吃完晚饭，回到房间，准备洗澡，发现房间内配备了豪华的功能齐全的洗浴房，打开水龙头，放了十几分钟的水还是凉水，由于已宽衣解带，不方便让服务员进入房间，只好自己仔细研究，研究了10多分钟，终于搞明白几个按钮的作用，水龙头终于冒出了热水，刚想享受洗澡的快乐，突然间洗浴房四周冒出了几股蒸汽，接着又从四壁喷出几股凉水，紧跟着又开始震动。齐全的功能却让宾客有惊无喜。

酒店里的很多设备功能比较齐全，但操作烦琐。若操作不当可能会给宾客造成不便甚至伤害。如果酒店想为宾客提供更加周到的服务，必须要有足够的措施确保安全和舒适。

还有的酒店推出一些服务,如为创造绿色环保的情调,在宾客的房间内养殖金鱼等水生生物,由于养殖的设备不具备充氧条件,宾客刚入住时,缸内的金鱼还是活蹦乱跳的,过了一夜再观察金鱼时,已仰面朝天,奄奄一息。虽然初衷是好的,但操作不当,却给宾客造成极差的感受。以上这些不能给宾客创造安全舒适感的服务不是有效服务。

(五)不能让宾客周知的服务不是有效服务

酒店作为一个特殊的商品,也应该有使用说明。但实际上,酒店的好多服务由于没有尽到告知的义务,宾客并不知道有这些服务而没有去享用。这让人想到了一张船票的故事:故事讲的是一个人买完船票就没钱了,在船上别人叫他一起去吃饭,他总是说"我不饿",到了最后快到岸,实在撑不住了,哪怕挨一顿揍也要吃点东西。当他吃完告诉服务生没有钱,准备挨揍时,服务生说这些餐是包含在船票里。故事的本意是告诉人们任何事都要主动尝试。但从另一个角度看,船上的服务存在明显的瑕疵,宾客应该享受到的服务,由于船上的工作人员没有尽到告知义务,让宾客没有得到应该得到的服务和产品。同样的情况在酒店,宾客一旦知道,就会迁怒于酒店。所有的优质服务在这一刻都化为泡影。

(六)不能给宾客留下深刻印象的服务不是有效服务

服务的功能一部分是满足宾客的需求,另一部分是营销。没有给宾客留下深刻印象的服务是零服务。这些服务仅仅解决了有和无的问题,并没有让宾客在享用服务的同时记住酒店,并在适当的场合宣传酒店。只达到第一个功能的服务只能算平庸的服务,甚至是无效的服务。

在日常经营管理中,如果酒店管理者在送走就餐宾客的同时,随即询问宾客今晚的菜品最喜欢哪道?宾客竟然回答不出来,甚至晚餐中的一个菜肴也回忆不起来。酒店在拜访宾客时,询问你对哪个服务员印象最深刻时,竟一个服务员的名字也叫不出。这不是宾客的错,关键在于酒店的服务和菜品没有打动、感动宾客，没有给宾客留下深刻的印象。这种服务会吸引更多的宾客，不会为塑造酒店的品牌有所帮助。

总之，这只是在日常服务中常见的无效服务，期望能起到抛砖引玉的作用。有效服务与无效服务的差别在于宾客的感受、体验，在于酒店工作人员的态度和诚意。如果酒店上下都以宾客的感受、体验为服务的出发点，提供有效服务，酒店在经营和品牌建设上再上一个新台阶便会指日可待。

第十五章
思维塑造特质

一个管理者的业绩,既会受到专业能力的影响,也会受到思维能力的制约。在专业发展的时间维度上,酒店管理人员达到"入门"级别预计仅需一年时间;进一步进阶至"熟练"级别,则最多需三年时间的积累与磨炼;而要达到"精通"的境界,需要七年的深入实践与探索。这一过程彰显了管理人员专业能力随时间流逝而逐步增强的趋势,然而值得注意的是,这种能力增长在职业生涯的后期可能会趋于平缓乃至略有衰退。作为酒店管理人员,职位越高,对隐藏在其专业能力背后的思维能力的要求就越高。思维能力对于管理决策、问题解决及战略规划具有不可替代的作用,且其显著特点是能够随着经验的积累和时间的推移而持续增强。因此,强化思维能力的培养与提升对于酒店管理人员而言,是保持职业竞争力、实现长远发展的关键所在。

酒店服务之间的差别往往表面上是受酒店资源的影响,但其实受酒店中高层管理人员服务理念的影响更大。思路决定出路,种什么样的种子,结什么样的果。职业思维决定您走多快,职业道德决定您走多远。优质的服务,必须要有创新的服务思维做保证。

图 15-1 为管理人员专业能力和思维能力的变化趋势

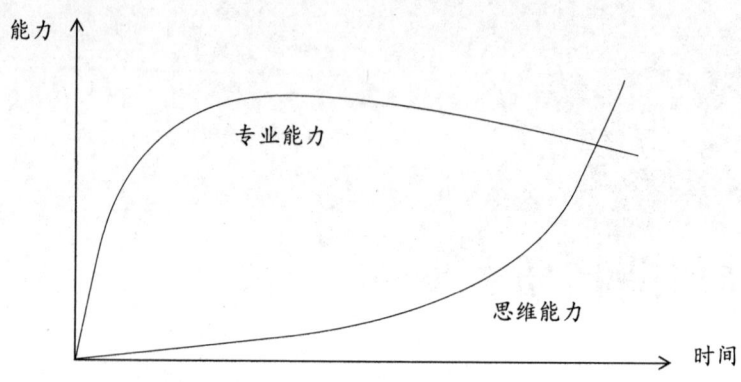

图 15-1　管理人员专业能力和思维能力的变化趋势

一、正确认识宾客

在探讨如何做好酒店之前需要对"宾客"这一角色进行深刻理解与正确定位。宾客不是上帝,他们没有上帝宽广的胸怀,可以原谅我们的错误和不足。他们和我们一样,有脾气,有性格,有喜好,有忌讳,希望被尊重,希望受到欢迎,希望公平,希望付出的每一分钱都物有所值,甚至物超所值。

宾客在消费过程中,掌握着是否消费的主动权和选择权,因此在与酒店员工的交往中,常有一种优越感。酒店员工要明白这不是对你的轻视或者不尊重,而是人性的外显,如果你是宾客的话,也会产生这种思想和行为。如何帮助宾客树立"优越感",这是成交的秘诀。

宾客往往希望不断地获得他人的正面评价、受到他人的欢迎与尊重、得到他人的信任、取得成功和获得较高的社会地位等。酒店在服务细节、服务流程甚至服务态度上要体现对宾客这些心理需求的回应和满足,才能更好地赢得顾客的"心"。

宾客间的需求大部分是相同的,有些也是不同的。这些不同决定了宾客消费行为的不同。在酒店实际管理和运营中，宾客需求的多样性对策略制定具有直接的指导意义。虽然清洁、安全、基本服务设施等是每位宾客的共同期望，但不同宾客群体的特殊需求却不容忽视。商务旅客频繁需要高效的网络连接与安静的休息环境，而家庭游客则更看重亲子活动空间和儿童设施，更关注早餐。基于这些洞察，酒店对商务楼层进行了网络升级，同时针对儿童客人提升了早餐品质，有效提升了宾客满意度。

宾客不是评头论足的对象，也不是比高低、争输赢的对象。宾客不是"说理"的对象，也不是"教训"和"改造"的对象。

宾客购买的意义发生了变化。宾客不仅看重酒店产品本身的功能性特征，还把酒店产品作为表达情绪及彰显社会地位的重要工具。其他宾客消费信息和评价将会对宾客的选择产生重要影响。

二、公羊博弈

曾经有个酒店老总因为宾客在 OTA 平台上给了 1 分的差评，气愤不已，甚至想走法律诉讼求得"公平"。笔者就给他讲了公羊博弈的模型：有个独木小桥，下面是万丈深渊。有一天来了两只羊，一只红羊，一只黑羊。它们在独木桥上相遇，但是独木桥一次只能过一只羊。这两只羊，头顶着头，脚对着脚，谁都不让谁。如果它们一直僵持下去，天黑以后筋疲力尽，都会掉到万丈深渊。如果让你判断是红羊让给黑羊，还是黑羊让给红羊，你很难做出判断。如果再给你一个信息。假设黑羊刚得了绝症，还能活一个星期。红羊丰衣足食，又中了五百万大奖。请问是得绝症的让路，还是中大奖的让路啊？答案不言自明：红羊让路。因为"牺牲成本"悬殊：红羊的未来有更幸福的人生，黑羊已经被不幸湮没。谁的损失大，谁就让路。谁的幸福多，谁就让路。

酒店与宾客之间在"生意"这个平台上是不平等的，为了酒店的长期利益，宾客即使错了，我们也愿意把"对"让给宾客。否则，天天和宾客争"你长我短"，让顾客留下更多差评，往往是宾客更相信"宾客"的信息，让酒店在口碑上失分，损失掉本应该得到的流量，得不偿失。

三、互惠原理

简单来说,互惠原理就是往往小小的人情也会给别人造成心理负债感,为了减轻心理负债感,常常会采取行动给对方以回报。互惠原理可以提高对方照着酒店的要求做事的概率,互惠原理甚至可以产生不公平的交换。为什么互惠原理有如此威力?关键就在于负债感。这种负债感对每一个人来说都是一副迫不及待要卸下的重担,一旦受惠于人,就如同芒刺在身,浑身都不自在。当施惠方提出一些请求时,被施惠方往往会按照对方的要求去做,甚至有些过高的要求也会满足,其目的是尽快卸下"负债感"。酒店服务人员要多为宾客提供一些额外的服务,甚至超出宾客和酒店间"交易"的服务,宾客就会由此产生亏欠酒店的感觉,他们就会寻找机会去回报酒店,这时服务人员在请求宾客写好评时,宾客就会积极配合。因此,酒店服务能做到让宾客感到亏欠的时候,就离优质服务不远了。

四、服务需要三个度

酒店服务需要三个度,热情度、快捷度和灵活度。

华住酒店集团要求员工在工作中做到四个一:一次微笑服务,一次目光接触,一次双手递物,一次姓氏称呼宾客。如果你能够散发出热情,就会温暖别人,也会被别人温暖,热情是最有效的工作方式,它帮你扫除前进路上的很多障碍,让你的工作进入巅峰状态!

快捷代表熟练、专业,值得信赖。没有什么比不讲效率的服务更让宾客不能容忍的;没有什么比让宾客"等"更让宾客感觉不被尊重的;没有什么比缩短宾客"心理时间"更重要的。快捷服务需要扎实的服务技能。

灵活度是酒店服务在标准化基础上的"弹性延伸",它既不违背服务准则,又能打破刻板流程,核心是围绕宾客的个性化、突发性需求快速调整服务方式,让"规则"为"体验"让路。

五、针尖上打擂台

酒店行业是个事无巨细的行业，一个环节出问题就可能导致成本倍增、宾客体验差。酒店服务比拼的是细节，即"针尖上打擂台"，忽视细节处理，就是忽视宾客。高明与拙劣，仅仅在细节上就显示分明了！讲究不将就！细节决定品质！所谓品质，即坚守细节上的一丝不苟。

宾客选择酒店是对酒店过去口碑的信任和认可，是对酒店的服务充满期待。酒店过去的服务越好，宾客的期望值就越高，酒店要想让原有的宾客再次满意，必须做得比以前更精彩、更优秀。要想让"头回客"变成"回头客"，必须通过过硬的服务来实现。

今天你让宾客微笑了吗？希尔顿先生经常问他们的员工，"今天你微笑了吗？"在当下酒店里，应该是"今天你让宾客微笑了吗？"。合格的服务是看员工有没有微笑；优秀的服务是看宾客有没有微笑。

宾客在店期间会对我们的服务形成记忆，离店后会带走回忆。不能让宾客满意、感动、留下深刻印象的服务是零服务。不能让宾客传颂的服务不是优质服务。

优质服务的关键不是你提供了多少服务和你提供了什么样的服务，而是宾客感觉到了多少服务和什么水平的服务！如果我们生意下滑了，不要抱怨宾客让竞争伙伴"夺"走了，而是由于我们表现不够优秀，宾客选择了离开我们。

六、让宾客感觉占便宜

让宾客感觉便宜，不如让宾客感觉占便宜！顾客在购买决策中不仅在追求价格低廉的商品或服务，而且更重视获得比他人更好的交易、更多的价值或优待。酒店经营成功的秘诀就是想方设法让宾客占便宜。

（1）心理满足感：顾客在获得额外优惠、赠品或特别待遇时会感到自己很特别，这种感觉能够带来心理上的满足。

（2）稀缺性原理：人们往往认为稀缺的东西更有价值。限时优惠、限量折扣等营销策略就是基于这种心理，让顾客感觉到机会难得，从而刺激他们的购买欲望。

（3）社会比较理论：人们在社会中常常通过与他人的比较来评价自己的地位和成功。能够在相同的情况下获得更多的优惠，会让顾客感到自己比其他人更聪明、更幸运，有一种优越感。

（4）消费者剩余：经济学中的一个概念是消费者剩余，即消费者愿意支付的价格与实际支付的价格之间的差额。当顾客通过讨价还价、使用优惠券或参加促销活动获得更低价格时，他们会感到自己获得了更大的消费者剩余，也就是感觉自己"赚了"。

（5）增值服务的吸引力：顾客可能对那些看似不花钱但实际上增加了产品或服务价值的额外利益更感兴趣。例如，一顿免费的晚餐、房间升级或其他额外的服务可以极大地提高顾客的满意度。

（6）品牌忠诚度的培养：当顾客觉得自己在某个品牌那里占了便宜，他们更可能成为回头客。因为他们不仅享受到了物质上的优惠，还体验到了品牌给予的特殊关怀。

七、不能不知道宾客的忌讳

知道宾客的喜好，可以做好针对性服务，这是锦上添花的事，你不做宾客也不会投诉；但忌讳却不同，做客人忌讳的事，会让客人给酒店投"否决票"，轻则投诉，重则索赔。

避免做宾客忌讳的事，要注意以下几点：

（1）了解文化差异：不同的文化有不同的习俗和禁忌。了解宾客的文化背景，避免可能引起不适的行为或话题。

（2）注意宗教信仰：尊重宾客的宗教信仰，避免涉及敏感的宗教问题或触犯宗教禁忌。

（3）谨慎谈论政治和敏感话题：政治观点和敏感话题可能导致争议和冲

突,应尽量避免谈论这些话题。

(4)尊重个人隐私:不要过分打听宾客的个人信息,如年龄、收入、婚姻状况等,除非他们自愿分享。

(5)注意饮食习惯:了解宾客的饮食禁忌,如素食、过敏等,以便提供合适的食物。

(6)遵守礼仪规范:在与宾客交往时,应遵循基本的礼仪规范,如礼貌用语、握手、鞠躬等。

(7)注意身体接触:不同文化对身体接触的接受程度不同,应避免过于亲密的身体接触,除非你确定宾客觉得舒适。

(8)注意言辞举止:避免使用粗俗、侮辱性或歧视性的语言,保持礼貌和尊重。

第十六章
从模仿到设计

建造一家功能布局合理、设备配置完善、装修富有特色的酒店，需要精心设计。但对于酒店服务，需不需要设计，却颇有争议：有的人认为没有必要设计，只要保持热忱服务的态度，酒店的效益也不错；有的人则认为很有必要设计，没有一流的服务设计，不会有一流的服务。持第一种观点的管理者秉承传统的酒店服务模式，往往侧重于满足消费者的基本住宿需求，而忽视了对消费者个性化、多样化需求的深入挖掘和满足。这种模式的弊端在日益激烈的市场竞争中逐渐凸显，使酒店难以在众多的竞争者中脱颖而出。持第二种观点的管理者用设计的思路做酒店服务。他们认为设计不仅局限于产品和服务流程设计或功能设计，更是一种解决问题的思考方式和方法论。酒店服务设计要的不是让某个顾客满意，而是酒店战略的一部分。同时，将设计的思路引入酒店服务领域，意味着从酒店的客源市场出发，围绕着主流客源的需求和偏好，创新和优化服务流程、服务细节、服务项目，从而为消费者创造更加美好的住宿体验，同时打造酒店特色标签，树立良好的口碑。

一、服务设计的内涵及特点

服务设计，作为一种独特的设计理念和方法，其核心理念在于以宾客为中心，强调从宾客的需求和体验出发，通过系统性地规划和优化服务流程，以及创新服务触点，提升用户体验和服务价值。这种设计方法在酒店行业中尤为适用，因其能够帮助酒店更加精准地理解和满足顾客的需求，进而提供更加贴心、个性化的服务体验。

服务设计具有几个显著的特点。首先，它具有跨学科性，融合了设计学、心理学、管理学等多个学科的理论和实践，为服务创新提供了全面的视角和方法论。其次，服务设计强调系统性思考，它不仅关注单一的服务环节，而是从整体上优化服务流程，确保每一个服务触点都能为顾客创造价值。此外，创新性是服务设计的灵魂，它鼓励企业不断挑战传统，探索新的服务模式和方法。最后，以人为本是服务设计的核心原则，它要求企业必须始终站在用户的角度思考问题，确保服务能够满足用户的真实需求和期望。

在酒店行业中，服务设计的应用具有广泛的前景。通过引入服务设计的理念和方法，酒店可以更加深入地了解顾客的需求和期望，进而针对性地优化服务流程和创新服务触点。例如，通过重新设计客房布局、提升餐饮服务质量、优化入住和退房流程等措施，酒店可以显著提升顾客的满意度和忠诚度。同时，服务设计还可以帮助酒店打造独特的品牌形象，提升市场竞争力。

服务设计作为一种以人为本的设计理念和方法，在酒店行业中具有巨大的应用价值。通过系统性地规划和优化服务流程、创新服务触点，酒店可以更加精准地把握顾客需求，提供更加优质、个性化的服务体验。这不仅有助于提升顾客的满意度和忠诚度，还能为酒店创造更大的商业价值。因此，将服务设计引入酒店行业是未来发展的必然趋势。

在实际应用中，酒店需要结合自身的特点和市场需求，制定针对性的服务设计方案。例如，可以考虑通过用户调研和数据分析来了解顾客的真实需求和痛点，然后针对性地优化服务流程和创新服务触点。同时，酒店还需要注重员工的培训和教育，确保他们能够充分理解和执行服务设计的理念和要求。只有这样，才能真正发挥服务设计在酒店行业中的最大价值。

虽然服务设计在酒店行业中具有广泛的应用前景和巨大的潜力，但其实施过程中也会面临一些挑战和困难。例如，如何确保服务设计的理念和要求能够真正落地执行、如何平衡服务创新与成本控制之间的关系等问题都需要酒店进行深入的思考和探索。因此，将服务设计成功应用于酒店行业需要持续的努力和实践经验的积累。

酒店的管理者首先应是一个服务设计师，其决定着酒店服务的品质和方向。什么是服务设计呢？就是用设计的思路做服务。

二、服务设计的方法

服务设计的措施和方法很多，以下就常用的五种方法做介绍：

（一）实地观察法

酒店服务具有服务和消费同步性的特点，在宾客接受服务前无法像制造业那样，产品可以在摆到货架前进行质量检查。因此，酒店业推出了"走动式管理"（management by wandering around，简称 MBWA）。这种管理方法要求高阶主管亲自深入基层，通过实地观察和交流，以获取第一手信息并及时解决问题。这里有一个一线的实际案例，在暑期旅游旺季时，济南一家酒店居住的多为家庭旅游客人，家庭房每天退房的时间不能按照约定的时间执行，再加上房间又少，导致无法保证新预订的客人到店立即入住。管理人员在大堂巡视时发现还有很多抱着婴儿需要午休的家庭在大堂十分焦急地等待，提出了将客人安排到"临时房间"，可以先解决婴儿午休的问题，一旦预订的房间清理干净就会通知客人转房。该酒店虽然没有满足宾客到店入住的需求，但当宾客看到酒店的努力也对酒店给予了理解。

（二）直接访谈法

很多标杆酒店将直接访谈法嵌入其顾客关系管理的常规流程中，构建了一个系统化的顾客反馈收集与分析框架。访谈设计遵循了严格的质性研究原则，采用深度访谈与焦点小组讨论的方法，确保能够全面捕捉顾客的内心体验与潜在需求。访谈数据通过内容分析法进行初步编码与主题提炼，随后采用计算机辅助的质性数据分析软件（如 NVivo）进行更深入的文本挖掘与模式识别。同时，为了增强分析的严谨性，部分访谈数据被转化为量化指标（如满意度评分、忠诚度量表）进行统计分析以验证质性发现的普遍性与显著性。这一质性 - 量化混合分析方法为酒店服务创新提供了更全面、可靠的数据支持。

（三）意见反馈表

为了系统地收集与分析顾客反馈，很多酒店设计了标准化的意见反馈表，并采用了先进的量化评估与情感分析技术。反馈表不仅包含了传统的满意度评分与开放性问题，还融入了情感词汇识别与情绪倾向分析功能，以捕捉顾客反馈中的情感色彩。通过统计软件对量化数据进行描述性统计、方差分析与回归分析，酒店能够识别出服务中的关键影响因素与改进方向。同时，运用自然语言处理与机器学习算法对开放性问题进行情感分析，提取顾客情绪特征与情感倾向，为服务改进提供更细腻与深入的洞察。这种结合量化评估与情感分析的方法，提升了顾客反馈处理的精度与深度。

（四）逆向思辨法

很多酒店运用逆向思辨法，通过构建假设性场景与批判性思维工具，对服务流程进行全面审视与潜在风险预测。研究团队借鉴了风险管理与决策分析的理论框架，如故障模式与影响分析（FMEA）与风险矩阵评估法，对服务中的关键环节进行逆向推理与风险评估。通过提出一系列假设性问题（如"如果不查房会出现什么后果？如果不收客人押金会出现什么后果？如果退房时间从原来的 12 点，推迟到晚上 8 点会有什么后果？"），研究团队能够识别出服务中的脆弱点与潜在改进空间。随后，通过模拟实验与试点测试验证假设的合理性与改进措施的有效性。这种基于批判性思维的逆向思辨法不仅推动了服务创新，还增强了酒店对市场变化的适应能力与抗风险能力。

（五）考察竞争者

酒店在考察竞争者方面采用了高度结构化的竞争情报分析方法。研究团队首先通过多渠道收集竞争对手的顾客数据、市场策略与服务特色等信息，构建了一个全面的竞争情报数据库。随后，运用战略分析工具（如波特五力模型、SWOT 分析等）对竞争对手进行深度剖析与比较。为了增强分析的严谨性与准确性，研究团队还引入了模糊综合评价法与层次分析法等量化评估方法，对竞争对手的优劣势进行量化打分与排序。基于竞争情报分析的结果，酒店制定了差异化的服务策略与市场定位方案，并通过实证研究与模拟仿真验证其可行性与有效性。这种基于严谨竞争情报分析的差异化服务策略制定方法，为酒店在激烈的市场竞争中保持领先地位提供了有力支持。

三、坚持"三个好一点"

在竞争日益激烈的酒店行业中，服务与产品的优化升级不仅是生存之本，更是发展之基。要深刻践行"三个好一点"的核心理念，将其作为引领酒店服务创新与品质提升的灯塔，照亮前行的道路。这一理念不仅蕴含了深刻的哲理，更体现了对消费者心理的细腻洞察与人文关怀，其逻辑严密、文采斐然，是酒店管理智慧与艺术的完美结合。

（一）超越自我，比自己的昨天好一点

做人是一种修行，做酒店服务也是一种修行。产品需要不断锤炼，客户、经验需要不断沉淀，基础管理、服务流程需要坚持。酒店作为服务行业的典范，其产品和服务质量往往受到多种因素的制约，包括但不限于硬件设施的老化、管理理念的滞后以及员工素质的参差不齐等。面对这些挑战，管理者须具备敏锐的洞察力和前瞻性的视野，将问题视为成长的契机，而非阻碍前行的绊脚石。通过建立持续改进的机制，鼓励全员参与，从细微处着手，不断优化服务流程，

提升产品质量，确保每一天都比昨天更加完善。

这一过程，实质上是对酒店内部管理体系的深度剖析与重构，它要求管理者运用现代管理学理论，如六西格玛管理、精益管理等，对服务流程进行精细化管理和持续改进。同时，还需注重员工培训与激励机制的建设，激发员工的创新潜能，让每一位员工都成为服务品质提升的参与者与受益者。如此，酒店方能在激烈的市场竞争中，以更加稳健的步伐，不断攀登新的高峰。

（二）竞逐前沿，比竞争对手好一点

宾客需求的日益多元化与个性化，以及行业内竞争的加剧，要求酒店必须时刻保持敏锐的市场感知能力，紧跟时代潮流，甚至引领服务创新。在"比竞争对手好一点"的策略下，酒店需深入分析竞争对手的优势与不足，明确自身定位，制定差异化发展战略。多想一想他们做不到、我们能做到的，这就是服务设计关注的焦点。

具体而言，酒店应聚焦宾客未被充分满足的需求点，通过创新服务模式、引入新技术、打造特色产品等手段，形成独特的竞争优势。例如，利用大数据与人工智能技术，为宾客提供更加个性化、智能化的服务体验；或是结合当地文化特色，开发具有地域风情的主题客房与餐饮产品，满足宾客对于文化体验的追求。此外，酒店还需关注行业发展趋势，如可持续旅游、健康养生等新兴领域，积极探索与实践，确保在服务品质上始终领先一步。

（三）超越期望，比宾客的期望值好一点

宾客的满意与忠诚，是酒店持续发展的动力源泉。而要想赢得宾客的心，就必须在服务上超越他们的期望。这不仅是一种服务策略，更是一种对宾客情感需求的深刻理解与尊重。在"比宾客的期望值好一点"的实践中，酒店需将宾客的每一个细微需求都视为服务的起点，以超越常规的标准去满足他们，甚至创造惊喜。

为了实现这一目标，酒店需构建以宾客为中心的服务文化，将"宾客至上"

的理念深植于每一位员工的心中。让全体员工日常服务中做到：宾客没想到的，我们都能为宾客想到、做到；宾客认为我们做不到的，我们为宾客做到了；宾客认为我们做得很好了，我们要做得更好。只有这样，才能体现优质服务设计的魅力。

通过建立健全的宾客反馈机制，及时了解宾客的需求与不满，并迅速响应，采取有效措施进行改进。同时，酒店还需注重细节管理，从预订、入住、用餐到离店，每一个环节都力求完美，让宾客感受到无微不至的关怀与尊重。此外，酒店还可以通过举办特色活动、提供增值服务等方式，为宾客创造难忘的回忆，增强其对酒店的归属感与忠诚度。

总之，"三个好一点"理念的深入实践，是酒店实现服务品质飞跃、赢得市场竞争优势的关键所在。它不仅要求酒店在管理上追求卓越、在竞争中勇于创新、在服务上超越期望，更需将这一理念内化于心、外化于行，成为推动酒店持续发展的不竭动力。只有这样，酒店方能在激烈的市场竞争中脱颖而出，成为行业的佼佼者。

四、酒店点、线、面、场的服务设计

酒店的服务设计需要在企业战略的引领下，从一个个体验"点"开始，不同的点组成体验线，不同的体验线组成服务体验面，不同的服务体验面组成服务的体验场。将与顾客接触的每个点，汇聚成连贯的服务体验"线"，确保顾客旅程流畅无阻。这些服务线交织重叠，构建起全方位的服务"面"，覆盖住宿、餐饮、娱乐等多维需求。最终，这些服务面融合为一个强大的"场"，如同无形的磁场，虽不可见却无处不在，顾客在任意时刻均能感受到其温暖与便捷，实现服务体验的深度沉浸与个性化满足。

（一）酒店服务"点"的设计

在酒店服务设计的体验点上，要做好四个点的设计，分别是差异点、利益点、记忆点与传播点。现实情况不是所有的企业都有资金和实力做的样样比对手更好，即使酒店有资源和实力，但过多的投入，也不一定能够获得优势，或者获得更好的投入产出。因此，在服务设计时，想"更好"比较难，想"不同"更加容易。酒店在服务设计上，要多想想与竞争对手尤其强大的竞争对手之间的不同和差异。这些差异可以让酒店回避正面的竞争，而且这些差异点也会给宾客带来新的体验，从而极大地提升了顾客的满意度与忠诚度。同时，这些差异点也是酒店品牌形象塑造的核心要素，通过持续强化与创新，酒店能够逐步构建起独具一格的品牌特色，提升品牌在市场中的辨识度与美誉度，为酒店的长期发展奠定坚实的基础。我们可以把差异点概括为三句话：顾客消费的理由、酒店的优势、员工努力的方向。如果没有差异点，酒店的营销成本将会倍增。

图 16-1 为酒店服务设计的点、线、面、场示意。图 16-2 为酒店产品传播模型。

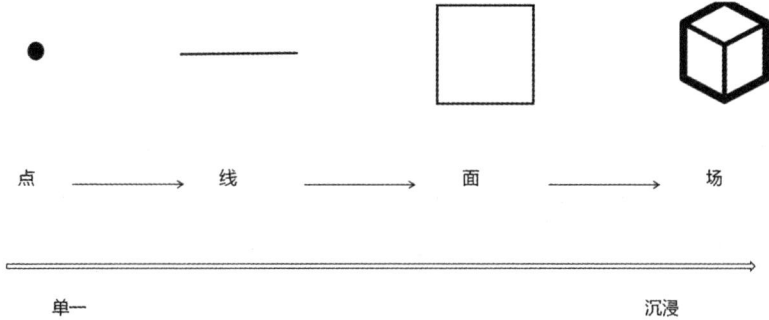

图 16-1　酒店服务设计的点、线、面、场示意

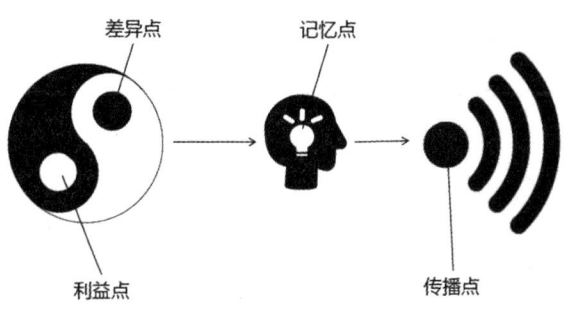

图 16-2　酒店产品传播模型

在服务设计上只追求差异,还远远不够,若缺乏利益点的支撑,就如同数字中的"0",利益点是1,没有前面的1,其作用将变得没有太大意义。利益点是指产品或服务所能带给顾客的好处、价值或满足其特定需求的关键点。在酒店行业中,利益点可以被理解为酒店为吸引和留住顾客所提供的独特价值主张,这些价值主张直接关联到顾客在住宿过程中所能获得的实际利益。

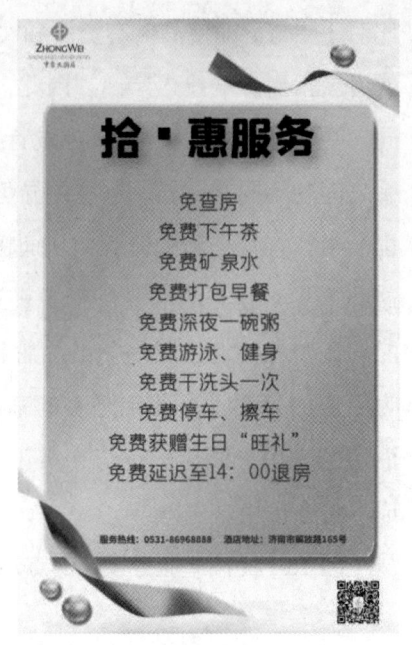

图16-3 山东中豪大酒店拾·惠服务

山东中豪大酒店将自己给顾客提供的超值服务凝练成拾·惠服务,并且将服务项目印成宣传卡片放到客人房卡里,让客人第一时间知道该酒店与其他酒店的不同(见图16-3)。七天酒店将自己的利益点塑造成:1.8米大床,精选的五星级标准;按摩淋浴,专业水压调配处理;放心毛巾,特意为您消毒打包;舒睡枕头,根据人体工程学设计;营养早餐,健康营养的膳食搭配。后来又再一次提升,提出了7天专业睡眠方案:健康环保的床垫,舒适的床上用品,遮光性好的窗帘,科学的客房配色方案,促进睡眠的睡前牛奶。

将差异点与利益点进行融合还不是目的,其终极目标是塑造深入人心的记忆点。在快节奏的现代生活中,"住完""吃完",一句话不说就走,这是最大的浪费。在自媒体盛行的时代,酒店追求的是让顾客在离开后仍能回味无穷、津津乐道,形成酒店独特的记忆符号,也就是记忆点。当记忆点形成后,宾客就会不知不觉间对外进行传播。他们以自己的语言,真挚而生动地传递着酒店(品牌)的价值与魅力。

在酒店服务设计的每一个环节,我们都应致力于创造既独特又具价值的差异点与利益点,精心策划以触动顾客心灵的记忆点,最终激发自发的口碑传播,让酒店的品牌故事在每一位顾客的心中生根发芽,再经由他们的分享,传播至更广阔的世界。

为了将四个点落地,结合对客服务的互动实际,很多酒店采用了"见到服务"的设计。见到服务的思想认为,酒店服务更像是一次"发现之旅",需要在"不变"中寻求"变化",在"普遍"中寻求"差异",在主动中寻求机会,把不可能变成可能。

"见到服务"的设计有6个步骤,一是把不同类型的客人在酒店的经历详细罗列出来,并在此基础上为每个经历细化宾客有什么需求;二是找出实施这个服务的关键人物;三是确定什么时间做,也就是服务的关键时刻;四是借鉴优秀员工的经验,管理人员设计高效且贴心的服务行动;五是不断揣摩客人感受;六是最终确定取悦攻略。一些优秀酒店根据自己酒店实际情况,设计了300多个见到服务,几乎覆盖了酒店服务的方方面面(见图16-4)。

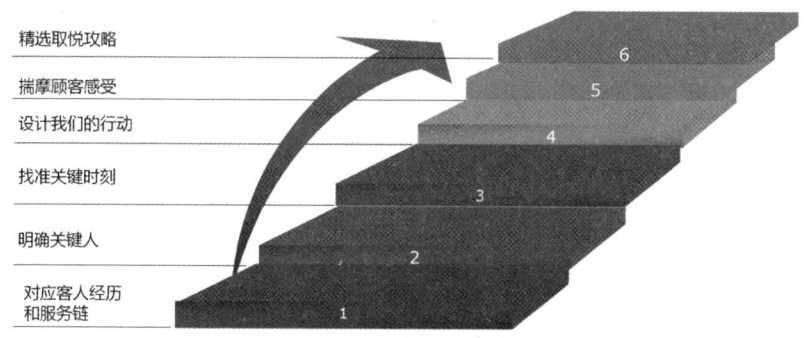

图16-4 见到服务的设计步骤

案例

场景:24楼服务员小刘在清扫客人房间时,发现客人床头柜上有一个药瓶。

需求:需要晚上回来后吃药,需要凉开水,需要别人的关心。

关键人:楼层服务员;如果客人病情较重,关键人应该为客房部经理或更高级别管理人员。

关键时间：立即。

确定取悦攻略：写一封关怀信，打一暖瓶热水，送一个水果。

关怀信：

尊敬的王女士：

您好，我是客房楼层的清扫员小刘。在我清扫您的房间时，发现您的床头柜上有药瓶，您是不是生病了？出门在外，请多保重身体！我在房务中心打了一暖瓶热水，在您的杯子里倒了半杯热开水，等您回来一兑就可以吃药了。祝您早日康复！我们经理还赠送了一盘水果放在您的茶几上，如有什么需要我们帮助的，请拨打我的手机，138********，随时听从您的吩咐！早日康复！

客房部楼层服务员 刘**

客人看到这封关怀信，十分感动。在自己生病期间，酒店上下都如此关心她，让她感受到了酒店家一般的温暖。

为了更好地推进见到服务，笔者将酒店经常发生的细节服务整理成见到服务300个：

（二）酒店服务"线、面、场"的设计

酒店"见到服务"好比散落的珍珠，如何将这些珍珠串起来，也就是把各个体验"点"连成一条服务线，常用的工具就是顾客体验地图。顾客体验地图作为一种可视化工具，犹如一幅精密的导航图，为酒店服务的每一个细节提供了明确的指引。它不仅关注顾客在酒店内的物理移动，更深入探究了顾客的消费经历、内心期望、特定目标以及情感波动。它凭借图形化的方式，生动且具体地展现了顾客与所提供的产品或服务之间的复杂交互过程。这一工具不仅有助于企业更深入地洞察和理解顾客的真实需求，更能协助企业精准识别出服务流程中存在的痛点和潜在的机会点。将预订阶段、抵店前、抵达酒店、入住期间、离店和后续服务六个环节的见到服务根据不同客群或消费场景连接起来，查找出服务存在的不足，并加以提升和改进（见图16-5）。

第十六章 从模仿到设计

序号	服务机会	服务机会	图片
1	见到客人吸烟	我们可以送客人润喉糖	
2	见到客人戴着眼镜	我们可以送客人眼镜清洁巾	
3	见到客人带着指甲油	我们可以为客人提供指甲油烘干器	
4	见到客人带着书	我们可以为客人准备书签	
		我们可以为客人多准备一些杂志,或者提醒客人可借阅图书,如果是贵宾,可以提醒客人借用电子书阅读器	
5	见到客人是老人	我们可以提示客人可以借用老花镜	
		我们可以为客人准备洗澡用的小凳子	
		我们可以为客人准备按摩锤	
		我们可以为客人准备放大镜指甲刀	
		我们可以为客人准备易嚼和低糖的水果(香蕉和梨等)	
6	见到客人是儿童	我们可以为客人准备小号棉拖鞋	
		我们可以为客人准备小孩睡衣	
		我们可以为客人准备小牙膏、小牙刷	
		我们可以为客人准备小哨子	

图16-5 "见到服务"设计的落地案例

基于这样深入的理解与规划，酒店服务不再是一个个孤立的点，而是串联成一条流畅的体验链。每一个环节都紧密相连，共同编织出一幅完整而丰富的服务画卷。这条体验链不仅涵盖了顾客与酒店的物理互动，更涉及了情感、文化和价值观的传递。它让顾客在享受高品质硬件设施的同时，也能感受到酒店用心营造的氛围与文化。最终，这些精心设计的服务面交织融合，构建出一个独特而深刻的服务体验场。在这个场域中，顾客能够全方位地感受到酒店的魅力与用心。他们不仅会被酒店的硬件设施所吸引，更会被那种难以言喻的氛围和文化所打动。这样的服务体验不仅提升了顾客的满意度与忠诚度，也让酒店在激烈的市场竞争中脱颖而出，成为顾客心中不可替代的选择。因为在这里，每一位顾客都能找到属于自己的故事和回忆，留下难以忘怀的美好印象。

第十七章
如何做好免费服务项目

入住酒店的宾客可以享受到什么样的免费项目？按照常规，小到卫浴用品、房间内的免费袋装茶和咖啡、免费的早餐，大到去游泳池游泳、健身房健身，甚至还为在酒店过生日的宾客赠送蛋糕和生日礼物。这些免费服务对很多宾客而言都习以为常，假设酒店不提供，宾客可能会投诉或者抱怨。很多酒店也习以为常，追随其他酒店的做法。

一、酒店提供免费服务的目的

酒店为宾客提供免费服务的目的各有不同，主要有以下几种情况：

（一）提升服务附加值，增强宾客的满意度

酒店被称为"家外之家"，有很多服务项目费用不高，却是住店宾客经常需要的。比如，客房俗称的"六小件"——毛巾、面巾纸、免费早餐、咖啡、茶等都是为提升产品附加值进行的额外服务。酒店一些针对宾客开展的各种个

性化免费服务措施，基本上都属于此类。

（二）对部分服务项目的促销

酒店个别经营区域的经营状况不好，或者刚刚开业，为提升人气，酒店为住店宾客赠送免费券，目的是针对个别区域的促销。比如，有些酒店在入住时可以得到免费的游泳券、免费的足疗券甚至个别刚刚开业促销的餐厅的抵用券等。这些免费项目的主要目的是为促销某些产品或某个项目。

（三）补偿性质的免费服务项目

有些免费项目是由于酒店的原因给宾客造成了不便或者无法满足宾客正常的需求，而采取的补救措施。比如，早餐开启之前离店退房的宾客，由于酒店无法满足宾客早餐的需要，在退房离店时，酒店会为宾客提供打包早餐服务。还有当宾客在消费过程中，由于酒店的过错对宾客造成了伤害或者不便，酒店也会送免费果盘、礼品等作为补偿。这些果盘或礼品就是补偿性质的免费项目。还有的宾客属于回头客或者重要宾客，在房价或者其他方面无法提供优惠的前提下，酒店更多的是用免费的果盘、鲜花及各种免费赠品体现对重要宾客的补偿和重视。

（四）体现酒店接待实力和服务规格

有些高星级豪华酒店为体现酒店的实力和接待规格，在机场、码头等交通枢纽设立机场代表，提供免费接机、接站服务。这些免费服务的目的虽然是提升宾客的满意度，但更重要的是为了体现酒店的服务水平和接待规格。另外，酒店为贵宾配备的各种接待用品也是体现接待规格的一种表现形式。

（五）被动提供免费服务项目

有些酒店的免费服务项目并非有真正的意图，而是东施效颦，别人怎么做，我们也怎么做。还有一些酒店为了获得相应的星级，在星评中按照星级评定的要求配备了一些免费项目，由于酒店的客源市场不同、酒店类型不同，根本就没有宾客使用。

二、酒店免费服务设置的误区

不少酒店的优质免费服务对宾客而言是美好的消费体验，成为吸引回头客的有力"武器"。但在实际运作中，还有一些酒店管理层和基层员工对免费服务的认识不到位，虽然提供了许多免费服务项目，付出了额外的服务和产品，增加了费用和成本，但没有得到宾客的认同，有的甚至还引起了宾客的投诉。酒店的免费服务并非都叫好叫座，有些免费服务项目适得其反。

（一）免费不是施舍，更不是噱头

有些酒店的管理人员认为既然是免费提供的服务，所以不像付费项目要求那么严格；有些基层服务人员认为宾客享受免费的服务是占酒店的便宜，因此，在服务过程中摆不正心态，以施舍的方式对待宾客。有酒店提供的免费自助早餐除了咸菜还是咸菜，简单得不能再简单，许多宾客吃不饱，直呼还不如让我们吃好点，付点钱呢；有的酒店提供的餐巾纸、卷筒纸、铅笔等质量差得让人不敢恭维。还有的酒店为了促销新开业的足疗，入住时总台会给个免费的足疗券，但当宾客走进足疗室落座后，在足疗师的提醒下，才发现免费洗一只脚，另一只脚却要收费，宾客大呼上了"贼船"。有时手持搞活动时赠送的餐券到酒店餐厅消费时，对餐券的使用附加苛刻的条件，用券消费还不如用现金消费便宜和方便。

宾客心里有一杆秤，如果担心宾客占酒店的"便宜"就不要推出了。既然要推出免费服务，质量一定要优质，服务甚至要比付费的还要细致殷勤，只有这样才能达到免费服务的目的。

（二）免费服务设计必须从宾客的角度出发

有些免费服务只是从酒店的角度出发，没有考虑宾客需要和实际操作中的困难和问题。比如，宾客在酒店办理入住登记时，很多酒店推出了免费欢迎饮料服务，此服务一推行，立刻受到了大多数宾客的欢迎。但在推行过程中，也遇到了很多的问题，一是宾客的选择面比较窄，有些不喜欢饮茶的宾客满意度不高；二是有些宾客不想在酒店大堂长时间停留，想立即进入房间，不想享用欢迎茶的服务；三是季节不同，宾客对欢迎饮料的需求不同。比如，夏天喜欢用冰饮，冬天喜欢热饮等。有些酒店在欢迎饮料服务上做出了很大的改进，改用工业制品，像夏天用的冰红茶、冰绿茶，冬天送罐装加热雀巢咖啡、杏仁露等。一是解决了质量保证的问题；二是宾客可以选择在大堂登记处现场消费，也可以带入房间消费；三是解决了不同宾客需求的问题。当然宾客的需求是变化的，服务也是永无止境的。如果推出具有地域特色的欢迎饮料，可能会给顾客带来更独特的体验。

（三）酒店提供免费服务时要考虑整体效益

酒店推出免费服务项目的目的是提升顾客体验，提升酒店竞争力，有的酒店在推出免费服务项目时，不考虑酒店的成本和支出，一味追求轰动效应和宾客满意度，长此以往，酒店经营陷入成本陷阱，再好的免费项目都无法坚持。还有的酒店为了经济效益，不考虑社会效益，这样也会得不偿失。比如，南京一家餐厅为避免饮酒宾客被抓"醉驾"，推出了免费酒精检测服务。宾客吹了这种酒精检测仪发现数值没超标，就会驾车上路，必然也伴随着一种安全隐患。

（四）取消免费项目时要有告知程序

酒店免费服务项目并非一成不变，尤其一些促销类的免费服务项目会随着开业时间的推移，在一定时间内取消。取消本身无可厚非，但有些酒店不事前告知，等宾客上门入住打算消费某个免费项目时，却被告知免费项目取消，改成收费项目了。从情感上让宾客很难接受，造成心理的不愉快。因此，宾客在取消免费服务项目时，要在酒店网站、大堂等区域提前公示，尽到告知的义务。

（五）免费服务项目不要增加限制条件或前提

有些宾客欢欢喜喜去享受免费服务项目时，被告知这不包含，那另外收费，虽然有时仅收取几元，但让宾客体验感很差。在一家酒店持赠送的免费保龄球券打保龄球时，换鞋需要另外付几元钱的一次性袜子钱。酒店设置各种条件的目的是节约费用或者更好地达到自己的目的，但总体效果得不偿失。真正的免费项目一定不要附加太多的条件和前提，更不能另外收取额外的费用。否则会给宾客不诚实经营的感觉。

因此，不是所有的免费服务，对宾客来说都有价值。免费服务的设置和提供必须考虑周全，才能达到预期的效果。

第十八章
前厅服务新举措

酒店前厅是酒店的"脸面"和"大脑"。脸面是给顾客的第一印象,如果第一印象不好,会极大影响后续的服务;说是"大脑",主要体现在对顾客信息的解码上,听话要听音,要透过现象看本质,将解读到的有用信息及时告知相关部门,才能将服务及时有效地做到客人"心坎儿"上。前厅管理人员走出总台,走出酒店正门,主动拉近与顾客的距离,是前厅服务成功的关键。做好酒店前厅服务创新是赢得宾客之心的捷径。

一、酒店客房预订处理技巧

一次成功的预订可以给宾客留下良好的印象,而且直接关系到酒店客房收益。客房预订处理是前厅部的重要职责之一。随着移动互联网的普及,宾客预订客房的渠道除传统的电话、酒店网站、微信、邮件、销售经理等预订渠道外,第三方网站 OTA 预订占比越来越高。因每个渠道预订数量不同,所以酒店前厅部要针对不同的渠道制定相应的维护措施。

宾客预订后,要及时与客人取得联系,询问宾客入住的相关信息,如抵店时间、特殊需求等，不仅体现出酒店对客人的关注，而且可以为宾客提供更符合需求的产品。在顾客愿意的前提下，应了解更多的信息。预订信息越多、越准确，对后面的服务帮助越大。

入住当日，前厅早班以短信形式为宾客发送天气情况、酒店路线、地址以及酒店管家的电话，方便顾客入住或者有特殊事宜时及时与酒店联系。如果客人取消预订，要发感谢短信，欢迎其再次光临。

如果酒店满房，接到预订时，应委婉告知客人满房，询问是否列入等待名单。如果客人愿意，告知酒店最后确认时间，并在确认时间前告知客人是否有房。如果客人不愿意等待，要主动询问是否帮助其预订周边酒店的房间，并告知其可以协议价入住。

二、办理入住细节要求

接待入住程序并不是机械的证件登记、收取费用、递交房卡，而是要借机了解客人的情况，与客人进行简单、亲切的沟通。细心观察客人的需求，如有可以及时帮助宾客解决的问题，要及时解决。有宾客登门时应主动到门口迎接，询问客人是否需要帮忙，并致欢迎词。

询问是否有预订。如有预订，确认是否有变更；如果没有预订，询问顾客需要的房型，告知其该房型在OTA网站上的价格后，再告知酒店前台散客价，并告知"高出部分"房价里包含的权益和价值。切忌哄抬房价，一旦客人从OTA网站上看到房价比酒店员工报出的房价低时，会给宾客被"宰"的感觉。

赠送欢迎饮料。可根据客人性别、年龄、天气等情况，主动递送饮料。如有客人因身体原因或其他原因，不接受酒店欢迎饮料的，可送矿泉水或者小玩具等欢迎礼物。

如果宾客对房价有异议，前厅员工要尽力满足宾客的需求，如确实无法满足的，要争取宾客的理解，欢送客人离店。不管房间能否成功销售，都要以诚相待，把每一次带房都当成酒店宣传，带房员就是"形象大使"。

办理手续时，接过客人的身份证，可适当赞美他们的家乡。如有儿童，接待员可主动送玩具,并与小客人聊天,陪玩。如果客人的身份证封套旧了,主动征询客人是否更换新的,并询问旧封套是否保留。

如果接近用餐时间,主动询问客人是否用餐,如果酒店餐厅开放,可向客人推荐酒店菜品,如酒店餐厅无法出品,可主动询问客人是否送外卖或者周边品质较好的餐厅等。

递送房卡时,将经理的名片一起递送给客人,并告知如有不满意可直接反馈前厅部经理。

办理完手续,要帮助客人将行李送到相应楼层。在送客过程中,要借机简要介绍酒店附近景点等,如果客人愿意,可以用企业微信发送当地交通、旅游、美食等信息供客人参考。

三、殷勤带房服务

宾客在陌生的环境容易走错方向或者找不到房间,前厅提供殷勤带房服务,是与宾客交流、拉近客我关系的重要渠道;殷勤带房服务是体现酒店热情好客的重要表现形式,具体有:微笑问候、呈递名片、适时推销、协助办理入住、沿途介绍、收集信息、开启房门、礼貌道别、跟踪服务。

在沿途介绍的同时,通过仔细观察、语言交流等方式了解客人的年龄、籍贯或国籍、风俗、喜好、忌讳、职业、出差目的和潜在需要。

让客人对酒店文化、设施设备有所了解,更能方便客人的使用,有时还能减少对设施产生的一些误会。

殷勤带房要把握适当的"度",不能让客人感觉非常烦琐、尴尬或厌倦。

殷勤带房是体现酒店兵团作战的最好检验,发现机会,用心做事,感动客人,是提升品牌的最佳时机。

四、特殊天气状况下的前厅服务应对措施

特殊天气如大风、大雾、冰雹、暴雪等,会对宾客的行程造成影响,同时也会影响酒店前厅服务环境。为规避经营风险,协助宾客合理安排行程,可以

启动特殊天气服务预案。

在酒店大厅的醒目位置不间断播放机场、高速公路的开放及关闭情况，以及市内交通管制措施等。

宾客在退房时，要及时提醒其天气状况及可能对出行带来的影响。

通过短信或电话及时通知预抵宾客酒店所在地的天气状况，提醒宾客做好应对措施；如果不能成行，及时取消预订。

根据不同的天气状况做好应对措施：防滑、租借物品等。

做好宾客因天气变化而产生的交办事宜。

五、前厅设置百宝箱

酒店前厅是宾客进出酒店的门户，宾客在进出酒店时会有很多服务需求，但前厅因缺少相应的物品和服务设计，往往无能为力，错过了为宾客提供惊喜服务的良机，甚至很多时候，面对宾客的需求措手不及。在总结宾客需求的基础上，前厅可设置一个百宝箱，为个性化服务提供物质支持。

百宝箱内存放的常见物品有药品、办公用品、女士用品、服务用品等。药品，要常备速效救心丸、风油精、创可贴等，一旦宾客遇到心脏病突发、蚊虫叮咬、手指划破等情况时及时提供相应药品。不同酒店的客源不同、气候条件不同，对常用药品的需求也不尽相同，前厅部可根据情况确定药品种类。其他物品也要在总结对客服务需求的基础上，不断增加用品的种类，方便对客服务。

为改善"百宝箱"服务，酒店可以从以下几方面进行优化。

（一）建立数据决策机制

优化酒店"百宝箱"服务，应从数据收集和分析开始。酒店应建立完善的数据采集制度，记录每位顾客对百宝箱内各项物品的使用情况，包括使用频率、使用时间、顾客反馈等。通过数据分析，识别出"明星产品"与不常用的物品，为后续优化提供数据支撑。同时，酒店要基于数据统计和分析结果，动态调整百宝箱内物品的库存。对于高频使用的物品，应确保供应充足，避免断货情况；

对于低频或无人问津的物品，则要考虑减少库存甚至移除，以释放空间并减少资金占用。

（二）明确费用管理标准

不同规模、不同设施配备的酒店，"百宝箱"服务使用的频次差别较大。酒店可以根据历史数据、客房出租率及顾客需求预测，为"百宝箱"服务制定合理的月度预算。预算应综合考虑物品采购成本、库存管理成本、损耗成本及人力成本等多方面因素。同时，建立费用监控机制，定期对比实际支出与预算的差异，分析原因并采取相应措施。另外，每隔半年对百宝箱服务的整体效益进行评估，包括顾客满意度提升、收入增长等，以评估服务投入的合理性。

（三）优化服务与减少浪费

酒店管理部门根据百宝箱服务运营的相关数据，建立高效的周期补货机制，确保百宝箱内的物品始终保持在合理水平。并利用物联网技术或员工巡查，及时发现并补充缺货物品，避免因补充不及时导致顾客不满。针对百宝箱中保质期较短、易过期的物品，采取小批量多批次采购的策略，减少库存积压造成的浪费。另外，为了方便顾客使用，减少不必要的浪费，在选用百宝箱物品时，尽可能选用小包装，方便客人使用，并减少浪费。在做好内部管理的同时，还要鼓励顾客节约使用，对可重复使用的物品进行回收再利用；对一些价值比较高且可再利用的设备、物品，在顾客借用时，要告知顾客在使用完或者退房时要交回酒店，并在酒店管理系统中加以备注，在退房时提醒客人，以免造成借用物品的丢失。

（四）增强顾客互动与反馈

为提升酒店百宝箱服务的针对性，酒店可以通过线上平台或现场调查等方式积极收集顾客的意见和建议；并鼓励顾客参与百宝箱服务内容的定制，如增设特定需求的物品等。通过与顾客的互动和意见反馈，可以不断完善百宝箱服务内容、服务流程和服务细节，提升顾客的参与感与满意度。

"百宝箱"服务作为免费服务项目,酒店可以采用电梯广告、房卡提升、房内服务提示等方式,主动将百宝箱服务的内容、流程等信息告知顾客,扩大百宝箱服务的影响和价值。同时,对于超出正常范围的费用增长或调整,应及时向顾客解释原因,避免误解与不满。

不同酒店的规模、客源类型不同,"百宝箱"服务遇到的问题和挑战也各有不同,需根据酒店遇到的问题不断优化服务。

六、赠送打包早餐

酒店早餐开启之前总会有些宾客办理离店手续。有些宾客会在前一天打电话通知总台,第二天因离店较早无法用早餐,希望酒店提供打包服务。一般情况下,酒店也会提供早餐打包服务,但对于没有提出打包早餐需求的宾客却置若罔闻,不提供早餐打包。实际上,酒店在宾客离店之前不能提供早餐是酒店服务不到位的表现,应该主动提供弥补的服务。另外,早餐对于早起的宾客来说又是特别重要。因此,酒店前厅要根据酒店以往的离店情况,不管是否预订打包早餐服务,都主动提供该服务(见图18-1)。

图 18-1 潍坊东方大酒店贴心路早

七、赠送伴手礼

伴手礼服务是酒店前厅提升客户体验的重要抓手,既可以通过赠送伴手礼,降低投诉客人的不满,也可以通过赠送伴手礼体现酒店对宾客的礼遇和尊重。

(一)分客群定制赠送策略

1. 投诉及抱怨客户

时机选择:处理投诉时同步赠送,避免事后补送导致诚意打折扣。

礼品标准：单价控制在客房均价的 5% 以下，优先选择具有安抚属性的物品，如本地老字号糕点礼盒（搭配手写致歉卡）、品牌精油香皂套装（附"希望能舒缓您的心情"卡片）。

话术模板："非常抱歉这次让您有不好的体验，这是我们本地的一点心意，希望能弥补您的不快，也盼着您能再给我们一次服务的机会。"

2. 回头客

识别方式：前台系统自动标注，入住时弹出回头客提示。

礼品设计：与入住次数挂钩，3 次送定制书签（刻有"感谢 3 次相遇"），5 次送酒店自制伴手礼套装（含茶叶、曲奇等），10 次以上升级为本地特色工艺品（如陶瓷茶具）。

交付场景：办理入住时主动递出，附带"您是我们的老朋友了，这份小礼物记录您与酒店的故事"的温馨提示。

3. 贵宾客户

专属权益：提前根据客户偏好定制，商务型贵宾送充电宝、鼠标垫等；家庭型贵宾送儿童益智玩具＋亲子乐园体验券，康养型贵宾送按摩仪小样＋本地养生食材手册。

增值服务：礼品随欢迎水果一同送入客房，附总经理手写贺卡。

（二）落地执行关键要点

1. 选品管理

建立"季度更新清单"：每 3 个月根据季节、节日调整礼品库，例如夏季增加防晒套装，冬季推出暖手宝，春节加入生肖主题饰品。

控制库存周转：采用"基础款＋时令款"组合，基础款（如定制 U 盘、品牌洗护套装）保持 90 天库存，时令款按预计客流量备货。

2. 流程规范

制作《伴手礼服务 SOP 手册》，明确：前台接待员需在 10 秒内完成客户类型识别；礼品包装需统一使用印有酒店 LOGO 的环保纸袋；赠送后 2 小时内录入客户反馈（系统标注"已赠送某礼品，客户反应如何"）等。

伴手礼是酒店一项增值服务，要根据执行情况不断总结，让其价值最大化。

八、特殊宾客的安排

酒店前厅接待宾客的流程基本上是一样的，但在一些细节上有所不同。针对宾客需求的差别，在房间安排上要给予关注。

（一）投诉的宾客

酒店在接受宾客投诉时要给予高度重视，保证立即整改，下一次宾客入住时不再出现类似情况。但很多酒店口头承诺的"保证"只是应付宾客的手段，宾客离店后，酒店并没有研究如何整改，或者一些仅是个别宾客的特殊需求，也没有记入客户档案。等投诉宾客再次入住酒店时，酒店早把上次的保证忘到脑后，并没有采取有效措施落实上次的保证。因此，为了确保投诉宾客的满意，要对预订宾客认真核对，发现投诉宾客要对其上次投诉事项认真落实。比如，宾客投诉房间不安静，在排房时千万不要给其安排在电梯边。

（二）晚到的宾客

每天凌晨酒店会迎来一些晚到的宾客。这些宾客抵达后，在走廊内边走边聊天、洗漱、看电视、打电话等，会产生一些人为噪声，可能会对周边的宾客产生影响。因此，在为此类型的宾客安排房间时，应尽量安排隔壁无人的房间。如果房间出租率比较高，应在靠近电梯边的角落安排房间，将影响降到最低。

（三）有客史的回头客

回头客是酒店的宝贵资源。为把回头客塑造成忠诚宾客，酒店一般会收集回头客的消费习惯，形成客户档案。一旦有回头客预订时，预订中心要及时查看客户档案，根据其喜欢的房间号码、朝向、楼层、房型等安排房间。如果因房间较满等原因无法满足宾客的个性化需求，应在宾客未抵达前电话通知宾客，并采取一些弥补措施，获得宾客的谅解，一旦其他宾客退房且能满足其要求，及时征询其意见是否调换房间。

（四）团队会议宾客

团队、会议宾客具有行动统一、内部联络频繁、对酒店服务环境影响大的特点。在为会议、团队宾客安排房间时，应尽量安排在较低楼层，同时最好集中在一个或几个楼层。一是方便团队、会议宾客寻找，二是减少团队成员乘坐电梯的频次。

九、特色接机服务

每次从机场到达厅走出时，总是能看到一些酒店的员工举着接机牌在接宾客。仔细观察，会发现很多酒店的接机服务还存在不少问题。

接机服务不仅是为宾客提供的服务项目，也是一次在公众场合进行的公关营销活动。有的酒店在接机时，手里拿着一张白纸，上面写着被接人的名字，不仅不专业，也是对被接宾客的不尊重。为了做好接机服务，要准备以下物品：

与酒店档次一致的接机牌：在公众场合，酒店使用的物品体现了酒店的档次和水准。因此，在机场、码头等接机接站时，必须选用体现酒店特色和档次的接机牌。除非手写的字体能体现酒店特色，否则要使用打印字体。有些酒店接机人员认为与被接者认识，不需要接机牌了，实际上也是不对的。接机是代表酒店的专业和对宾客尊重的一个服务项目，不要因为熟悉就省略或简化。同时接机也是一次免费对外展示形象的机会，所以要打好这次免费的广告。

雨伞：无论下雨和晴天，雨伞都是接机服务的必备品。下雨可以避雨，晴天可以遮阳。千万不要嫌麻烦，一旦下起太阳雨，会让人措手不及。

茶水、矿泉水、冷热毛巾：根据被接贵宾的喜好准备好茶水、常温或者冰镇的矿泉水。毛巾要根据季节来准备，夏天要提供冰毛巾和常温毛巾，冬季提供热毛巾。

点心：宾客下飞机时，可能在飞机上或者登机前已经用过餐，但以防万一，要准备酒店特色点心，供宾客选择。

杂志、报纸和轻松幽默的故事：根据宾客的喜好来准备杂志和报纸，以备回程中阅览。如果宾客比较健谈，希望聊天，可按照宾客引导的话题交流或倾听。如果宾客喜欢你作为谈话的引导者，可以用当地高雅幽默的小故事和笑话，帮助宾客打发回程的路途。

以上只是对前厅服务个别细节进行的需求细化和服务设计，还有很多细节需要进一步细化和设计。

第十九章
客房服务新思维

客房是宾客的家外之家,也是酒店利润的重要来源。打造温馨舒适的客房既是宾客的需求,也是酒店追求的目标。酒店客房在做好日常服务的同时,根据住客类型的不同,应深挖服务潜力,打造更有魅力的酒店客房。

一、客房服务中容易产生投诉事项

服务不规范。比如,服务员未敲门就进入客人房间;客房必备品不全;如与客人对话时缺乏语言艺术、使用方言;不能准确记录客人的预订信息,如房型、入住日期、特殊要求;吹风机、拖鞋等配套物品放置在不易发现的位置,会增加客人的寻找难度。

服务态度差。服务人员缺乏微笑、礼貌用语或主动打招呼的意识,会让客人感到冷漠;服务员态度生硬,不灵活;遇到问题相互推诿,不及时处理;楼层服务电话长时间无人接听等情形。

收费不合理。比如,物品赔偿收费不合理、多收客人费用等。

服务失误。比如，弄坏客人物品、误将客人物品当垃圾扔掉等。

设备保养不到位。比如，室温偏高或者偏低；客房设施无法使用、空调无法使用、下水道堵塞、淋浴水量不大、水温不热等现象。

安全问题。比如，客人在酒店丢失财物、客人受到其他客人骚扰等。

卫生问题。比如，床上或者地毯地面上有毛发；床上用品脏、窗帘脏；客房清扫不彻底、房间内有蟑螂、昆虫等。

其他问题。比如，《服务指南》信息不准确，有的服务项目无法提供，或者有些服务时间更改。

二、印制服务提示卡，做好对客沟通工作

客房对客服务大部分时间是背靠背的幕后工作。员工对宾客需求的判断不是宾客的语言，客房对客服务多为幕后的背靠背工作，员工对宾客需求的判断，并非依赖宾客的语言，而是源于其休息后客房现场遗留的信息。这需要员工主动凭借经验去推断和揣摩，由于员工经验的丰富程度不同，宾客的习惯不同，可能会引起宾客的误会。因此，员工与宾客的沟通十分重要，而服务提示卡片是便捷有效的方式。在对客服务中，常见的服务提示卡主要有以下几种：

宾客联系卡。由于客房服务为幕后服务，当员工为宾客提供了个性化服务时，要提醒宾客，以免产生误会。比如，将宾客散落在床上的衣物全部悬挂在衣橱里，如果不用宾客联系卡提醒，宾客返回时找不到衣服，会引起不必要的误会；客房部服务员为饮酒宾客提供解酒蜂蜜水，如果不用宾客联系卡告知宾客，宾客不知道杯子里是什么，是不是收费的，等等。客房部设计宾客联系卡，可将服务信息告知宾客，让宾客了解客房服务的内容和程序，减少不必要的误解（见图19-1）。

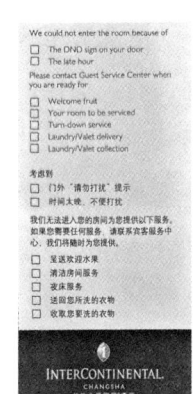

图19-1　长沙北辰洲际酒店宾客联系卡

客用品索引图。酒店客房客用品会根据酒店的档次、客源市场的不同以及宾客使用的频率等因素分为两类：一类是房间内配备的物品，另一类是宾客租

借用品。虽然有分类，但两类之间十分模糊，在不同的酒店会有不同。另外，即使同是房间配备物品，由于房间结构和空间设计不同，客用品摆放的位置也有所不同。由于以上两种原因，宾客在判断房间配备品和借用品，以及摆放位置时，会产生困惑。在实际工作中，经常发生宾客打电话到房务中心借用物品，实际上房间内已经配备齐物品的现象。为方便宾客，酒店客房可以将所有房间内的配备品做成客用品索引图，将客用品按字母的顺序排列，然后在物品后边写上存放的位置。宾客需要时，按字母查找，十分方便。

请勿打扰房沟通卡。在日常清扫客房时，经常遇到请勿打扰房。一般的处理程序是时时观察房态变化，一旦取消请勿打扰，就要尽快安排清扫。等到下午两点，如果请勿打扰不取消，客房员工要电话征询宾客何时方便清扫。这种做法不仅增加了员工的工作量，而且用电话询问宾客的清扫时间也有打扰宾客的嫌疑。还会发生宾客误操作将请勿打扰开关打开，员工没有清扫房间，受到宾客投诉的现象。如果酒店设计一张"请勿打扰房沟通卡"就不会出现这种情况。当请勿打扰牌或请勿打扰灯亮起时，员工将写着服务人员电话的沟通卡从门缝塞入宾客房间，告知由于其房间为请勿打扰房，现在无法清理，待宾客方便时，可致电房务中心。

清洗茶杯提示卡。员工在清扫房间时，发现宾客在客房内用茶杯泡茶或者里面有类似药的物质时，不知道该不该清洗茶杯。有时清洗了，宾客回来投诉，称其刚泡好的贵重茶叶、中药、补品等被员工倒掉，要求索赔；有时不清洗茶杯，又会收到宾客不清洗茶杯的投诉。酒店可以设计一个茶杯清洗卡放在茶杯边，提示宾客，如果宾客不想让员工清洗茶杯，可将此卡系在杯盖上，减少误会。

夜床开启提示卡。夜床服务是星级酒店客房服务的一项重要内容。有些经常居住酒店的宾客知道有此项服务，在房间内不敢脱衣服。但等到晚上10点多也没有员工开启夜床，打电话才知道，为了不打扰宾客，夜床一般开启到晚上9点，由于当天房间的出租率比较高，员工在9点前没有开到该宾客的房间。如果需要，可立即去开夜床。在实际工作中，员工提供夜床服务时，宾客正洗澡或者会客，对宾客会有所打扰。为了解决此类问题，建议酒店设计制作夜床服务提示卡，放在写字台上，提醒宾客，酒店的夜床服务提供至晚上9点，为不打扰宾客休息，9点以后不再提供夜床服务。有特别需要的宾客，可打电话通知房务中心。如果宾客不需要夜床服务，请将此卡悬挂在房门上。

客衣送回提示卡。洗衣服务是酒店客房对客服务的重要内容。近几年来，由于洗衣质量原因发生的纠纷日益增多，但在处理过程中，酒店往往败诉。究其原因，是酒店在送回洗衣时，没有履行宾客验收手续，等宾客发现问题，哪怕是宾客自己造成的问题时，酒店仍需要承担相应的不利后果。为减少此类问题的发生，建议酒店设计制作客衣送回提示卡。当送洗衣服送回宾客房间时，如果宾客不在房间，应在其房门上悬挂客衣送回提示卡，告知宾客在送回衣服时，宾客不在房间，等其回到房间可拨打房务中心的电话，将洗好的衣服立即送回验收，规避未验收酒店承担的风险。

客房维修单。客房内设备和用品的完好是做好对客服务的保证，虽然员工在清理房间、领班在查房时对设备进行了检查，但还是会出现下水道不畅、电视信号不清晰、宽带速度过慢等问题，而这些问题往往只有在使用时才能发现。因此，可以设计专门的客房维修单，让宾客填写，员工在清理房间时发现后立即报修，而不是等到宾客投诉时才去解决。

三、解读宾客需求，做好针对性服务

宾客的需求分为说出口的需求和未说出口的需求。对于宾客说出口的需求，如果是酒店分内的事情，酒店会按程序办理，超出酒店服务范围的酒店也会尽力去做，完成了宾客会满意，完成不了宾客也会谅解。考验一家酒店服务水平的高低，要看满足宾客未说出口的需求的程度。做好此类服务，离不开员工良好的服务意识、敏锐的观察能力，更需要酒店管理制度的保证，营造个性化服务的氛围。

根据宾客的消费习惯，提供针对性服务。员工在清扫房间时，房间内遗留的许多痕迹会表明宾客的一些消费习惯，员工可以根据这些习惯，开展针对性服务。为把浴巾当成枕头的宾客提供荞麦硬枕头；为喜欢躺在床上上网的宾客提供床用的小电脑桌；为使用客房酒吧较多的宾客，根据前天消费的酒水种类多配备几瓶同样的酒水；为客房内办公的宾客，多提供些信纸和一些办公用品等；当发现宾客房间有自带的水果时，主动清洗干净，并配备洗手盅、水果刀和餐巾纸；当发现宾客携有较多衣物时，主动添加衣架等。更为重要的是，员工将宾客消费习惯的记录及时补充到宾客的客户档案中，并在部门内部强化培训，做到服务的持续性。

捕捉信息，创造惊喜服务。有些宾客在住店期间会有额外的服务需求，员工应及时把握，创造惊喜服务。比如，发现客房内摆放着药片，要给宾客倒好凉开水，并用暖瓶打好热水，留纸条告知宾客将热水兑好凉开水就可以服药了，并祝愿宾客早日康复。或者，可根据宾客生病的大体类型，做一些个性化服务，比如，为感冒的宾客送上一杯姜汁；为嗓子不舒服的宾客送上一杯精心熬制的梨汁、一包金嗓子喉宝；为胃口不好的宾客送上暖水袋等。再如，青岛海景花园酒店的客房部服务员发现宾客自带的佳洁士牙膏用完了，及时购买新的牙膏给宾客，并留条告知宾客；山东中豪大酒店的客房部服务员在整理房间时，发现宾客使用的行李箱的拉杆坏了，于是主动联系工程部员工将宾客的拉杆箱修好，并留言告知宾客。这些服务案例虽然"貌不惊人"，但都体现出酒店真正塑造"家外之家"的服务理念，将本来不属于酒店服务的分外事主动帮助宾客完成，创造了惊喜服务。

四、根据不同类型的宾客提供针对性服务

（一）初次入住宾客的针对性服务

初次入住酒店的宾客不熟悉酒店的情况，酒店也不熟悉宾客的情况，宾客对酒店既有新鲜感也有陌生感。对于初次入住酒店的宾客而言，第一印象至为关键。

针对初次入住的宾客，要做好信息的收集，通过和宾客的接触，比如，通

过行李服务、用餐、公共区域等各个环节，捕捉宾客服务需求，并将相关信息传递到责任部门，做好针对性服务，积极创造各种细微服务，进一步加深和提高宾客对酒店的良好印象。

（二）回头客的针对性服务

回头客对酒店情况、服务比较熟悉，与部分酒店人员也熟识。酒店回头客认可酒店的产品和服务，但也有喜新厌旧的特点。因此，做好回头客的服务工作，既简单又具有挑战性。

做好回头客服务首先要建立回头客档案，通过详细的档案记录使每一个新老服务人员都能有章可循，使我们为宾客提供的细微服务始终如一。在收集宾客档案时，不要将宾客临时的要求错认为他的习惯，继而提供多余的服务，令服务多此一举甚至让宾客啼笑皆非。除此之外，在为回头客提供细微服务时，要根据实际情况灵活变通，给宾客新鲜感甚至惊喜，避免重复，无新意的服务会让宾客感觉麻木。

把握时机，为回头客提供方便。比如，在酒店客房紧张时也应满足客人的住房需求；能为回头客提供快速入住和快速退房服务；在宾客外出用餐时及时进房整理并送上宾客喜欢看的报刊等。

（三）对儿童宾客的服务

儿童宾客虽然在酒店中的比例不高，但服务好、关注好儿童宾客对提升宾客满意度和规避风险会产生积极作用。安全、卫生、舒适是让他们满意的至关重要的环节。做好儿童服务需要考虑以下几方面的因素。

儿童宾客根据年龄可以分为婴儿、幼儿和儿童。针对儿童宾客处于不同的成长阶段，酒店服务的重点也要有所不同。比如，婴儿入住，酒店可以增加浴盆、免费提供消毒器、奶瓶及奶瓶保温器等，并做好床铺、沙发的保护措施，避免便溺污染；幼儿和儿童入住，都要特别关注安全性，可用安全防碰条做好桌面、家具边缘的防护工作，以免碰伤宾客。应用安全插头插入他们容易触到的电源插座，防止触电；并多与随从家长交流，提醒设施设备存在的安全风险，共同做好防护措施。除安全外，客房内还需配备一些生活用品，比如，儿童用的小马桶、儿童玩具、儿童洗漱用品等。为防止儿童涂鸦，污染墙壁和家具，可配入小黑板或多配备一些纸张。

（四）对女宾客的服务要点

女宾客与男宾客在一些消费习惯上存在不同。在服务上应该差别对待，比如，女士入住客房，要撤出剃须刀等非女士用品，适当添加化妆棉、擦手纸、毛巾等物品；根据女宾客头发的长短，决定是否添加顺头发的梳子、扎头绳；根据宾客衣服的多少，适当增加衣架数量；卫生间云台上准备一个小盘子放置宾客的化妆品；明显位置放置温馨天气提示，提供穿衣指南。发现女性处于生理周期时，提供红糖、大枣、阿胶、暖水袋等。

以上在正视宾客的个性化差异，挖掘酒店客房服务项目方面提出了一些建议，仅供同行参考。酒店客房服务永无止境，酒店管理者要与宾客的需求赛跑，想宾客之所想，急宾客之所急，服务做到宾客开口之前，打造温馨客房的目标才能实现。

（五）给带宠物的客人提供针对性服务

随着社会的发展和人们生活水平的提高，宠物已经逐渐成为许多家庭的重要成员。它们不仅是人们的陪伴，更是家庭的一部分，带来了无尽的欢乐和温暖。因此，酒店为带宠物的客人提供针对性服务，不仅是对客人需求的响应，更是对宠物作为家庭成员的尊重和关怀。酒店为带宠物的客人提供针对性服务，提升了他们的住宿体验。这不仅有助于吸引更多带宠物的客人选择酒店，还能增强酒店的品牌形象和市场竞争力。

首先，酒店应提供宠物友好的住宿环境。这包括确保客房内设有与宠物相关的设施，如专门的宠物床、宠物碗、宠物玩具等。同时，客房的清洁工作也要特别注意，确保宠物在住宿期间能够舒适、安全地生活。

其次，酒店可以提供宠物寄养和看护服务。对于需要短暂离开宠物的客人，酒店可以提供寄养服务，确保宠物在离开期间得到妥善的照顾。同时，对于需要长时间外出的客人，酒店也可以提供宠物看护服务，包括定时喂食、遛狗等，让客人能够安心出行。

最后，酒店可以提供宠物活动区域。这可以是一个专门的户外区域，让宠物能够自由活动、玩耍。在天气不佳或宠物不宜外出时，酒店也可以提供室内活动区域，如宠物游乐室等，以满足宠物的娱乐需求。

酒店还可以提供宠物相关的增值服务。例如，为宠物提供美容、洗澡等服务，让宠物在住宿期间也能保持干净、整洁。同时，酒店也可以与当地的宠物商店合作，为客人提供宠物用品购买服务，方便客人随时补充宠物所需物品。

酒店员工需要接受宠物友好服务的培训。他们需要了解如何与宠物相处、如何照顾宠物的基本需求，以及在紧急情况下如何处理与宠物相关的问题。通过培训，员工可以更好地为带宠物的客人提供专业、周到的服务。

第二十章
提升早餐新思路

酒店早餐大多包含在客房房费里，免费提供给客人。即使是免费服务项目，如果顾客不满意，不仅会给顾客留下不好的印象，甚至有些在 OTA 平台预订的客人会打差评，影响酒店品牌和声誉。如果酒店早餐优质并给顾客留下美好记忆，不仅能显著提升顾客满意度，而且会直接影响客房复购率和房价。因此，酒店为顾客提供一个高品质的早餐，是提升酒店竞争力与盈利能力的重要途径。以下为总结出的优秀酒店的早餐做法。

一、酒店早餐的价值

早餐是酒店客人每天的第一顿用餐，会影响一天的营养和心情，也是客人离店前体验感最强的一个环节，也可能是客人在店居住期间唯一一次接触到酒店餐饮。早餐不仅可以提高客房满意度或收益，而且还会吸引顾客在酒店用午餐或晚餐。早餐不需要燕鲍翅参等高档原材料，需要的都是家常的烹饪食材；

早餐也不需要复杂的烹饪工艺，甚至居家"妈妈"都可以烹制出可口的早餐。酒店做不好早餐，不是成本问题，是酒店总经理格局的问题；酒店做不好早餐，不是技术问题，是厨师长态度的问题。酒店高层管理者的重视是驱动早餐质量优化的核心动力。这一重视不仅为早餐服务的改进设定了明确的方向，还提供了必要的资源和支持。同时，餐饮部门作为实施这一战略的关键部门，其细致入微、尽职尽责的工作态度对于将高层的愿景转化为具体的早餐服务实践至关重要。

二、早餐出品

（一）度：保证菜品温度，保持地道风味

"度"，保证菜品所需的温度才能确保菜品的风味。每道热菜和主食，乃至汤品，要确保洋溢着腾腾锅气，传递着即时烹制的温度。稀饭与粥类，则遵循少加勤加的原则，力求每一口皆是烫嘴之温，唤醒味蕾的极致体验。对于凉菜、色拉和水果等冷菜类，需要采用冷藏设备，确保出品期间的新鲜和安全。

（二）靓：艺术展示，激发顾客食欲

"靓"要体现在视觉上，早餐自助餐餐台的设计不仅要方便客人选择，还要同时进行艺术性的展示，提高菜品的吸引力。摆在自助餐台上的菜品色彩需清丽脱俗，鲜亮诱人。通过精心的色彩搭配与摆盘设计，如将红、黄、绿等鲜艳色彩巧妙融合，不仅能提升菜品的整体美感，还能激发顾客的食欲。同时，餐具与盛装器皿的选择需与餐厅的整体装修风格相协调，创造出和谐统一的用餐环境，进一步提升顾客的就餐体验。

（三）养：合理搭配和营养均衡

"养"要体现在合理搭配和营养均衡上。科学设定各类食材的比例，确保

早餐既不过于油腻也不缺乏营养。具体而言，确保早餐种类全面，包括但不限于谷物（如全麦面包、燕麦粥）、奶制品（如酸奶、牛奶）、蛋白质来源（鸡蛋、豆制品、瘦肉）、新鲜果蔬（时令蔬菜、水果切片）等，以覆盖不同的营养类别。同时，强调时令与绿色食材的使用，尽量少盐、少酱油、少食用油，倡导健康饮食新风尚。

（四）特：积极创新，打造特色早餐

"特"，既要保证常见早餐种类的供应，又要体现当地的地域特色美食。地方特色可以依据餐厅所在地域特色灵活调整，如广东的肠粉、贵阳的酸汤米粉、四川的红油抄手、济南的甜沫、扬州的炒饭等，让顾客在品尝美食的同时，也能感受到地域文化的魅力。

三、早餐服务

（一）热：积极主动，营造温馨好客的氛围

"热"，在此不仅指食物的温度，更寓意着服务的热情与主动。酒店服务人员面带微笑，以最真诚的姿态迎接每一位步入餐厅的宾客。通过主动上前询问需求、引导就座、适时推荐特色菜品等细致入微的服务，营造出一种宾至如归的温馨氛围。这种"热"，是源自内心的真诚与关怀，让宾客在第一时间感受到酒店的热情好客，为后续用餐体验奠定好的基础。

（二）满：品种丰富，满足多元需求

"满"字方针，强调的是早餐的多样性与丰富性。酒店应根据宾客的国籍、口味偏好及健康需求，确保餐台上摆满了各式各样的美食佳肴。从传统的中式粥点和面点到西式的面包、煎蛋、培根，再到素食、低糖、无麸质等特殊需求选项，每一样食物都是对宾客个性化需求的细致考量。同时，保持餐盒的持续补充，确保宾客在用餐过程中始终有充足的选择，这种"满"，不仅是视觉上

的满足，更是对宾客味蕾的尊重与呵护。

（三）活：灵活应变，快速响应需求

"活"则体现在服务的灵活性与高效性上。早餐时段，既有家庭客人，又有会议客人、商务客人；既有行动不便的老年人，也有活泼多动的儿童，人来人往，宾客需求各异。酒店员工须具备敏锐的洞察力和快速响应的能力，能够灵活调整服务策略，以满足宾客的即时需求。针对老年人，服务员主动推荐易于咀嚼、低糖的餐食，并使用防滑托盘小心翼翼地送至其房间或指定的用餐区域，确保整个过程安全无忧。同时，考虑老年人可能存在的视力问题，还会在自助餐台上提供大字体菜牌及清晰的餐食描述，让选择变得简单明了。对于需要在餐前服药的老人，要及时为他们送上温水，展现酒店服务的细腻与贴心。对于携带儿童的家庭，同样不遗余力地提供全方位支持。除了提供常规的儿童餐具、儿童椅，还设立了儿童专属用餐区，装饰以色彩鲜明、寓教于乐的元素，营造轻松愉快的用餐氛围。针对有特定饮食需求的儿童，如过敏体质或需要特殊营养补充的，厨师团队将提前准备相应的餐食选项，确保每位小客人都能享受到既安全又美味的早餐。此外，还可提供"亲子互动早餐"服务，如手工制作早餐面包、水果拼盘等，增进家庭成员间的情感交流，让早餐时光更加温馨难忘。

（四）柔：细腻轻柔，创造宁静的用餐环境

"柔"字方针强调的是服务的细腻与环境的宁静。在提供早餐服务时，员工应注重细节，动作轻柔，避免任何不必要的噪声干扰，为宾客创造宁静舒适的用餐环境。从餐具的摆放、食物的传递，到与宾客的交流，都需展现出一种温文尔雅的态度，让宾客在享受美食的同时，也能感受到心灵的放松与愉悦。此外，餐厅的装饰风格、背景音乐的选择等也应与"柔"字方针相契合，共同营造出和谐美好的用餐氛围。

四、服务热情周到，细致入微

（一）热情服务，营造氛围

在探讨餐饮服务作为一场精心编排的表演时，我们深刻地认识到，酒店员工不仅是这场舞台剧的幕后剧务，更是至关重要的配角，他们的一言一行、一举一动，都在无声中塑造着宾客的用餐体验。早餐服务作为宾客入住体验的首个重要环节，其成功与否直接关系到宾客对酒店整体印象的形成，因此，遵循"热、满、活、柔"的四字方针，不仅是对服务标准的精准提炼，更是提升服务品质、深化宾客忠诚度的关键所在。

（二）深化个性化服务

毕餐前半小时，前台系统会自动触发未用餐客人的提醒服务，通过电话或短信形式，礼貌地通知他们早餐即将结束的时间，并询问是否需要提供送餐服务至房间，以满足其个性化需求。毕餐前半小时，厨房不再大量添加新食品，要对这时到达餐厅的客人提供点餐服务。当客人步入餐厅时，服务员会主动上前，递上精心设计的菜单，并耐心介绍今日的特色菜品及可点餐选项，鼓励客人根据个人口味点餐。如果客人因时间原因不再点餐的，除了表示感谢理解，还可主动提供粥类和精致水果服务。

针对儿童客人，推出"小小探险家"优惠计划。对于身高在 1.3 米以下的儿童，不仅提供免费早餐，还额外赠送一份定制的儿童礼包，内含小玩具、故事书或优惠券等，让孩子们在享受美食的同时，也能感受到被重视与喜爱的乐趣。这种"占便宜"的心理体验，无形中增强了客人对酒店的好感度与忠诚度。

五、菜品营养均衡，品种丰富

早餐菜品的设计不仅关乎顾客的饮食体验，更是影响其整日能量摄取与健康状态的关键因素。因此，深入探索并实践"营养均衡，品种丰富"的早餐设计原则，对于提升餐厅品质具有重要意义。

（一）合理搭配，营养平衡

早餐设计的首要原则是"合理搭配,营养平衡"。这一原则要求在食材选择、配比及烹饪方式上均需精益求精。具体而言，早餐应涵盖碳水化合物、蛋白质、脂肪、维生素及矿物质等必需营养素，以全面满足人体早晨的能量需求与生理机能恢复。

营养配比：根据营养学原理，应科学设定各类食材的比例，确保早餐既不过于油腻也不乏营养。例如，蛋白质与碳水化合物的比例应适中，以维持血糖稳定，避免上午时段出现饥饿感或能量骤降。

（二）菜品结构与呈现

早餐的菜品结构需兼顾中西合璧与地方特色，以满足不同顾客的口味偏好与文化认同。结构布局上，设定中式、西式及地方特色菜品的比例为40%：40%：20%，既体现了饮食文化的多元融合，也确保了早餐的丰富性与层次感。中式菜品可包括包子、油条、豆浆等传统美食；西式菜品则涵盖吐司、煎蛋、培根等经典组合；地方特色则依据餐厅所在地域特色灵活调整，如广东的肠粉、四川的红油抄手等，让顾客在品尝美食的同时，也能感受到地域文化的魅力。

（三）创新与多样性

在快速变化的市场环境中，保持早餐菜单的创新与多样性是吸引并留住顾客的关键。

1. 随季节性调整

根据季节变化及时调整早餐菜单，如夏季推出清凉解暑的饮品（如冰镇柠檬水、绿豆沙）、凉拌小菜等，冬季则提供温暖身心的热汤（如羊肉汤、南瓜粥）

与热饮，让顾客感受到季节的温度与关怀。

2. 特色主题早餐

定期策划特色主题早餐，可结合节日、纪念日等特殊时刻，推出限定版早餐套餐，增加节日氛围与顾客参与感。

3. 顾客反馈与定制服务

建立有效的顾客反馈机制，及时了解顾客对早餐菜品的满意度与改进建议。对于有特殊饮食需求（如素食、糖尿病餐等）的顾客，提供个性化的定制服务，展现餐厅的人性化关怀与专业水准。

六、运营高效有序，细节到位

（一）开餐时间

一般情况下，酒店早餐时长不低于3小时，并根据客源需求确定开餐时间，一般冬天为7:00至10:00，夏天6:30开始早餐。在周末及节假日，为响应家庭出游及休闲度假的顾客的需求，应灵活调整策略，延长开餐时间，并适时引入Brunch概念，融合早餐与午餐的精髓，为宾客提供更加丰富多样的用餐选择。

（二）菜品展示

早餐自助餐的餐台设计不仅方便了客人的选择，还要同时艺术性的展示，提高菜品的吸引力。一是通过合理的区域划分（如热菜区、冷菜区、甜品区、饮品区等），以及清晰的标识引导，使宾客能够迅速找到所需食物。二是设置特色早餐区，如现做煎饼馃子、手工拉面等，不仅展现了餐厅的地域风情与创新意识，更激发了宾客的探索欲与尝试心，提高早餐就餐体验。三是通过色彩、形状与层次的巧妙搭配，辅以精致的餐具、温馨的灯光及创意装饰，营造出既美观又舒适的用餐氛围，让宾客在享受美食之际，亦能领略艺术的韵味。四是器皿的选择与摆放，不仅彰显了菜品的尊贵与价值，更严格遵循食品安全标准，确保宾客在享受美味的同时，健康无忧。

（三）重视顾客反馈

顾客反馈是服务质量提升的重要驱动力，酒店要始终秉持开放与谦逊的态度。餐中、餐后需要安排专人主动向顾客征询用餐体验，收集宝贵意见与建议。这些反馈被系统地整理与分析，是我们持续改进菜品与服务质量的依据。只有不断倾听顾客的声音，才能在激烈的市场竞争中保持领先地位，为宾客提供更加贴心、个性化的服务体验。

七、环境卫生与安全管理

（一）环境卫生

所有布菲炉、用具和餐具要保持清洁，早餐台面要保持整洁。生熟食品应分开存放，避免交叉污染。餐厅地面应保持干燥清洁，无油渍、水渍等安全隐患。

（二）食品安全

严格执行食品安全管理制度，确保食材新鲜、无污染。厨师须持证上岗，定期进行食品卫生安全培训。菜品制作过程中要遵循操作规范，确保食品安全。

（三）安全管理

地面避免水迹，以免顾客滑倒；汤类、现场加工的食品要有烫伤提示；餐厅应配备必要的消防设施和应急设备，如灭火器、灭火毯等。员工需定期进行消防安全培训，熟悉应急预案。同时，要做好厨房设备的日常维护和保养工作，确保设备正常运行，避免安全事故的发生。

第二十一章
运营管理新问题

酒店运营管理的问题表现在经营管理理念、组织管理上,甚至表现在产品设计、成本管控等方面。

一、粗放思维

管理停留在"差不多",成本核算、人员配置、营销驱动等存在问题。餐饮有没有单独核算,是否盈利?房务总监是否知道我们的一次性用品一个月用了多少?每间房的六小件的价格是多少?各类房型的客房出租率、每个楼层的出租率是多少?回头客有哪些?他们有哪些喜好和忌讳?他们来酒店是商务、会务、还是家庭出游?

粗放管理是缺少对目标的细致分解,缺少对工作的精致设计,缺乏对可能后果的预期控制。比如,房间配备的浴袍,会有宾客反映是用过的,那就需要酒店采取措施清楚地判断浴袍是否用过。济南璞秀酒店采用一个纸质的封签扎在浴袍上,只要封签断开,就证明浴袍被使用过(见图 21-1)。

图21-1 济南璞秀酒店浴袍束带

要想做好管理，管理者必须较真儿。就像抹布的问题，每年都会有一些新闻，每年我们的宾客都会提出一些卫生问题，什么原因呢？就是管理者不较真。

管理者眼界要高，手要落地，改变常态。服务不能一成不变，要改善常态的服务，这样服务才能有所提升。

二、控制思维

在我们的流程设计中或多或少地都出现过用制度约束员工，用流程约束宾客。比如，查房、餐券，很多酒店都会出现，"对不起，先生！没有房卡无法用餐、没有餐券无法用餐"。这是谁的责任？是不是酒店在设计流程时就应该想到宾客没拿房卡或者餐券的情况，如果不让宾客用早餐，会耽误宾客的时间甚至惹怒宾客。

不应过多强调管理者的作用，弱化员工的能动性。不应只雇用员工的手脚，不让员工有太多想法。

三、管理团队的问题

酒店管理团队的问题，可以从组织臃肿、结构不合理、执行力不足和不良文化这三个方面进行了解。

（一）组织臃肿

1958年，英国著名历史学家与政治学家西里尔·诺斯古德·帕金森（Cyril Northcote Parkinson）在其著作《帕金森定律》中，深刻剖析了组织管理中的一种普遍现象，即所谓的"金字塔上升"效应。该定律指出，随着时间的推移，组织结构趋向于呈现金字塔式的不断扩张，伴随着人员规模的持续扩张，尽管个体看似忙碌，但整体组织效率却逐渐降低。帕金森进一步揭示了这一现象背后的两大核心法则：一是"增加部属法则"，即管理者倾向扩充下级团队而非引入实力相当的竞争对手，以此巩固自身地位，避免潜在的权力威胁；二是"增加工作量法则"，即在人员扩充后，往往会人为地增加工作任务，以维持甚至提升部门或个人的存在感与必要性，这些新增的工作量往往并非实际业务所必需的，而是组织冗余与个体存在的直接产物。这一逻辑链条构成了一个恶性循环：组织规模的无序扩张、职责划分的模糊重叠、人员间的推诿扯皮以及整体效率的显著下滑，共同塑造了一个低效且复杂的行政管理体系。以员工餐管理为例，原本仅需三人的团队足以胜任，但由于人员过剩，反而需要七人来维持这一原本简单的工作流程，直接体现了"因人设事"而非"因事设人"的管理悖论。

酒店领班级以上管理人员超过员工人数的15%，就有帕金森综合征的嫌疑，酒店高层可以检测一下自己酒店的组织结构。

（二）结构不合理

在当前酒店业竞争日益激烈的背景下，原本以"顾客为中心"的服务团队，其内部生态却悄然浮现出一种令人忧虑的"腐朽"迹象，主要表现为组织结构失衡、资源错配以及文化导向偏离等多重问题。

1. 组织架构的异化

酒店管理团队好比手持长矛、整装待发的步兵连，要有高效的执行力和紧密的团队协作力。在理想状态下，每一位成员都如同战场上的勇士，各司其职，共同守护并推动着酒店的繁荣发展。然而，时至今日，这幅画面却悄然发生了逆转。一线战场直接面向客户、提供服务的岗位，出现了严重的人手短缺。而二线办公室内却是另一番景象，人员冗余，职能重叠，形成了一个看似繁忙实则低效的"管理臃肿区"。

2. 角色错位与功能失衡

管理者与一线员工的比例失衡，有的酒店甚至出现了"官比兵多"的现象，虽然是管理人员却不得不承担着日常对客服务的工作。这种角色错位不仅削弱了管理效能，还挤压了一线员工的成长空间与创造力，使原本应成为服务创新源泉的基层力量被边缘化。更严重的是,团队内部出现了"干事的少了,看事的多了;实干的少了,说话的多了"的怪象。这种风气助长了形式主义、官僚主义,使实际工作成果被忽略。长此以往,不仅会消磨团队的凝聚力与战斗力,更可能引发优秀人才的流失,形成恶性循环。

(三)执行力不足和不良文化

"马屁"文化:形成曲意逢迎,处处赞歌,随波逐流,让老板带来扭曲的快感,让员工不敢说真话。

"山头"文化:破坏了团队协作,影响了做事程序,败坏了公平正义。

执行力差:有令不行,有禁不止,推诿扯皮,说得多,做得少。

执行不力和不良文化共同侵蚀着企业的健康肌体,阻碍着其持续发展的步伐。

1."马屁"文化

"马屁"文化,作为一种病态的组织氛围,其核心在于曲意逢迎、处处赞歌。在这种文化中,员工倾向于以老板或上级的喜好为导向,而非基于事实或工作需求进行沟通与反馈。这种行为模式不仅让老板沉浸在一种扭曲的快感之中,更导致了信息的失真与决策的偏颇。更为严重的是,它创造了一种"不敢说真话"的环境,使建设性意见与建议被扼杀于摇篮之中,团队的创新力与问题解决能力受到严重削弱。

2."山头"文化

"山头"文化,则是另一种破坏组织和谐与效率的不良文化。它表现为部门间或个体间的利益割据与派系斗争,严重破坏了团队协作与整体利益的一致性。在这种文化中,人们更倾向维护小团体的利益而非组织的整体目标,导致工作流程受阻、做事程序混乱,公平正义的原则被践踏。"山头"文化的存在,不仅加重了组织的内耗与成本,而且降低了工作效率与质量。

3. 执行力差

执行力差是组织效能低下的直接体现。它表现为有令不行、有禁不止、推诿扯皮，使组织的战略目标与计划难以得到有效落实。在执行力差的组织中，人们往往说得多、做得少，缺乏将想法转化为行动的实际能力与决心。执行力差的原因多种多样，包括目标不明确、流程不顺畅、责任不清、激励不足等。

四、酒店产品服务缺乏生机

（一）同质化严重

酒店作为提供住宿与服务的场所，其设计本应成为吸引顾客、塑造品牌形象的重要元素。然而，当前许多酒店却陷入了设计同质化的困境。它们忽略了每个顾客群体的独特性及其需求的多样性，试图以一套标准化的设计方案来满足所有顾客的需求，结果导致产品和服务缺乏新鲜感、趣味感和认同感。顾客在这样的环境中消费，往往难以形成深刻的记忆点，消费过后也难以留下值得回味的瞬间。

（二）产品不会说话

在自媒体时代，产品的自传播能力成了衡量其市场影响力的重要标准。然而，许多酒店的产品和服务却未能充分利用这一优势。它们的产品和服务往往缺乏吸引力，难以在社交媒体上引起广泛的关注和讨论。这主要是因为酒店在产品创新和服务优化方面投入不足，导致产品和服务无法形成独特的卖点，难以激发顾客的分享欲望。

（三）交互性差

酒店服务的本质在于满足顾客的需求和期望。然而，当前许多酒店在服务过程中仍然沿用传统的单向服务模式，即员工单方面提供服务，宾客被动接受。这种服务模式不仅限制了宾客的参与度和互动性，也降低了服务过程的质量和效率。宾客在消费过程中往往感到被忽视或不被尊重，导致他们对服务的满意度和忠诚度下降。

（四）槽点太多

细节决定成败，在酒店业尤为如此。然而，许多酒店在细节管理方面存在明显的不足。客房隔音问题、异味、卫生状况不佳以及舒适度不够等细节问题频繁出现，严重影响了宾客的住宿体验。这些问题虽然看似微小却足以让宾客对酒店的整体评价大打折扣。因此，酒店必须加强对细节的管理和把控，从源头上消除这些影响宾客体验的槽点。通过建立健全的质量管理体系和检查机制，酒店可以确保各项服务标准得到有效执行和持续改进，从而为宾客提供更加舒适、安全、卫生的住宿环境。

五、员工队伍建在沙滩上

"员工队伍建在沙滩上"这一形象比喻深刻揭示了当前酒店业在人力资源管理上面临的严峻问题。这一现象不仅关乎企业的日常运营，更直接影响服务质量和顾客满意度，进而对整个行业的可持续发展构成威胁。

（一）缺兵少将

近年来，随着酒店业竞争的日益激烈以及社会经济结构的变化，酒店行业的吸引力逐渐减弱，导致用工荒现象日益严重。即便管理层人员数量看似充足，但实际管理效能低下，难以有效应对人员短缺带来的挑战。这一现象背后，是行业薪酬水平相对滞后、工作强度大、职业发展路径不清晰等多重因素的共同作用。酒店业亟须重新审视其人才战略，通过提升薪酬待遇、优化工作环境、明确职业发展路径等措施，增强行业吸引力，突破用工荒的困境。

（二）跳槽频繁

"一言不合就跳槽"已成为酒店业员工流动的真实写照。员工跳槽频繁的原因复杂多样，既包括个人层面的浮躁心态、对升职加薪的迫切追求，也涉及企业层面的激励机制不健全、工作环境不佳等因素。此外，酒店业属于服务业的特殊性，使员工在积累了一定经验后，往往成为其他企业争夺的对象，进一步加剧了跳槽现象。这种频繁的人员流动不仅增加了企业的招聘和培训成本，也严重影响了团队的稳定性和服务质量。

（三）素质下降

用工荒迫使许多酒店采取"拉壮丁式"的招聘模式，即不顾员工素质和能力，只求数量以满足运营需求。这种招聘模式直接导致员工素质参差不齐，部分员工未经培训便匆匆上岗，难以胜任岗位要求。而企业出于对员工跳槽的担忧，又往往不愿在培训上投入过多资源，形成了恶性循环。员工因技能不足而缺乏自信和工作热情，进一步加剧了职业倦怠感。

（四）职业倦怠

职业倦怠是酒店员工队伍中普遍存在的问题。长期处于高强度、高压力的工作环境中，加之职业发展路径不清晰、激励机制不健全等因素，使员工逐渐失去工作激情和动力。他们感到自己的工作无法给予自己成就感和满足感，也找不到继续努力的理由。职业倦怠不仅影响员工的身心健康和工作效率，也严重制约了酒店服务质量的提升。为缓解职业倦怠现象，酒店业须从多个方面入手：一是优化工作环境和流程设计，减轻员工负担；二是完善激励机制和职业发展体系，激发员工的工作积极性和创造力；三是加强员工关怀和心理疏导工作，帮助员工保持良好的心态和情绪状态。

六、酒店培训应付公事

培训作为提升员工素质、增强企业竞争力的重要手段，其重要性不言而喻。然而，遗憾的是，许多酒店在培训实践中却陷入了"应付公事"的怪圈，这不仅制约了员工个人能力的提升，也阻碍了酒店整体服务质量的进步与企业的长远发展。

（一）培训流于形式

在酒店培训中，最为突出的问题便是其流于形式化。管理人员在进行培训时，往往只是机械地念一念酒店的操作流程，缺乏深入的讲解与互动，更未设置相应的考核与评比机制。这种"走过场"的培训方式，使得管理人员本身对培训缺乏足够的重视，一旦工作繁忙便轻易取消或敷衍了事。而对员工而言，由于培训内容与自身需求脱节，加之缺乏激励与约束，他们往往也表现出消极的态度，即便到场也是"身在曹营心在汉"，难以真正地投入学习。

（二）培训针对性不强

尽管有部分酒店意识到了培训的重要性，但在实际操作中却未能做到对症下药。他们往往忽视了员工真实的需求与问题，盲目地进行技能培训，而忽略了员工在态度、意识等方面的不足。这种"头痛医头，脚痛医脚"的培训方式，不仅难以达到预期的效果，还可能造成资源的浪费与员工的不满。

（三）缺乏完整的培训体系

酒店要想实现可持续发展，必须建立一套完整的培训体系。然而，当前许多酒店在培训体系建设上还存在明显的短板。他们或是缺乏明确的培训目标与计划，或是培训内容与方式单一，难以满足员工多样化的学习需求。更有甚者，还盲目照搬其他企业的培训模式，忽略了自身特色与实际情况，导致培训效果大打折扣。

七、酒店费用成本不断上升

酒店每年的员工工资是在上升的，保险和能耗也在增长。能耗8%是基本量，如果超过这个数有两种情况：一种是分母太小，另一种是能耗确实太大；员工工资在总成本中占比一般为25%~30%，经济型酒店不会超过20%，星级酒店可能会在25%~30%，有许多酒店的人工成本占总成本的比例达到40%以上，成了酒店的"包袱"，但是如果不给员工涨工资会留不住人。

酒店运营管理要坚持"四化"：一是按精细化要求提升酒店服务质量；二是按专业化要求完善酒店硬件设施；三是按职业化要求培养酒店员工队伍；四是按品牌化要求树立酒店整体形象。

第二十二章
酒店科学运营

一、酒店运营管理的特殊性

酒店的运营管理是指酒店管理者在充分掌握市场需求的基础上,为了有效实现酒店的既定目标,运用有效的管理理念、管理方法,对酒店拥有的人力、财力、物力、时间及信息等资源,进行计划、组织、指挥、协调和控制等一系列活动的总和。酒店运营管理实质上包含两个概念:一个是经营,一个是管理。两者侧重点不同,但实际运行中又密不可分。经营是指酒店作为生产者身份面向市场,以服务和产品作为交换,满足宾客需求并实现自身目标的经济活动。经营的主要内容包括市场调查、市场定位、产品及服务策略、创新策略、价格策略、收益管理等。经营的重点是面向市场、面向宾客。而管理侧重于酒店内部,针对酒店具体业务通过计划、组织、督导、沟通、控制等手段,合理使用各种资源,获得更高收益的过程。成在经营,败在管理。经营关注的是发展、活力和机会;管理关注的是效率、理性和规则。

运营管理在酒店中发挥着重要作用。首先,酒店运营管理是确保酒店的竞争优势的利器。当前酒店的竞争渗透到各个方面，包括价格竞争、产品竞争、人才竞争、品牌竞争等。但这些竞争最终要落在产品和服务质量上，只有能为宾客提供美好体验且服务及时高效的酒店才能在竞争中保持优势。而无论是体验还是效率在绝大程度上都依赖酒店高水平的运营管理质量。其次，酒店运营管理是确保酒店持续发展的关键。酒店的基本任务是为社会提供优质的服务和产品，在为社会提供价值的同时，实现酒店预订的社会效益、经济效益等。社会效益表现为社会成员对酒店产品的认可程度，经济效益是指投资增值额。社会效益与经济效益相互影响，相互促进，良好的酒店运营管理目的是实现经济效益和社会效益的最大化。为实现这一目标，需要酒店内部营销部门的市场调研及预测、服务部门的精心组织和设计以及后台部门的有效支撑。经营好一家酒店不仅需要每个职能部门充分发挥自身作用，更重要的是部门间的相互协调。运营管理作为企业的基本职能，其价值不仅能提升酒店的服务质量，更重要的是能提升酒店的效益。

服务是酒店业的核心产品，对于宾客而言，酒店的产品只是一个载体，而不是最终的目的，宾客关心的是需求被满足的程度。酒店服务从本质上而言是宾客与酒店员工之间进行的互动式的无形活动。酒店与宾客交换的不仅有有形的产品，还有无形的服务。酒店员工与宾客通过相互交流为宾客的需求找到一个有效的解决方案。而制造业生产者很少有机会直接接触消费者，他们给宾客提供的都是有形的、确定性的产品，他们的生产与宾客消费之间有时间的滞后效应。

（一）重视"宾客体验"

宾客是酒店最重要的资源。酒店为吸引宾客、留住宾客，会持续地、积极地做出与宾客保持长期关系的努力，以便留住宾客，并通过宾客推荐带来更多的宾客，从而确保酒店稳定的收入。不少研究表明，顾客对酒店越来越熟悉，酒店对这些顾客的市场营销的花销也越来越低，他们对价格的敏感度也不高，甚至还给酒店提出服务的改进意见，提升酒店的服务质量。因此，酒店与竞争对手加强客源的争夺是酒店运营管理的常态。

(二) 重视对"人"的管理

酒店业是劳动密集型产业,其产品和服务需要宾客端发起需求信号,酒店员工采用小批量、按需求定制的方式提供服务。员工需要完成大量的和宾客面对面的服务工作。

一般来说,酒店员工的素质具体表现为思想水平、知识水平、业务能力、应变能力、服务态度、服务技巧等。酒店员工的素质直接影响宾客对酒店的感知,宾客也常根据员工的素质来判断酒店的优劣以及自己的满意程度。因此,员工素质是影响酒店服务质量的重要因素之一,也是酒店竞争优势的来源。

(三) 重视服务的"营销"

酒店宾客的多少会受到当地旅游资源、天气条件、经济活动及假期等因素的影响。酒店产品和服务又不可储存,酒店可供出租的客房、餐厅、会议室如当日不能售卖给宾客,这些设施为酒店创造收益的机会也就消失了。因此,酒店业为获得更好的收益,十分重视营销工作,在充分进行市场调研的基础上,采取适当的竞争策略,开发设计适合目标客源市场的服务和产品,针对不同客源配套不同的价格策略、销售渠道,减少因客源淡旺季带来的影响,将产品和服务以更理想的价格销售给宾客,获得理想的效益。

二、酒店科学运营的含义

酒店运营的本质是一个"输入—转换—输出"的过程。这个过程详细描述了酒店如何将各种资源转化为实际的产品和服务,并最终实现经济效益和社会效益的输出。运营的直接目标是增值,运营的过程需要实施管控(见图 22-1)。

科学运营是指一个具备科学精神、勇气及基本素养的核心团队,应运用先进的科技工具和严谨的科学方法,来高效管理并经营一家酒店。

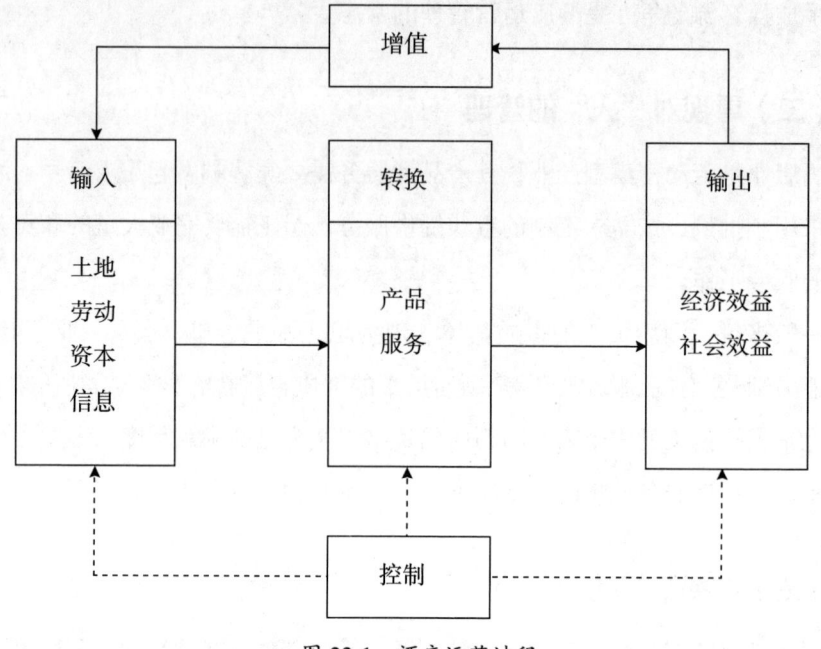

图 22-1　酒店运营过程

（一）酒店运营中的科学精神

酒店运营中的科学精神具体体现在理性、质疑、实证，以及不断探索未知的边界等方面。这些原则为酒店运营提供了有力的指导，使运营决策更为精准、有效。首先，理性是酒店运营科学精神的核心。在运营过程中，酒店管理者需要保持冷静和客观，不受情感和主观偏见的影响。他们需要通过深入分析数据和事实，做出明智的决策，确保酒店的正常运营和持续发展。其次，质疑精神对酒店运营来说至关重要。运营者不应盲目接受现有的方法和观念，而应敢于对传统的运营模式和策略提出质疑。通过不断挑战和反思，酒店运营者可以发现潜在的问题和不足，进而提出改进和创新的方法。最后，实证精神也是酒店运营中不可或缺的一部分。酒店运营者需要注重数据的收集和分析，通过实证的方法来验证运营决策的有效性和可行性。时刻保持科学的精神，才能准确地认识事物。比如，关系密切的两个学科，其观点可能是相互矛盾的。如何看待这种现象？作为管理人员要明白，任何理论都是有前提和假设的。

短缺是经济学理论的前提。在微观经济学层面，供求理论和边际效用理论正是基于资源短缺的假设而构建。供求理论揭示了商品价格与供需关系之间的动态平衡，当需求超过供给时，价格上升，反之则下降，这反映了资源短缺对市场价格机制的直接影响。边际效用理论则强调了资源的稀缺性对消费者选择行为的影响，即消费者会在有限的资源条件下追求效用最大化。在宏观经济学层面，经济增长理论和经济周期理论也体现了资源短缺的影响。经济增长理论探讨了如何通过优化资源配置和技术进步来提高社会总体产出，其背后的逻辑正是资源的稀缺性驱动了对效率的追求。而经济周期理论则揭示了经济活动中扩张与衰退的交替循环，其中资源的短缺与过剩是导致经济波动的重要因素之一。

与经济学中的资源短缺不同的是，营销学的理论基础建立在商品过剩这个前提下。商品过剩是指市场上可供销售的商品数量超过了消费者的购买需求。这一现象并非偶然，而是生产力发展、成本降低及市场竞争等多重因素共同作用的必然结果。随着技术的进步，管理水平的提升，企业的生产效率往往会显著提升，单位时间内能够生产出更多的产品；同时，原材料成本的降低、生产流程的优化以及规模效应的发挥，都使商品的生产成本大幅下降，从而进一步推动了商品供应量的增加。消费者的购买需求并未同步增长，反而因为市场饱和、消费观念转变等原因呈现出相对稳定甚至下降的趋势。因此，商品过剩现象逐渐凸显，成为市场营销领域不可忽视的重要问题。

在此背景下，企业面临三大关键问题：如何脱颖而出吸引消费者？如何精准满足消费者需求？如何在竞争中保持优势？这些问题亟须营销学给出明确解答。

商品过剩在营销学理论中的体现是多方面的。在市场营销策略的制定上，企业必须充分考虑商品过剩的现实情况。例如，通过精准的产品定位来凸显自身产品的独特性和优势，从而在众多竞品中脱颖而出；通过品牌建设来提升产品的知名度和美誉度，增强消费者对产品的信任度和忠诚度；通过多样化的促销活动来刺激消费者的购买欲望、扩大销售量等。这些策略的制定都是基于商品过剩的背景，旨在帮助企业在激烈的市场竞争中占据有利地位。

在消费者行为研究方面，营销学者也更加注重分析消费者的心理和需求变化。在商品过剩的环境下，消费者的选择空间显著增加，他们的购买决策过程也变得更加复杂和多变。因此，企业需要深入了解消费者的消费动机、购买偏好、信息获取渠道以及决策过程等，以便更好地满足他们的需求并引导他们的消费行为。

经济学与营销学的理论在酒店运营中各自扮演着重要的角色，尽管它们的理论前提有所不同，但在实际操作中，这两者并非孤立存在，而是可以相互融合，共同为酒店运营提供全面的指导。

经济学的短缺前提，以其对资源分配和成本控制的深刻洞察，为酒店在日常运营中如何高效利用有限资源、实现成本最优化提供了有力的理论支撑。在客房分配、餐饮采购、人力资源配置等方面，酒店需要精确计算并合理调配，以确保在满足客户需求的同时，也能保证自身的经济效益。这一过程中，经济学的短缺前提无疑提供了一种科学的思维方式和实践指导。

而营销学的过剩前提，则更多地从市场竞争和消费者需求的角度出发，为酒店在市场定位、产品创新以及客户服务等方面提供了独到的见解。在竞争激烈的市场环境下，酒店如何脱颖而出，吸引并留住客户，是每一个酒店经营者都需要深入思考的问题。营销学的过剩前提提醒我们，只有深入了解消费者的真实需求，才能在产品和服务上实现差异化，从而在激烈的市场竞争中占得先机。

理论与实践的契合点正在于此：酒店运营者需要灵活运用经济学和营销学的理论，既要在资源分配和成本控制上做到精打细算，又要在市场定位和客户服务上不断创新和突破。这两者的有机结合，不仅能够提升酒店的运营效果，而且能够增强酒店的市场竞争力，使其在复杂多变的市场环境中立于不败之地。

为了实现这一目标，酒店运营者需要不断加强自身的学习和实践能力，深入理解并掌握经济学和营销学的核心理念和方法论。同时，他们还需要具备敏锐的市场洞察力和创新能力，以便在实际操作中能够灵活运用这些理论知识，为酒店的长期发展奠定坚实的基础。

短缺前提作为经济学理论的基石，虽然在一定程度上解释了资源配置和经济活动的内在逻辑，但随着经济环境的演变，其局限性也逐渐显现出来。特别是在数字经济和共享经济等新兴领域，资源的利用方式和价值创造模式发生了深刻变化，使短缺前提的适用性受到质疑。

在数字经济时代，数据的共享和复用成为一种新的资源利用方式。数据资源具有无限复制和低成本传播的特点，这使数据资源的短缺问题不再像传统物质资源那样突出。此外，随着技术的发展，许多传统上被认为是稀缺的资源，如计算能力、存储空间等，也逐渐变得充裕起来。这些因素共同作用，使短缺前提在数字经济领域的解释力下降。

在共享经济领域，资源的共享和协同利用成了一种新的经济模式。通过共享平台，人们可以将闲置的物品、空间或服务提供给需要的人，从而实现资源的最大化利用。这种模式的兴起，不仅减少了资源的浪费，也降低了对新增资源的需求。因此，在共享经济领域，短缺前提的适用性同样受到了挑战。

与短缺前提相对应，过剩前提在营销学理论中也面临着越来越多的挑战。随着市场竞争的加剧和消费者需求的多样化，简单的过剩假设已经难以全面反映市场状况和消费者行为。

市场竞争的加剧使商品过剩成为一种常态。然而，这种过剩并非简单的数量过剩，而是表现为结构性过剩和阶段性过剩。在某些细分市场或特定时间段内，某些商品可能供过于求，而在其他市场或时间段内则可能供不应求。这种复杂的市场状况使过剩前提的解释力受到限制。

消费者需求的多样化也使过剩前提面临挑战。随着生活水平的提高和消费观念的转变，消费者对商品的需求越来越个性化、多元化。他们不仅关注商品的功能和价格，还注重商品的品牌、口碑和服务等附加值。这种需求的多样化使企业难以仅通过增加产量来满足市场需求，而需要更加注重市场营销策略和手段的创新。

为了应对这些挑战，管理者需要更加深入地研究消费者心理和需求的变化以及市场动态等因素。他们需要通过大数据、人工智能等先进技术来精准洞察消费者需求和市场趋势，以便为企业制定更加有效的营销策略提供科学依据。同时，他们还需要关注新兴市场和消费群体的特点，以便及时调整营销策略并抓住市场机遇。

（二）科学素养

世界观作为科学素养的基石，为酒店运营管理提供了重要的指导。具备正确世界观的酒店管理者能够从宏观角度审视酒店业务，具有开阔视野的管理者更倾向采用创新性的管理手段，鼓励员工积极探索新的服务模式和技术应用，从而推动酒店业务的持续创新和发展。他们也更注重与客户的沟通和互动，善于从客户的反馈中汲取宝贵意见，不断优化酒店的服务质量和客户体验。同时，具备科学世界观的酒店管理者能够更好地理解和运用先进的管理理念和方法，提高酒店运营的专业化和规范化水平。他们注重数据分析，通过精准的市场调研和客户需求分析，优化酒店的资源配置和服务流程，实现运营效率和服务质量的同步提升。

科学常识作为科学素养的基础构成部分，对酒店业的日常运营和管理起着至关重要的作用。隔行如隔山，不懂酒店运营的常识，就有可能走弯路，甚至把酒店搞垮。比如，对酒店市场的理解：一是市场是平行的；二是市场定价将市场削成金字塔，价位越高，人数越少；三是不同市场之间的关注点不同。用经营人均消费30元的策略去经营人均消费300元的市场，消费习惯为人均300元的顾客肯定不买账。当然常识不是一成不变的，而是随着宾客消费习惯、市场环境的变化而变化，比如，对酒店流量的理解，以前靠的是地理位置的引流，而现在更多门店是靠的网络口碑（见图22-2）。

独立思考能力是科学素养的基石之一，它强调个体在面对问题时能够自主分析、判断并做出决策，而非盲目跟从他人。它要求个体在面对问题时能够自主地进行分析、判断，并提出解决方案。

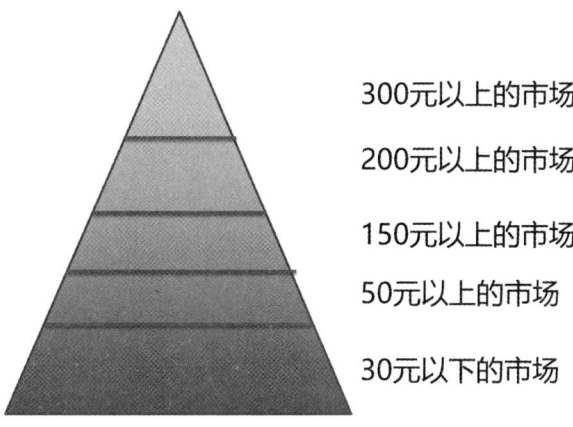

图 22-2　市场分层

真正的机会往往只属于少数有洞察力、有准备的人。当所有人都蜂拥而至时，机会已经被过度开发，其潜在价值极大地降低。随着参与者的增多，竞争变得更加激烈，利润空间被压缩，同时失败的风险也大幅增加。此时，盲目跟风很可能导致损失。当大多数人都在追求某个机会时，我们可以思考是否有其他被忽视的领域或方向同样具有潜力。通过独特的视角和创新的思维，我们可以发现新的机会。比如，亚朵始终站在市场的前沿，独立思考，以超越行业的眼光不断突破行业的边界，赢得了市场的一致好评（见图 22-3）。

酒店盈利靠省钱	收益不是省出来的，强大的运营能力才是比拼核心
地段、地段、地段	人、货、场
员工就是打工的	员工才是主人
成本低、规模大、追求高利润	高利润来自品质提升，消费者对高价的认可
消费者就是消费者	消费者也是投资人
消费者只是为住宿和早餐埋单	粉丝为独特的体验埋单
考核的是人效、人房比	经营的是人群，所以有高溢价
酒店是酒店，客房是客房	酒店是场景可以有主题，客房是空间所见即所购
前台收押金天经地义，跑了账算谁的	前台不收押金，客人节省时间，体验好，口碑好

图 22-3　亚朵经营管理理念创新

（三）酒店运营的"五化三定"

"五化三定"管理办法是积极推进酒店精细化管理中经验的总结和积累，

是多年来将管理中的问题、盲区加以细化，转换成"特别管理"采取的针对性措施。

"五化"就是"化小考核指标、化细检查标准、化短核算周期、化严问责力度、化大奖励幅度和机会"；"三定"是指"费用定比、利润定额、定量"。以下对"五化"内容进行阐述。

1. 化小考核指标

原有把收入、利润作为考核对象，结果只有完成和完不成。良好的经营业绩也可能掩盖住不少问题。要持续发展，必须在完成利润、收入指标的同时，详细考核各项小指标是否"健康"。化小的考核指标可能不能直接反映经营业绩的好坏，但可以预测未来的趋势和走向。

2. 化细检查标准

管理精细化首先从标准精细化开始。标准是一个酒店管理水平的体现，更是一个团队专业化的标志。细化过程就是自我完善、自我提高的过程。制定的标准，要做到先进性、可操作性、可检查性。管理效能的实现，一半依赖于检查机制的有效运行；而检查要发挥实际作用，则必须依托细化的标准作为支撑。唯有以清晰、可衡量的标准为基准，检查工作才能精准定位问题、评估成效，进而推动管理目标的达成。

3. 化短核算周期

酒店经营的核心逻辑在于：没有优质的过程管控，就难以实现理想的经营结果。因此，必须将管理重心向过程控制倾斜，通过缩短核算周期提升管控精度。建议将月度经营指标细化至周度、日度，以高频次的过程追踪确保目标可监控、问题可干预。

以出租率管理为例：

设置满房激励机制：通过每日设定客房出租率目标值（如对标区域竞品均

值或历史同期峰值），对达成"满房"（或超目标出租率）的班组或员工给予即时奖励，激发一线服务团队的主动性。

实施日度出租间夜数考核：建立"日度出租间夜数动态追踪表"，将每日实际出租间夜数与计划值对比，实时分析差异原因（如渠道流量波动、团队预订变化等），并针对性调整销售策略（如优化线上推广力度、加强协议客户拜访等）。

逻辑闭环优势：

通过"日追踪—周复盘—月总结"的短周期管理模式，酒店可及时捕捉经营异常（如某时段预订量下滑），快速响应市场变化，避免问题累积至月度考核时才暴露，真正实现"以过程控制保结果达成"的管理效能提升。

4. 化严问责力度

只要出现事故，无论是什么原因，都要有人承担责任，不能因借口或例外而不了了之，一定对责任人、连带责任人，做出严格处理。职位高、影响面大的高层、中层管理人员手中握有权力，更容易滥用职权，或者轻视酒店制度。一旦他们违纪，危害性、破坏性、影响面更大。从严管理管理者，从严培养管理者，一旦出现管理人员违纪或者造成质量事故，要加大处罚力度。

5. 化大奖励幅度和机会

原有的综合性的月度优秀员工不符合酒店的现实需求，激励性不够，要根据酒店实际，设置仪容仪表优秀奖、卫生标兵等单项奖，让更多有一技之长、单方面表现突出的员工得到激励。

"三定"是数字化管理的标尺。酒店在以往经营数据以及参照同行业控制水平的基础上，对经营中涉及的费用、成本实施定量或定比，从而评价酒店后期管理的水平。

费用定比。酒店前区看得见的是收入，酒店后区看不见的是利润。酒店经营涉及能耗、人力资源费用、物料消耗等费用，如何把这些费用控制在合理的水平，是酒店管理水平的体现。有些酒店的营业收入不断攀升，但营业利润却不断下滑，究其原因是费用控制不力。

如何做好费用控制？酒店可以参照同一地区酒店行业控制水平，参照往年经营数据，对涉及的费用实行定比。比如，高星级酒店人力资源费用应控制在24%~28%，能耗控制在5%~8%。如果费用达不到或者超出预算，要在管理上找原因。

利润定额。考核酒店经营成果的一个很重要的指标是经营利润。在各项费用定比的前提下，影响酒店利润的重要因素是营业收入。如何舞好酒店营销龙头，提升酒店的出租率和上座率，是酒店必须攻克的难题。

工作定量。员工人均创收能力是衡量酒店管理效率的一项重要指标。如果人均创收能力低于同行业水平，表明酒店存在机构臃肿、人员冗余和员工缺乏积极性的现象。同时可能暗示管理层对组织的管理不够有效。

酒店人力资源部要根据酒店经营的淡旺季实行动态定岗定编，合理确定员工的劳动定额，做到人尽其用。

第二十三章
酒店管理者的修养

管理者是部门工作的领路人。作为管理者,要提升自身素质和修养以及个人的管理水平和运营能力。在日常管理中要吃透上级的精神,了解下级的情况,借鉴别人的经验,集中团队的智慧,形成长远的思路,变成大家的行动。道理很容易明白,但做起来是一个漫长的修行之路。

一、管理与人性

(一)人性是利我,做管理要利他

领导力有四个境界:员工因为你的职位而服从你;员工因为你的能力而服从你;员工因为你的培养而服从你,他们感恩你对他们的尊重、培养和付出;员工因为你的为人、魅力、风范而拥戴你。为什么下属愿意听你的指挥,为什么能够死心塌地地帮你做事,为什么能够不断地帮你冲锋陷阵抗业务,简单来说,因为这么做对他有好处。谁会总是去做吃力不讨好的事呢?这在管理学上叫作"利他"。作为管理者,经常要想的事情不是怎么驯服你的员工,怎么让他乖乖听话，制定什么好的规则来约束他。而是应该多加思考如何运用现有的资源，运用管理手段，帮助下面的员工获得更多有利的东西，让他们得到更多的好处。

（二）人性喜欢看缺点，做管理要善于发现优点

俗话说"用人之短，天下无可用之人，用人之长，人人皆是可用之才"。管理者需要明白下属的缺点在哪里，短板是什么，更要清楚他们的优势在哪里，亮点是什么。

经常会遇到新晋升的主管跑来抱怨，说某人真的太难管了，一是问能不能换掉他，二是问能不能想办法让他听话，也就是制服他。问他怎么回事，其说了一大堆缺点，当问他有哪些优点的时候，主管也能列举一二，既然知道他的优点是什么，为什么不去用呢？总之要善于发现每个人的优势，即便是缺点也要辩证地看待，只要能用在适合的地方，有时候缺点也是优点。

（三）人性喜欢逞能，管理者要善于赋能

在日常工作中，我们常常观察到人性中那股不甘平庸、渴望证明自己的力量——逞能。这种心理驱动力，虽能激发个体的潜能与斗志，但若缺乏正确引导，也可能导致资源浪费、团队冲突乃至组织目标的偏离。因此，作为管理者，必须深刻理解这一人性特质，并巧妙运用赋能的艺术，以实现团队的和谐共生与高效运作。

赋能，并非简单的权力下放或资源分配，而是一种深层次的管理哲学，它要求管理者具备敏锐的洞察力、高超的沟通技巧以及深邃的战略思维。管理者需首先认识到，每个团队成员都是独一无二的个体，他们拥有不同的能力、经验和价值观。因此，赋能的关键在于识别并激发这些个体的独特优势，帮助他们建立自信，勇于承担责任，并在团队中找到属于自己的位置。

在赋能的过程中，管理者应扮演引导者和支持者的角色。他们应提供必要的培训和发展机会，帮助团队成员提升专业技能和综合素质；同时，还要建立公平、透明的评价体系，确保每个人的努力和贡献都能得到应有的认可。此外，管理者还应鼓励团队成员之间的交流与合作，促进知识共享和思维的碰撞，从

而激发更多的创新火花。

值得注意的是，赋能并非一蹴而就的过程。它需要管理者具备持续学习的精神和不断反思的能力。随着团队和外部环境的变化，管理者需要不断调整赋能策略，以适应新的挑战和机遇。只有这样，才能确保团队始终保持活力和竞争力，不断迈向新的高度。

二、如何看待竞争伙伴

中国有句古话，同行是冤家。酒店间争市场，争员工，争资源，因此，有些地市的酒店同行同端一碗饭，但很少交流往来，即使想去同行那里学习也喜欢搞"潜伏"。随着科技的发展，观念的变化，人员的流动，酒店间的交流和交往，势不可当。酒店同行不仅不再是冤家，而是成长的伙伴。酒店经营要时刻紧盯其他地市的同行，他们是创新的源泉，其优秀的管理理念、成功的经营举措、市场叫好的菜品、硬件装修都可以学习借鉴；对于同一地市、同一区域的酒店，要明确哪些是直接竞争对手，哪些是对酒店有促进作用的"大树"。对于直接竞争的对手，要日日关注，周周分析，关注他们的营销活动、房价变化、网络评价等，要分析他们的客源、大型会议、各房型出租情况、大型美食活动等，只有知己知彼，才能保证客源不流失；对于产品和硬件远远高于酒店的"大树"，要深知大树底下好乘凉，紧抱"大树"，形成共生关系。

（一）竞争不全是你死我活

竞争不全是你死我活，我输你赢的零和博弈。广阔的酒店业市场，容得下足够多的酒店。酒店从业者不是敌人和对手，而是共同进步的伙伴。有了竞争伙伴，在成长的道路上才不会失去方向和动力。

（二）竞争伙伴是一面镜子

竞争伙伴可以让酒店时时对照，查找不足和缺点，让酒店自己不断警醒。酒店要每月、每年与同一竞争圈的酒店同行，以及与文化和旅游部公布的行业数据进行对标,通过对标明晰自己存在的问题或者做得好的地方。不足和问题要作为课题,落实到责任人,并限期改正。

(三)竞争伙伴是老师

1979年,施乐公司提出了标杆管理,其要义是将本企业的产品和服务与该行业最佳者进行比较,从而找出差距和问题,并找到解决问题的方法来弥补自身的不足。实施标杆管理就是将酒店行业或者其他行业的先进企业确立为自己学习的标杆,然后将本企业经营的各方面状况和环节与标杆企业进行对照分析,查找差距和问题,最后将标杆企业的优秀做法移植到本企业的经营环节中去的一种方法。酒店要不断地与优秀企业对标,查找不足,不断借鉴学习,提升运营管理和服务能力。

(四)如何选择竞争对手

在竞争激烈的市场环境中,选择恰当的竞争对手对于企业战略定位与发展路径具有深远意义。竞争对手的选择不仅关乎企业自身资源的高效配置,更直接影响到市场竞争策略的有效性与可持续性。若选错了竞争对手,酒店可能陷入战略迷失的困境。一方面,如果只选择过于强大的对手,酒店和他们之间的客源市场可能不同,根本不存在竞争关系,还有可能是共生关系。即使相同的客源市场,由于竞争对手过于强大,可能导致企业资源过度消耗于无望的追赶之中,忽视自身核心竞争力的构建;另一方面,如果只选择实力过于弱小的竞争对手,则可能使企业丧失前进的动力,走入"安逸区",由于忽视真正强大的对手而制定不适合自己的发展战略和竞争措施,会错失发展机遇或者丢失市场。

酒店选择竞争对手有几种方法。一是按照商圈,同一商圈,同一档次、设施、产品以及价格相近的酒店一般是自己的竞争对手。如果你的酒店在商圈里排名第一,那就要跳出商圈去附近商圈甚至整个城市去寻找竞争对手。二是在OTA平台上,订单流失到对方的酒店,也可以判断为酒店的竞争对手。还有，如果酒店列入 OTA 的某个榜单，排在酒店前面的酒店一般可以认定为竞争对手。比如，北京三元桥 CitiGo 欢阁酒店虽然和北京远航国际酒店在地理位置上较远，客源有所不同，因为同在北京高档酒店榜里，两者也会存在竞争关系（见图 23-1）。

三、如何看待同事

酒店同事朝夕相处，甚至一起相处的时间超过了家人。如何看待同事直接关系到团队氛围、协作效率以及整体业绩，甚至自己的生活质量。管理者应以一种既和谐又尊重差异的态度来看待同事。

图 23-1　北京高档酒店榜

目标一致，风格各异。管理者应认识到，团队成员虽有着共同的工作目标，但各自的性格、气质、生活背景和社会阅历却各不相同。这种多样性正是团队创造力的源泉。管理者需尊重并欣赏每位同事的独特风格，避免"一刀切"的管理方式，以激发团队的多元活力。

求同存异，和谐共处。管理者在推动团队工作时，应秉持"求同存异"的原则。在寻找并强化团队共同点和共同利益的同时，也要包容并保留不同意见。通过有效的沟通和协调，促进团队成员之间的理解和尊重，形成既和谐又富有活力的团队氛围。

学习榜样，共同成长。同事不仅是工作中的合作者，更是相互学习的榜样。管理者应以开放的心态，从同事身上汲取优点和长处，不断提升自己的管理能力。同时，也要鼓励团队成员之间的相互学习和支持，共同推进团队和个人的成长。

互惠互利，合作共赢。管理者应深刻理解互惠原理在同事关系中的应用。应通过促进团队成员之间的资源共享和利益共赢，建立更加紧密和稳固的合作关系。这种基于互惠互利的合作模式，不仅能够提升团队的整体业绩，还能够增强团队成员之间的信任和依赖。

以人为本，关注情绪。管理者还应关注同事的工作情绪和心理状态。同事之间的相处和互动会潜移默化地影响彼此的工作情绪和价值观。因此，管理者应以人为本，关注同事的需求和感受，营造积极向上、和谐友好的工作氛围。

四、培养人才

作为一个管理者要具备以下能力：一是有目标感，不仅自己知道，下属也要知道你们去哪里了；二是明白投入与产出的关系；三是对数字敏感；四是善于协调资源；五是善于学习，善于培养下属。作为酒店管理者，已远远超越了传统的指挥与控制，培养人才是管理者的重要责任。正如杰克·韦尔奇所说，"在你成为管理者之后，成功的标准是如何让别人成长"，不仅是对管理者角色的深刻洞察，更是对人才培养重要性的高度概括。管理者在人才培养上的投入与努力，不仅关乎企业当下的业绩表现，更是塑造企业长远竞争力的核心要素。门生众多是个人能力和素养的体现。管理者要经常思考，你培养了多少人？如何让员工有本领，让企业有前途？

一个高效的人才培养生态系统，是管理者实现人才培养目标的重要保障。这个系统应包含目标设定、能力培养、绩效评估、激励机制等多个相互关联、相辅相成的环节。首先，管理者需明确人才培养的目标，确保这些目标与企业的战略目标高度一致，为企业的发展提供有力的人才支撑。其次，通过构建多元化的培养体系，如内部培训、外部学习、项目实践等，全面提升员工的专业技能和综合素质。然后，建立科学、公正的绩效评估体系，客观评价员工的成长与贡献，为人才培养提供有力的反馈机制。最后，设计合理的激励机制，激发员工的内在动力，形成人才培养与企业发展的良性循环。

坚持以身作则。"上行下效"作为一条古老的管理智慧，在人才培养中同样具有重要的指导意义。管理者自身的行为举止、工作态度和价值观等都会对员工产生深远的影响。因此，管理者应时刻注意自己的言行举止，以身则，为员工树立积极向上的榜样。通过自身的努力和成就，激发员工的潜能和热情，引导他们向更高的目标迈进。同时，管理者还应积极营造一种开放、包容、鼓励创新的工作氛围，让员工在轻松愉快的氛围中学习成长。

坚持个性化培养。每个人都是独一无二的个体，拥有不同的性格、兴趣和能力特点。因此，管理者在培养人才时，应充分尊重员工的个体差异，实施个性化培养策略。应通过深入了解员工的职业发展规划和成长需求，为他们提供量身定制的培训和发展机会。同时，鼓励员工发挥自己的特长和优势，在适合自己的岗位上实现自我价值。此外，管理者还应关注员工的心理健康和职业发展平衡，为他们提供必要的支持和帮助。

坚持实践中培养。理论知识是人才培养的基础，但实战能力才是检验人才质量的关键。管理者应鼓励员工积极参与实际工作项目，通过实践锻炼来提升自己的业务能力和解决问题的能力。同时，建立跨部门、跨领域的合作机制，让员工在多元化的工作环境中开阔视野、增长见识。通过实践锻炼，员工可以更加深入地了解企业的运营流程和市场需求，为企业的发展贡献自己的力量。

五、酒店管理者格局

在酒店行业中，管理者不仅是日常运营的指挥者，更是酒店发展方向的引领者。而作为一名优秀的酒店管理者，必须具备广阔的格局，即能够从更宽广的时间和空间角度理解、思考事物，并据此做出明智的决策。

格局，是一个人对环境的认识和理解。对于酒店管理者来说，格局的大小直接决定了其管理水平和酒店的发展潜力。一个格局大的管理者，能够站在更高层次上审视酒店的运营状况，洞察行业的发展趋势，从而制订出更具前瞻性的战略计划。

在时间维度上，格局大的管理者能够认识到酒店行业的历史演变和未来发展趋势。他们不仅关注当前的市场状况，还会深入研究行业的发展历程，从中吸取经验教训，为酒店的未来发展提供借鉴。同时，他们还会积极预测未来的市场变化，提前布局，抢占先机。

在空间维度上，格局大的管理者能够跨越地域的限制，从全球范围内看待酒店业的发展。他们关注不同国家和地区的酒店业特色，学习借鉴先进的经营理念和管理模式，不断提升酒店的竞争力。此外，他们还会关注国际旅游市场的变化，根据游客的需求调整酒店的服务内容和方式。

在概念范畴内，格局大的管理者能够深入理解酒店业的本质和规律。他们不仅关注酒店的硬件设施和服务质量，还会思考如何通过文化、艺术等元素的融入，提升酒店的品牌价值和文化内涵。同时，他们还会关注酒店业的可持续发展问题，积极推动绿色、环保、低碳等理念的实践。

格局大的管理者还具备敏锐的洞察力，能够认识到不同维度下的环境和自身的变化。他们能够及时发现酒店运营中的问题和不足，并采取有效措施加以解决。同时，他们还能够敏锐地把握市场机遇，带领酒店不断创新和进步。

六、检查是管理者的上岗证

在深入探讨酒店管理的核心环节时，检查机制无疑占据了举足轻重的地位。这一过程不仅是管理者依据既定服务与管理标准对下属工作绩效进行"对标"的关键步骤，更是确保酒店运营质量、维护品牌形象不可或缺的一环。酒店标准的制定与下发，仅是构建管理框架的基石，而检查与对标工作的有效实施，则是将这些标准从纸面转化为实际操作，避免其沦为空谈的关键所在。

检查，作为管理者的"必修课"与"上岗证"，其重要性不言而喻，它不仅是职责所在，更是衡量管理者是否尽职尽责的重要标尺。在管理体系中，缺乏检查等同于管理的缺失，因为管理的本质在于通过监督与反馈来不断优化和提升。因此，"不检查便是失职"这一观念应深深根植于每位管理者的心中。

（一）标准、程序与制度：检查管理的基础

检查管理的稳固基石在于完善的服务标准、操作流程及规章制度。缺乏这些基础框架，检查便可能沦为无的放矢，不仅无法有效指导员工行为，反而可能因缺乏明确导向而挫伤其积极性，导致工作混乱无序。因此，构建清晰、可操作的标准体系，是确保检查工作高效、公正的前提。

（二）检查的目的

管理的精髓在于持续改进，而检查正是这一过程的催化剂。其根本目的在于发现问题、促进整改，进而推动服务质量的螺旋式上升。问题往往隐藏在执行的细节之中，而非最初的安排阶段，因此，强有力的检查机制是揭露问题、堵塞漏洞的关键。

（三）检查的艺术与实践

要真正做好检查管理，管理者需展现出高度的勤奋与敬业精神。这不仅体现在对办公室内策略的思考，更在于亲力亲为、深入一线、以身作则地进行检查督导。部门管理者与总经理的巡视路径，往往直接映射出组织内部的薄弱环节，因为那些被忽视或遗漏的区域，往往是服务品质下降的前兆。

（四）检查的形式与内容

为确保检查的全面性与有效性，应采取多样化的检查形式与内容。从计划性到日常性，从全面性到专项性，从常规性到随机性，以及贯穿服务流程始终的事前、事中、事后检查，共同织就了一张严密的监控网络。这样的检查体系，能够全方位、多角度地审视酒店运营状况，及时发现并解决问题。

（五）检查的公正与透明

检查过程中，必须坚守公正原则，超越部门界限与私人情感，仅对酒店整体利益及既定标准负责。任何形式的弄虚作假、徇私舞弊，都是对管理原则的践踏，必须予以严厉打击。同时，管理者自身应成为检查工作的标杆，通过自身的言行举止，树立正面榜样。

第二十四章
酒店绩效管理技巧

绩效管理在人力资源管理中处于核心地位，目的是通过持续改善提高个人绩效，提高部门和整个组织绩效，进而提升酒店的竞争力。

一、酒店薪酬管理面临的挑战

（一）利益驱动力等于员工行动力

在当今酒店用工荒成为常态，员工离职率居高不下的背景下，员工薪酬问题成为影响员工忠诚度与离职率的关键因素。"利益驱动力等于员工行动力"即员工的行为动机往往直接关联于其所获得的利益回报。正如古语所云："重赏之下，必有勇夫"，当员工在工作中感受不到应有的价值体现时，其积极性和创造力自然难以激发，进而可能引发离职的念头。

薪酬是价值认知的晴雨表。"员工不愿意去做的事情，常常是因为看不到价值！"这句话直击问题核心。对于酒店员工而言,薪酬不仅是劳动的直接报酬，更是对其工作价值、个人能力及贡献度的直接认可。当薪酬体系无法公正、合理地反映员工的努力与成果时，员工便会质疑自己的职业选择，甚至萌生去意。因此，构建一套科学、透明的薪酬体系，让员工清晰地看到努力与回报之间的正相关关系，是降低离职率、提升团队凝聚力的关键。

"老板不要期望每个员工都勤奋，但员工不勤奋一定是管理和激励出了问题。"这句话深刻揭示了管理与激励在激发员工潜能中的重要作用。酒店业作为服务业的典范，其服务质量直接关乎顾客体验与品牌形象。然而，高质量的服务离不开员工的热情与投入，而这背后离不开有效的管理与激励机制。当管理层能够精准识别员工需求，通过合理的薪酬结构、晋升机会、培训发展等多元化手段进行激励时，员工的积极性和创造力将被充分激发，进而转化为提升服务质量和顾客满意度的实际行动。

"钱是解决问题的钥匙"。工资并非员工在企业中的唯一诉求，但它在很大程度上决定了员工的基本生活质量和职业满意度。当酒店能够正视并解决薪酬问题时，往往能带来一系列积极的变化：员工抱怨减少、工作氛围改善、归属感增强、认同度提升，最终体现为离职率的显著下降。这充分说明，合理的薪酬水平是稳定员工队伍、促进企业发展的基石。

"如何分饼，决定了饼能做多大。"这一比喻形象地阐述了薪酬分配策略对企业发展的影响。在酒店管理中，敢于为顶尖人才提供具有竞争力的薪酬，同时勇于淘汰表现不佳的员工，是优化人力资源配置、提升整体竞争力的关键。这不仅有助于吸引和留住优秀人才，还能在团队内部形成良性竞争氛围，推动整个组织向更高层次发展。管理的秘诀在于"敢加薪，敢'砍'人"，通过精准的人才管理策略，盘活人力资源，使公司焕发新的生机与活力。

利益分配问题是企业最迫切需要解决的难题，直接影响员工队伍的稳定和员工的工作士气。

（二）现有薪酬模式的优缺点

酒店常见的薪酬模式有岗位工薪制、底薪+提成制、年薪制与绩效工资制四种，各自承载着不同的设计理念与适用场景，各有其优缺点（见表24-1）。

表 24-1　现有薪酬模式优缺点

模式 支付依据	岗位工薪制 岗位价值	底薪+提成制 月度销售业绩	年薪制 年度经营结果	绩效工资制 员工工作业绩
优点	1. 薪酬分配相对公平 2. 简明易懂，可操作性强 3. 成本可控并且较低 4. 易于考核	1. 激励性强 2. 灵活性高 3. 容易管控成本	1. 激励与责任对等 2. 便于实施股权激励 3. 高薪养廉 4. 增强企业稳定性	1. 收入有弹性，有激励 2. 目标明确，追求增长 3. 实现薪酬内部公平 4. 控制人工成本
不足	1. 可能导致员工过于关注个人岗位和工资 2. 缺乏灵活性 3. 可能不利于员工的职业发展和激励	1. 盲目追求高业绩，员工和企业利益不趋同，易短期行为，不关注企业的长期利益 2. 稳定性差，吸引、留住人才难度加大 3. 容易造成恶性竞争	1. 周期长，无短期激励，最后冲刺，不关注平时目标完成 2. 难以调动长期行为 3. 信息不对称问题导致腐败行为	1. 员工不认同 2. 指标难设置 3. 重罚不重奖 4. 考核有争议，管理难度大

1. 岗位工薪制

岗位工薪制作为传统且稳定的薪酬体系，其优势在于能够基于岗位价值进行薪酬设计，确保了内部公平性。通过系统的岗位分析与评价，酒店能够明确各岗位的职责、技能要求及相对价值，从而制定出合理的薪酬标准。这种制度有助于吸引和保留符合岗位要求的员工，同时降低了薪酬管理的复杂性。然而，岗位工薪制的灵活性相对不足，难以充分反映员工个人绩效的差异，可能在一定程度上抑制了高绩效员工的积极性。此外，随着市场环境的变化和企业战略的调整，岗位价值的重新评估与薪酬调整也需耗费一定资源。

2. 底薪+提成制

底薪+提成制是一种更为灵活的薪酬模式，它将固定薪酬与业绩提成相结合，既保障了员工的基本生活需求，又有效激发了其工作动力。在销售及实行计件工资等业绩导向型岗位中，底薪+提成制尤为适用，因为它能够直接将员工的努力与回报挂钩，促进业绩的快速增长。当然，该模式也存在一定不足，如过度强调业绩可能导致盲目追求自身的业绩而不关注企业长期利益，导致员工忽视服务质量、客户关系维护等非直接业绩指标，甚至引发不正当竞争。此外，底薪与提成的比例设置需谨慎考量，以避免因比例不当而引发员工的不满或企业成本失控。

3. 年薪制

年薪制作为高层管理人员及关键岗位人员的常用薪酬模式，其优势在于能够体现高级人才的稀缺性和重要性，同时提供了相对稳定的薪酬预期，有助于增强员工的归属感和忠诚度。年薪制通常与企业的年度经营目标相挂钩，通过设定明确的绩效指标和考核标准，将高级管理人员的利益与企业的长期发展紧密联系在一起。然而，年薪制的实施需要企业具备较高的管理水平和完善的绩效考核体系，以确保薪酬分配的公平性和有效性。在信息不对称的情况下，年薪制可能导致管理者行为短期化，由于管理者可能掌握更多的内部信息而外部投资者或监管者难以获取这些信息，因此，管理者可能利用这种信息不对称来谋取私利或损害企业利益。此外，年薪制的灵活性相对较低，难以适应快速变化的市场环境和个人职业发展的需求。

4. 绩效工资制

绩效工资制则是一种更为全面的薪酬激励方式，它强调以工作绩效为基础进行薪酬分配，旨在通过差异化的薪酬激励来激发员工的积极性和创造力。绩效工资制不仅关注员工的业绩成果，还注重其行为表现、能力发展等多个维度，从而实现了对员工全面绩效的评估与激励。然而，绩效工资制的实施难度较大，首先，员工不一定认同，阻碍了吸引优秀人才加入。其次，需要企业建立科学、公正的绩效评价体系和薪酬管理制度，以确保评价的准确性和薪酬分配的合理性。同时，绩效工资制也可能导致员工之间的竞争加剧，影响团队合作氛围，甚至引发内部矛盾。

以上四种薪酬模式各有千秋，企业在选择时应根据自身的发展阶段、战略目标、行业特点以及员工需求等因素进行综合考虑。通过灵活运用不同的薪酬模式或组合策略，企业可以构建出既符合自身实际又能够激发员工潜能的薪酬管理体系，为企业的持续健康发展提供有力保障。

（三）大部分酒店人效低，加大了企业成本负担

酒店常见衡量酒店人效的指标有三个，分别是"人均创收""工资费用率"和"工资增长率与营收增长率之比"，是评估企业人效的重要指标，它们从不同角度反映了企业的人力资源利用效率和薪酬政策的合理性。

1. 人均创收

人均创收是指企业每位员工在一定时期内（如一年）所创造的营业收入的平均值。它反映了企业员工的整体生产效率和企业的盈利能力。

计算公式：人均创收 = 营业收入 ÷ 员工人数

人均创收越高，说明企业员工的工作效率越高，企业的盈利能力越强。这一指标对于评估企业的人力资源利用效率和经营绩效具有重要意义（见表24-2）。

表 24-2　2019—2023 年全国星级饭店人效指标（节选）

单位：万元 / 人

	2023 年	2022 年	2021 年	2020 年	2019 年
济南	31.73	19.56	24.12	21.39	22.92
北京	44.74	25.99	29.72	21.75	36.78

(续)

	2023 年	2022 年	2021 年	2020 年	2019 年
上海	51.79	29.99	36.9	26.79	44.38
南京	34.59	35.57	33.0	27.61	35.20
杭州	33.97	27.05	27.34	22.10	27.60
青岛	30.66	24.47	23.99	18.25	24.40

根据文化和旅游部 2019—2023 年《全国星级饭店统计报告》汇总。

以上五年的数据具有一定的参考作用，排除疫情影响，一线城市不能低于 40 万元/人，二线城市不能低于 30 万元/人；三线城市不能低于 20 万元/人的人效指标。低于这个指标，表明酒店存在人浮于事的情况，可以考虑精简人员或者扩大营业收入。常年低于这个水平会影响酒店利润情况。

2. 工资费用率

工资费用率是指企业在一定时期内（如一年）直接支付给员工的工资总额占同期营业收入的比例。它反映了企业薪酬支出与营业收入之间的关系，是衡量企业人工成本负担水平的重要指标。

计算公式：工资费用率 = 员工工资总额 ÷ 营业收入 ×100%

工资费用率的高低直接影响企业的盈利能力和市场竞争力。较低的工资费用率表明企业在控制人工成本方面做得较好，有利于提升企业的盈利水平；而较高的工资费用率则可能增加企业的成本压力，影响企业的市场竞争力。

表 24-3　2019—2021 年锦江、华住、首旅三家公司的工资费用率

	2021 年	2020 年	2019 年
锦江	31.6%	32.4%	23.6%
华住	23.6%	24.5%	16.5%
首旅	21%	21.7%	16.4%

（表 24-3）根据上市公司财报整理所得。因分拆口径不同，会影响数字的准确性，仅供参考。

不同地区、不同类型、不同业务结构的酒店的工资费用率会有较大差别，如酒店工资费用率达到30%，将会影响酒店利润水平甚至会导致酒店亏损。当然工资费用率不是越低越好，适当的均衡才能保证吸引和留住更多人才。全酒店的工资费用率还可以分拆到部门。比如，二线部门的财务、人事、工程、安保等部门的工资费用率，厨房厨师团队的工资费用率等，对于酒店管理、餐饮运营等都有很强的警示作用。

3. 员工工资增长率与营收增长率之比

定员工工资增长率与营收增长率之比是指企业在一定时期内（如一年）员工工资总额的增长率与营业收入增长率的比值。它反映了企业薪酬增长与业绩增长之间的协调性，是衡量企业薪酬政策合理性的重要指标。

计算公式：员工工资增长率与营收增长率之比＝［（当期员工工资总额－上期员工工资总额）÷上期员工工资总额×100%］÷［（当期营业收入－上期营业收入）÷上期营业收入×100%］

这一比值接近1时，表明企业薪酬增长与业绩增长保持同步，薪酬政策较为合理；比值过高或过低都可能表明薪酬政策存在问题，如比值过高可能意味着企业人工成本增长过快，侵蚀了利润空间；比值过低则可能影响员工的积极性和稳定性。

企业在制定薪酬政策和评估经营绩效时，应充分考虑这些指标的变化情况，以确保企业的持续健康发展。

二、酒店绩效管理发展进程

酒店绩效管理的四个阶段体现了从主观模糊到客观量化，从单一任务到战略导向，再到价值创造的演进过程，每一次变革都是对管理理念和方法的深刻反思与创新，旨在不断提升组织的整体效能和市场竞争力。

（一）基于德、能、勤、绩的传统考核

酒店绩效管理的初级阶段，即第一代绩效考核，主要聚焦对员工的"德、能、勤、绩"进行全面而模糊的定性评价。这一阶段的核心理念是将"人的绩效"直接等同于"工作的绩效"，认为个人的道德品质、能力水平、工作态度及工作成果是评价其绩效高低的决定性因素。实践中，常见的形式包括"优秀员工的评选"，这类考核往往侧重于主观判断，缺乏明确的量化标准和客观依据，其核心在于对"人"的综合素质进行评价，而非直接针对工作成果或过程。尽管此方法能在一定程度上激励员工的自我提升，但其主观性和模糊性限制了考核的科学性与公正性。

（二）转向工作事项的量化考核

随着管理理念的变化，第二代绩效考核开始将重心从"人的考核"转向"工作的考核"，这标志着绩效管理向更加客观、具体的方向迈进。此阶段，绩效考核的对象明确为具体的工作事项，力求通过量化指标来衡量工作成果。然而，初期尝试中常出现缺乏具体评价要点的问题，导致评价过程仍显笼统。同时，绩效考核开始与薪酬、晋升等激励机制相结合，进一步强化了其管理效能。这一阶段的核心在于明确工作任务，通过设定具体目标来驱动员工行为，但其在指标设计的全面性和评价体系的完善性上仍有待提升。

（三）以战略目标为导向的 KPI 考核

进入第三代绩效考核，绩效管理的核心转变为围绕企业的战略目标进行，实现了从"工作导向"向"战略导向"的根本性转变。这一时期，绩效管理不再局限于单一工作任务的完成情况，而是聚焦组织整体经营和管理目标的实现。通过"抓大放小，关注核心"的策略，企业能够集中资源于对战略目标实现影响最大的关键领域。绩效活动不仅与薪酬、职位调整等紧密结合，更在目标下达、沟通、评价及激励等多个环节发挥重要作用，形成了一个闭环的管

理体系。此阶段的核心在于确保个人及部门绩效与组织战略目标的高度一致，从而推动组织整体效能的提升。

在探讨酒店绩效管理的发展历程中，第三代以战略目标为导向的KPI（关键绩效指标）考核体系无疑是一个重要的里程碑。这一体系通过设定明确的关键绩效指标，将组织战略目标与个人绩效紧密相连，旨在实现组织效能的最大化。然而，随着实践的深入，第三代绩效管理也暴露出了一系列亟待解决的问题，这些问题不仅影响了酒店战略的有效实施，也制约了员工个人的全面发展，具体如下所示。

1. 财务指标权重过大，忽视多维度价值

第三代绩效管理的一个显著问题在于考核指标过度重视财务指标，财务指标的权重甚至超过70%。当酒店营业收入较高时，即使顾客满意度、员工满意度不高，卫生质量不好等，也可以凭借权重大的财务指标，一俊遮百丑。相反，如果完不成权重较高的财务指标，即使在其他方面做得比较优秀，也不会得到较好的绩效评价。过度依赖财务指标不仅限制了酒店战略的多维度实现，还可能引发短期行为，如以降价促销，牺牲长期利益换取短期业绩。

2. 管理流程烦琐，增加操作负担

绩效管理流程的烦琐是另一个不容忽视的问题。每到月底或月初，管理人员须投入大量精力处理各种考核表格和数据分析，这不仅消耗了管理人员和员工大量的时间，还可能因过于复杂的流程而削弱了考核的实效性和针对性。过多的表格和烦琐的流程给员工带来了沉重的负担，甚至引发了员工的抵触情绪，使绩效管理成为一种形式而非真正的管理工具。

3. 主观评价主导，缺乏客观标准

在绩效考核过程中，上级评议下级的方法仍占据主导地位，这往往导致评价结果受管理人员主观判断影响较大，缺乏客观性和公正性。即便酒店制定了

详细的考核标准，但在实际操作中，这些标准往往被束之高阁，未能得到有效执行。这种主观评价的方式不仅难以服众，还容易引发员工的不满和异议，破坏了组织的和谐氛围。

4. 强制排序引发"轮流坐庄"现象

为了激发员工的竞争意识，部分酒店采用强制排序的考核方式。然而，这种方式在实践中往往被扭曲为"轮流坐庄"，即主管为了避免得罪员工而采取的平均主义策略。这种做法不仅违背了绩效管理的初衷，还削弱了考核的激励作用，使优秀员工得不到应有的认可和奖励，而表现不佳的员工也缺乏改进的动力。

5. 个人绩效与酒店绩效脱节

在追求个人绩效的过程中，员工之间往往缺乏有效的协作和沟通，导致单打独斗的现象普遍存在。这不仅影响了集体绩效的提升，还使员工之间的人际关系紧张。特别是在客房和销售等部门，员工之间的竞争尤为激烈，而缺乏有效的团队合作机制则进一步加剧了这一问题。

为了克服这些问题，酒店需要不断优化绩效管理体系，构建更加科学、公正、有效的考核机制，以更好地服务于酒店的长远发展和员工的个人成长。

（四）以价值创造为核心的综合考核

当前，随着市场竞争的日益激烈，酒店绩效管理正步入第四代，即以提升企业竞争能力为核心的价值创造阶段。这一阶段的绩效考核不再局限于单一的业绩指标或战略目标，而是将关注点放在如何通过绩效管理促进企业的长期价值增值。它要求企业不仅要关注内部运营效率的提升，更要关注外部市场环境的变化，通过不断创新和优化服务，提高客户满意度和忠诚度，从而构建可持续的竞争优势。此阶段的核心在于价值创造，即如何通过绩效管理机制激发员工的创造力和创新能力，推动企业不断向前发展，实现经济效益与社会效益的双赢。

三、酒店绩效管理面临的挑战

（一）曲解或误解，影响绩效管理的推进

不正确的认知会影响绩效管理的实施和推行。有些管理者认为绩效管理就是加强对员工的管理，把绩效管理系统变成了针对员工的管理机制。管理者利用绩效考核来评价和约束员工，进而影响员工的薪酬。事实上绩效管理除了要对绩效结果进行评估，还有绩效辅导和绩效沟通。管理者要及时掌握员工绩效表现，发现影响绩效的问题和因素，及时帮助员工解决，并与员工沟通，防止绩效管理偏离目标。还有的管理者认为绩效管理过于复杂，给自己的日常管理带来不必要的工作负担，往往在绩效管理中走过场。很多员工对绩效管理也存在误解或者曲解，比如，"绩效管理等于变相扣钱"。员工对绩效考核、绩效管理甚至管理的改革的误解，往往导致对绩效管理的抵触和不配合，也影响了酒店绩效管理的实施。

（二）绩效规划不科学，抑制团队热情

传统酒店分解绩效指标往往采取自上而下的形式，酒店给部门下达指标，部门再分给分部门和班组，班组再细化到每一个人。这也就是常说的"千斤重担人人挑，人人头上有指标"。尽管绩效指标下达的过程中上下级之间也要进行必要的绩效沟通，但是仍旧带有强制性的单向"自上而下地分解"，往往很难得到下属的认可。从而导致很多酒店的指标分解变成了"上下博弈"的游戏。

许多酒店绩效管理工作难以实施的原因是绩效计划不合理。如果给部分员工设定了过高的绩效目标，无论他们多么努力，或许都无法实现目标；而给部分员工绩效目标定的相对较低，使其很容易实现目标，形成了事实上的内部不公平，这将对员工的积极性产生很大的影响。

(三)绩效管理指标设定不当造成负面问题

有的酒店管理者认为"一考就灵",将日常工作中出现的问题一股脑儿地设置成绩效管理指标。由于绩效管理中设置了太多的评价指标,让员工不得不"眉毛胡子一把抓",会分散员工的注意力,往往疲于应付,既让员工对绩效管理产生敌对态度,同时也降低了绩效管理的作用。

另外,绩效管理中为完成设定的指标,可能会抹杀企业优势。2007年1月,索尼(Sony)公司原常务董事天外伺朗在《绩效主义毁了索尼》一文中指出:索尼公司在井深大时代是一家非常有创造力的企业,在其发展历史上曾经创造了一个又一个让客户"尖叫"的产品。但是自从索尼公司引入了绩效管理KPI后,公司上下紧盯公司绩效指标,而忽视了以往的创新。

每个部门、每个员工都有自己的绩效指标,各部门和员工为了超额完成自己的绩效指标,往往单打独斗,部门与部门之间、员工与员工之间的协作似乎变得更加困难,甚至为了本部门的利益,一遇到跨部门问题的时候,仍旧会出现推诿的现象,破坏了部门间的协作文化,甚至与企业文化倡导的价值观不符。

(四)忽视企业自身特性与适配性

很多企业看到优秀标杆酒店实施的绩效管理达到了良好效果,为了省钱、省力,容易陷入盲目的"拿来主义",而忽视自身企业的特性与发展阶段,比如,看到谷歌、华为等大企业都在用OKR绩效管理,很多企业就认为这套考核方式很先进,而实际上,企业绩效管理工具选择只有一个原则:"没有最好的,只有最合适的。"企业在选择和制定绩效管理模式时,要根据企业的发展目标、企业文化、权利管控模式,分析企业所处的发展阶段、企业现状及亟须解决的问题,量身打造一个符合自己企业管理需要的绩效管理模式和方案。

(五)认为绩效管理就是人力资源管理部门的事

绩效管理并非人力资源管理部门的独角戏,而是需要各部门通力协作、共同推进的一个重要项目。在绩效管理的实践中,各级管理者都扮演着至关重要的角色。从战略层面的规划到具体执行层面的实施,每一个步骤都需要不同部门的紧密配合。首先,战略规划部门负责制定战略规划,为整个组织的绩效管理提供方向和指引。这一步骤确保了绩效管理实践能够与企业整体战略目标保持一致,从而实现组织的可持续发展。其次,经营管理目标及计划还有绩效监督等环节。企业管理部负责实施绩效管理,确保各项措施得到切实执行。财务部门则负责资源的有效利用,为绩效管理提供必要的资金支持。确保各部门的工作进展符合预期,以确保绩效管理的有效性。在分配和激励方面,需要人力资源部门的精心设计和执行,通过与计划的对比,可以明确各部门和员工的绩效表现,进而进行相应的奖励和惩罚,确保激励措施能够激发员工的积极性和创造力。

(六)绩效管理是系统性工作

首先,酒店绩效管理工作是一个系统性工作,影响落地效果的因素很多,其中数据不准确是其中之一。数据作为绩效评估的基石,其精准度直接关乎结果的公正性与可信度,一旦失真,将严重削弱绩效管理的有效性。其次,酒店高层的态度与决心也至关重要。酒店一把手若缺乏坚持,随意改动既定规则,将直接导致绩效管理体系失去稳定性和权威性,员工难以形成稳定的预期与行为导向。最后,缺乏合适的关键人员来推动与执行也是一大瓶颈。这些关键人员不仅是政策的解读者,更是实践的引领者,他们的专业素养与执行力直接决定了绩效管理能否深入基层、有效落地。

四、酒店绩效管理的落地思路

第四代绩效管理的目标是构建一个以共赢创造为核心、薪酬与绩效深度融合、产值化与价值化并重的现代管理体系。这一转变不仅是对企业运营效率与竞争力的重塑,更是对员工个人价值实现与收入增长路径的深刻探索。

（一）逐步打破固定薪酬的界限

传统固定薪酬制度往往难以准确地反映员工的实际贡献与成长，限制了激励效应的最大化。第四代绩效管理首先着眼于打破这一界限，通过灵活多变的薪酬结构，使员工的薪酬水平与其工作绩效紧密挂钩。这一转变旨在激发员工的内在动力，促使他们更加积极地投入工作，追求个人与组织的共同成长。

（二）薪酬与绩效的完全融合

在第四代绩效管理体系中，薪酬与绩效不再是两个独立的模块，而是实现了无缝对接与深度融合。通过科学的绩效评估体系，将员工的工作成果、能力提升及团队合作等多维度表现量化为具体的绩效指标，并直接关联到薪酬分配上。这种融合不仅确保了薪酬分配的公平性与透明度，也极大地增强了薪酬体系的激励效果。

（三）共赢与创造

第四代绩效管理的核心在于追求共赢与创造。共赢意味着组织目标的实现与员工个人发展的和谐统一，通过构建良好的工作环境与激励机制，促使员工在实现组织目标的同时，也能不断提升自我价值与能力。而创造则强调鼓励员工发挥创新思维与主观能动性，为企业带来持续的竞争优势与增长动力。

（四）实现计薪的产值化与价值化

为了实现这一目标，第四代绩效管理引入了产值化与价值化的计薪理念。产值化侧重于将员工的工作成果直接转化为经济价值，通过量化考核确保薪酬与贡献的紧密匹配。而价值化则更加注重员工在创造过程中的非物质贡献，如团队合作、文化传承等，通过综合评价体系将这些价值也纳入薪酬分配的考量范围。

（五）一切用数据说话，明确标准与要求

为确保第四代绩效管理的有效实施，必须建立一套完善的数据支撑体系与

明确的标准与要求。通过大数据分析与人工智能技术，对员工的绩效表现进行精准的评估与预测，为薪酬分配提供科学依据。同时，明确各项绩效指标的标准与要求，确保员工能够清晰地了解自己的工作目标与期望成果，从而更加有针对性地提升自我。

（六）丰富员工的价值与收入系统

第四代绩效管理的目标是丰富员工的价值与收入系统，实现员工收入由自己决定、自我计薪的愿景。通过提供多样化的成长路径与薪酬激励机制，鼓励员工根据自身兴趣与优势选择适合自己的发展方向与职业规划。同时，赋予员工更多的自主权与决策权，让他们能够根据自己的工作表现与贡献来决定自己的收入水平与发展空间。

五、绩效管理理论基础

绩效管理理论是其他管理理论在绩效管理领域的整合、应用的成果，与其他管理理论的进步和发展密不可分。影响绩效管理的理论可以分为两个层次，一层支撑绩效管理的基础理论，比如，系统论、信息论、行为科学；还有一层是绩效管理的直接理论依据，比如，目标管理理论、激励理论、权变理论等。为了更好地理解绩效管理，以下对其中的相关理论做简单的介绍。

（一）马斯洛需求层次理论

1943年，美国著名心理学家亚伯拉罕·马斯洛（A.H. Maslow）在其学术著作《人类动机理论》中首次系统地阐述了需求层次理论（Hierarchy of Needs Theory）。该理论将人类需求比作阶梯状结构，自低至高依次划分为五个层次的需求系统：生理需求、安全需求、社交需求（亦称归属与爱的需求）、尊重需求及自我实现需求。马斯洛的这一理论框架，在一定程度上揭示了人类行为与心理活动的普遍规律与内在机制，对企业管理提供了更多启示。

1. 优势需求的主导地位

马斯洛理论的核心在于，个体内在潜藏着这五种不同层级的需求。在任一给定时刻，个体可能同时拥有多个层次的需求，但其中总有一个层次的需求占据主导地位，即所谓的"优势需求"。这一优势需求是当前驱动个体行为的关键因素。

2. 需求激励作用的动态变化

马斯洛指出，不同需求层次在不同生活阶段的激励作用具有显著差异。当某一低层次需求得到基本满足后，其作为激励因素的作用会随之减弱，其主导地位亦将不再稳固，此时更高层次的需求将逐渐取而代之，成为驱动个体行为的主要动力。值得注意的是，已满足的低层次需求并不会因高层次需求的发展而彻底消失，而是转变为非激励因素，即它们不再作为推动个体行动的直接原因。

3. 个人成长与组织发展对需求层次的影响

在个人与组织的发展进程中，需求层次亦会发生相应变化。具体而言，随着管理人员在组织内部的成长，其安全需求的重要性往往会逐渐降低，而社交需求、尊重需求及自我实现需求则会相应增强。此外，个体的需求层次还深受个人特质差异的影响，并随时间推移而不断演变。这一观点强调了人类需求层次结构的动态性与个体差异性，为理解个体行为提供了更为复杂且细腻的视角。

4. 对绩效管理的启示

（1）激励的方法要多元化。根据马斯洛相关激励理论显示，一种低层次需求得到满足也不会因为高层次需求的发展而消失，只是不再是行为的激励因素而已。所以，在绩效管理中，不应只重视精神方面的激励，还要充分考虑给员工薪酬、奖品等物质激励。对于中高层更是如此，虽然他们有求得尊重和自我实现的需求，但对物质激励的需求也不会消失。

（2）激励分层级进行开展。员工在酒店中职级不同，他们的优势需求也有所不同。对于基层员工，其一般生理需求与安全需求较为强烈，对于基层员工的激励措施应当以物质激励、薪酬提升为主；中层员工的社交需求与尊重需求则相对强烈，对于中层管理者可以根据其工作表现和发展潜力进行适当授权，参与酒店决策等激励措施；对于酒店高层员工，其通常自我实现需要较为强烈，因此，酒店可以给予其适当工作压力，激发其潜力，实现自我的超越。

（3）充分考虑不同年龄阶段的优势需求。不同年龄、不同生活阅历会造成员工间优势需求的差异。比如，年轻人的优势需求是尊重和社交，更加注重面子。而年龄较长的员工，他们对安全和生理的需求更强烈。因此，同样面对绩效管理中的处罚措施，年轻员工对扣罚绩效薪酬的不满意感要弱于年长的员工；在精神层面的激励上，对年轻人的激励要好于年长的员工。因此，绩效管理也要考虑不同年龄员工优势需求的产品，做到"对症下药"，将绩效管理的效果尽量优化。

（二）约翰·亚当斯的公平理论

1. 亚当斯公平理论的核心内容

亚当斯的公平理论，又称社会比较理论，主要研究工资报酬分配的合理性、公平性及其对员工工作积极性的影响。该理论认为，员工会将自己付出的劳动和所得的报酬与他人或自己过去的经历进行比较，以判断报酬的公平性。当员工感到自己的报酬与付出相符，且与他人的报酬保持相对公平时，他们会感到满意，从而维持或提高工作积极性。反之，如果员工感到报酬不公，他们的工作积极性就会降低。

2. 公平理论对酒店绩效管理的启示

（1）建立公平的薪酬体系。

横向公平：酒店应确保同一层级、同一岗位的员工在薪酬上保持相对公平。这要求酒店在制定薪酬政策时，充分考虑员工的岗位价值、技能水平、工作表现等因素，确保薪酬与员工的付出相匹配。

纵向公平：酒店还应关注员工薪酬的纵向增长，即员工随着工作经验、技能水平的提升，其薪酬也应相应增加。这有助于激励员工不断提升自己的能力和业绩。

（2）强化绩效考核的公正性。

明确考核标准：酒店应制定清晰、具体的绩效考核标准，确保考核过程客观、公正。这有助于员工明确自己的工作目标和期望，减少因考核标准不明确而产生的不公平感。

及时反馈与沟通：酒店应及时向员工反馈绩效考核结果，并与员工进行充分的沟通。通过沟通，员工可以了解自己在工作中的优点和不足，以及如何改进。这有助于增强员工的公平感，提高他们的工作积极性。

（3）关注员工的非物质报酬。

职业发展机会：酒店应为员工提供职业发展机会，如培训、晋升机会等。这些非物质报酬有助于员工提升个人能力和职业价值，从而增强他们对酒店的归属感和忠诚度。

工作环境与氛围：酒店还应关注员工的工作环境和氛围，如提供舒适的工作场所、营造积极向上的工作氛围等。这些都有助于提升员工的工作满意度和幸福感，从而激发他们的工作积极性。

（4）建立有效的激励机制。

奖励制度：酒店应建立有效的奖励制度，对表现优秀的员工进行奖励。这不仅可以激发员工的工作积极性，还可以增强他们的公平感。奖励可以包括物质奖励（如奖金、奖品等）和非物质奖励（如荣誉证书、表彰大会等）。

竞争与合作机制：酒店还应鼓励员工之间的竞争与合作。通过竞争，可以激发员工的斗志和创造力；通过合作，可以促进员工之间的协作和团队精神。这种竞争与合作并存的机制有助于提升酒店的整体绩效。

（5）加强员工的心理契约管理。

心理契约是指员工与组织之间的一种隐含的、非正式的期望和承诺。它涉及员工对组织的信任、忠诚和归属感等方面。心理契约的管理：酒店应加强员工的心理契约管理，通过建立良好的企业文化、提供公平的发展机会和待遇等方式，增强员工对酒店的信任和归属感。这有助于降低员工的离职率，提高酒店的稳定性和竞争力。

（三）平衡计分卡管理

在工业经济时代，企业的兴衰主要依赖于实物资源的占有及其有效运用，且企业的绩效评价侧重于财务指标。然而，随着知识经济时代的到来，企业的长期生存与发展不再仅取决于当前的财务成果，而是需要更加注重战略管理，并深入考虑那些影响企业长期稳定发展的关键因素。因此，传统的企业经营绩效评价模式已难以满足新时代的要求。

1. 平衡计分卡管理的逻辑

针对这一挑战，哈佛商学院的罗伯特·卡普兰（Robert S. Kaplan）教授与美国复兴全球战略集团的大卫·诺顿（David P. Norton）总裁在20世纪90年代提出了平衡计分卡（The Balanced Score Card，BSC）的绩效评价观点。他们在1992年发表于《哈佛商业评论》的文章"平衡计分卡：企业绩效的驱动"中指出，传统的绩效评价过度依赖财务业绩衡量，而这些财务指标往往仅反映公司的历史表现，即"落后的结果因素"。传统的财务会计模式无法有效评估企业的前瞻性投资，即"领先的驱动因素"。

为了弥补这一缺陷，卡普兰与诺顿提出了一个全新的绩效评价框架——平衡计分卡。该框架强调，未来的企业组织在追求短期目标的同时，必须兼顾长期发展的必要性；除了关注财务表现，还应同等重视组织运作的多个维度，包括产品创新、客户关系管理、内部流程优化以及人员的学习与成长等。

1996年，卡普兰与诺顿在《平衡计分卡：化战略为行动》一书中详细阐述了平衡计分卡的四个维度：财务、客户、内部运营以及学习与成长。这四个维度共同构成了一个全面的绩效考核指标体系，旨在将企业的战略目标逐层分解为具体的、相互平衡的绩效指标,并对这些指标的实现状况进行定期考核。通过这一方式,平衡计分卡为企业战略目标的完成奠定了坚实的执行基础(见图24-1)。

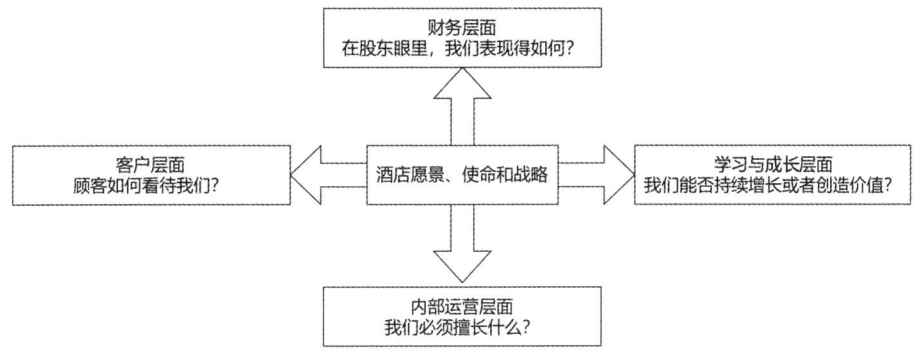

图24-1 平衡计分卡四角度示意图

平衡计分卡的基本思路是将涉及企业表面现象和深层实质、短期结果和长期发展、内部状况和外部环境的各种因素划分为四个主要方面,并针对各个方面的目标,设计出相应的评价指标,以便系统地、全面地反映企业的整体运营情况,为企业的战略管理服务。

2. 平衡计分卡的优点和缺陷

(1)平衡计分卡的优点。

①能够同酒店战略紧密联系。平衡计分卡强调绩效管理与企业战略之间的紧密关系。平衡计分卡的指标体系来源于酒店的战略目标,在实际操作中是将酒店战略目标逐层分解转化为各种具体的相互平衡的绩效考核指标体系,使各部门、员工的努力方向同酒店战略目标的实现联系起来,既实现了酒店眼前的良好效益,又能确保酒店在战略目标的指引下长远发展。

②能够将财务指标与非财务指标结合起来。传统的业绩评价系统主要是对财务评价指标的评价。但在日益复杂的环境下,单一的财务指标评价不能全面反映企业的真实业绩和发展潜力。平衡计分卡弥补了单一财务指标考核的不足,增加了客户、业务流程、学习与成长三个层面的非财务指标,形成较为全面的

绩效评价体系，更全面地评价酒店的运营现状和发展潜力。

③能够避免企业的短期行为。酒店投资、维护客户、酒店营销活动、员工培训活动等可能在短期内不会提升酒店财务指标，甚至可能因成本费用的投入造成财务指标的下滑。传统以财务评价指标为依据的评价体系下，酒店管理者为了保持短期财务指标，往往会减少在客户、员工甚至内部运营体系的投入，导致酒店运营因节约成本和费用影响酒店的长远发展。平衡计分卡从战略目标和竞争需要的角度出发，实现了公司长期战略与短期行为的有效结合。

（2）平衡计分卡的缺陷。

①实施难度加大。平衡计分卡比以往绩效管理方法更加复杂，既要考虑眼前利益，又要考虑长远发展；既要考虑股东利益，还要兼顾客户、员工等相关的利益；既要考虑现实情况，又要考虑酒店战略目标。考核的复杂性给酒店管理者提出了更高要求。如果管理者对平衡计分卡的思想及实施原则把控不好，可能会影响平衡计分卡的导入和实施效果。

②指标体系的建立较困难。酒店不同，发展战略各异，所处的发展阶段也各有不同，所面临的矛盾和问题也有所差异，导致酒店在平衡计分卡体系设计时，会设定不同的指标。这些指标的设置是否合理、是否有效，需要管理者根据酒店的战略目标、酒店内外部环境等制约因素做合理把控。如果竞争环境发生了巨大变化，原来的战略及与之适应的评价指标可能会丧失有效性，从而需要重新修订。这都给酒店指标体系建立造成了不小的困难。

③设置指标有较大难度。平衡计分卡作为一个综合性的绩效评价框架，涵盖了财务、顾客满意度、内部运营，以及学习与成长四个核心维度的业绩评价指标。在应用这一工具时，一个核心议题在于如何确定最终评价时应以哪个或哪些指标作为主要依据。平衡计分卡设计的初衷是全面反映企业绩效的多元维度，舍弃其中任何一部分指标都可能引发业绩评价的不完整性，进而影响对企业整体绩效的准确判断。

此外，平衡计分卡的有效性在很大程度上依赖于各指标间因果关系的明确性和真实性。理论上，该框架期望通过清晰的因果关系链来确保战略的有效贯彻。然而，在实际操作中，构建一个完全基于正相关关系的、真实可靠的因果关系链极具挑战性。各指标间的复杂互动往往使这种理想化的因果关系难以实现，从而影响了平衡计分卡在实际应用中的精确度和可信度。

卡普兰与诺顿亦指出了这一点。他们承认，要积累充足的数据来科学验证各指标间存在显著的相关性和因果关系，可能需要经历一个漫长的时间周期，可能横跨数月乃至数年。在此期间，企业管理者在对战略影响的评估上，往往不得不依赖于主观的定性判断，而非完全基于数据的定量分析。这种情况在短期内尤为显著，反映了平衡计分卡在实际操作中面临的数据局限性和主观性挑战。

六、常见的绩效指标分解方法

绩效管理考核指标的确立，对于酒店而言，具有深远意义。它不仅明确了部门和员工工作的量化标准与期望成果，还促进了目标与战略的一致性，确保每个部门和员工都向企业的整体愿景迈进。通过定期评估与反馈，激励员工自我提升，形成积极向上的工作氛围。同时，考核指标作为公平评价的基础，为奖惩机制提供了科学依据，增强了员工对组织的信任与归属感。因此，确立科学合理的绩效管理考核指标，是推动酒店持续发展与个人潜能挖掘的关键一环。常见的绩效指标分解方法有层级分解法、价值结构法以及战略地图法。

（一）层级分解法

层级分解法较适用于业务比较简单，规模比较小的酒店。层级分解法就是将酒店的绩效目标按照酒店、部门、班组、个人等自上而下逐层分解，将酒店目标分配到各个部门、班组及个人，明晰每个考核对象所承担绩效指标的过程。

酒店绩效指标是最高层级指标，通常是具体的能量化的指标体系，比如，营业收入、经营利润、经营成本及费用、员工薪酬、客户满意度等；部门指标通常是对实现酒店绩效目标能够起到关键支撑作用的工作，比如，客房出租率、餐饮上座率、员工流失率、促销费用率等；员工层、班组层是最底层的任务目标，通常是为了完成部门指标所要做的具体工作。比如，出勤率、顾客好评率以及服务创新项目等。

案例

酒店根据市场调研认为，未来一年的客房出租率应该由原来的60%提升到80%，这对于实现创造省内一流标杆酒店的目标来说很重要。为了实现酒店这一目标，部门将客房出租率提升的20%的任务分解为三个方面：一是提升OTA的订房间夜数，完成10%的增长任务；二是优化上门散客服务流程，提升上门散客的间夜数，分摊3%的增长任务；三是市场营销部实现协议客户的增长，完成7%的增长任务。为了分别实现间夜数比上年房间总数增长10%、3%和7%的目标，个人和班组也相应地分配到了不同的任务指标，对部门指标进行支撑（见图24-2）。

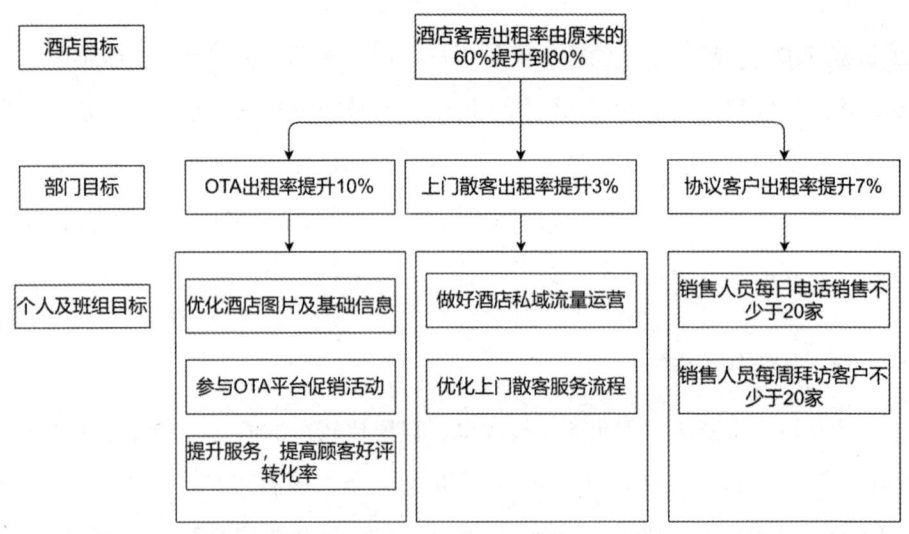

图24-2 层级分解法示意图

（二）价值结构法

为了实现战略目标，酒店在绩效管理中设置对实现战略目标有价值的指标，这样才能保证战略目标的实现。因此，很多酒店在绩效管理指标体系设置中对部门、员工价值创造的过程进行梳理，并在关键的价值点实施绩效考核。

绩效价值结构梳理的方法步骤如下所示。

（1）找到酒店最顶端、最重要的产生价值流程。

（2）总结该流程中涉及的关键过程和控制点。

（3）用这些关键过程和控制点画出价值结构图。

（4）以关键过程和控制点为核心设置指标。

案例

某知名快餐集团想提高门店营业收入可以通过三个二级指标（提高上座率、提高客单价以及增加外卖出单率）来实现；这三个二级指标还可以继续深化为更多的三级指标，有些三级指标可以再进一步细化成四级指标。指标的层级不是越多越好，而是要根据酒店的实际确定考核指标的层级（见图24-3）。

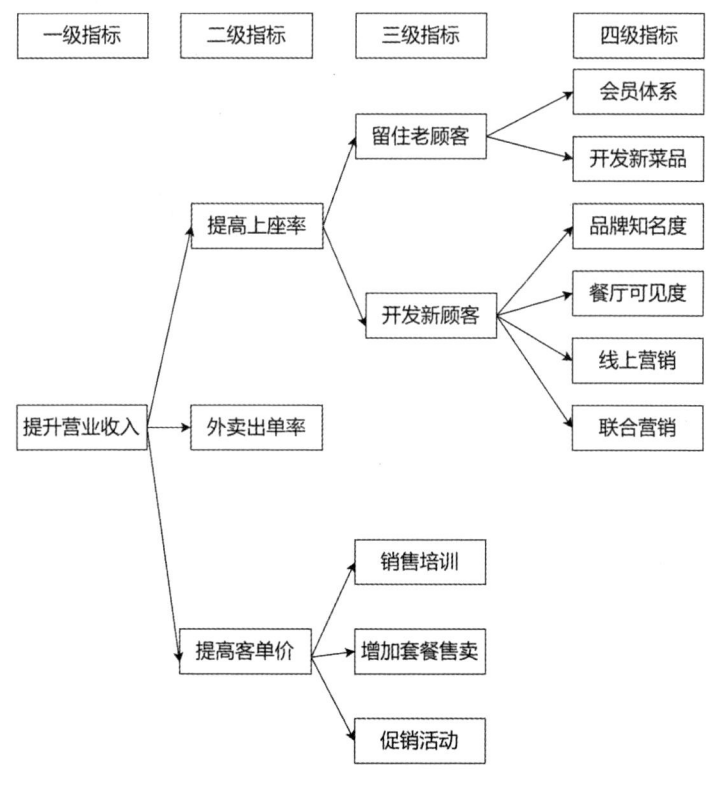

图24-3　价值结构法示意图

（三）战略地图法

2004年1月，罗伯特·卡普兰（Robert S. Kaplan）与大卫·诺顿（David P. Norton）出版了《战略地图——化无形资产为有形成果》一书，正式提出了战略地图理论。该理论旨在通过财务、客户、内部运营、学习与成长四个维度，明确企业目标，并揭示这些目标间的因果关系，使企业能更系统地、更连贯地审视其战略。

在酒店设计中应用战略地图，通常遵循以下步骤。

（1）设定战略目标：基于酒店的愿景、使命及环境分析，选择并设定战略目标，可采用自上而下、自下而上或上下结合的方式。

（2）确定业务改善路径：分析现有及潜在客户，以及新产品/服务，寻找业务增长和改善的最佳路径，提炼业务与财务融合的战略主题。

（3）定位客户价值：分析现有客户，从产品质量、硬件设施等方面调整客户价值定位，设置如客户体验、营销关系、品牌形象等战略主题。

（4）优化内部业务流程：根据业务提升路径和服务定位，梳理关键业务流程，分析成功要素，确定管理、创新、客户管理、法规遵循等战略主题，并制定战略方案。

（5）确定学习与成长主题：分析无形资源在价值创造中的作用，识别关键要素，确立激励制度、信息系统、智力资本等创新战略主题，支撑其他维度战略。

（6）资源配置：分析资源匹配度，对战略主题进行资源配置，重视人力资源、信息资源、组织资源等的价值创造作用。

（7）绘制战略地图：利用平衡计分卡的四维度，以图形方式展示战略目标及实现路径。首先，明确战略主题，对接财务维度；其次，确定四维度名称，将战略主题对应画入；最后，通过路径线连接各战略主题和关键指标，形成完整的战略地图。

案例：济南某酒店2022年战略地图制定细节

1. 设定战略目标：山东省内酒店业服务标杆企业

2. 确定业务改善路径：强客房，精餐饮，稳外租

3. 定位客户价值

（1）产品质量方面：升级体验服务，包括迭代鲁味网红早餐、品牌客房洗漱用品、顾客关键时刻体验塑造、优化亲子服务体验、伴手礼等。

（2）打造品质文化，如持续加大积分制考核机制、加大员工对客服务及内部服务激励等。

（3）塑造峰值体验，如对客户实施分层管理，对客户复购率进行监督考核等。

4. 优化内部业务流程

（1）管理方面：内部流程包括组织能力建设，如重塑组织、强化文化等。

（2）盈利能力方面：减少向不盈利部门、班组投入。

（3）辛劳不是功劳，利润是衡量一个班组和管理者的关键标准。

（4）专业能力提升和通用能力提升也属于内部管理优化。

（5）创新方面：创新对客服务项目，评选并奖励大厦金牌管家。

（6）酒店自制产品销售，实施线上销售。

（7）客户管理方面：对客户实施分层管理，对客户复购率进行监督考核。

（8）酒店管理层及一线员工实施客户档案考核。

5. 确定学习与成长主题

（1）激励制度：向"老好人"说不，以创造价值者为本。

（2）信息系统方面未在图中详细体现。

（3）智力资本：包括专业能力提升和通用能力提升，如学习工作化、向省外优秀同行学习等。

6. 资源配置

人力资源：在多个方面都有体现，如提升员工能力、激励员工服务等，重视人力资源在价值创造中的作用。

7. 绘制战略地图

（1）总体主题：山东省内酒店业服务标杆企业。

（2）四维度对接：财务维度：酒店利润持续提升，实现盈亏平衡（F2）。客户维度：包括升级体验服务（C1）、打造品质文化（C2）、塑造峰值体验（C3）、外部业务扩展（C4）、品牌影响力（C5）。内部运营维度：涵盖内部流程（L1-L6）相关内容。学习与成长维度：包括组织能力、盈利能力、人力资本相关内容（L1-L6）（见图24-4）。

（3）路径线连接：通过箭头和路径线将各战略主题和关键指标连接起来，例如，从财务维度的酒店利润持续提升指向客户维度的升级体验服务等，形成完整的战略地图。

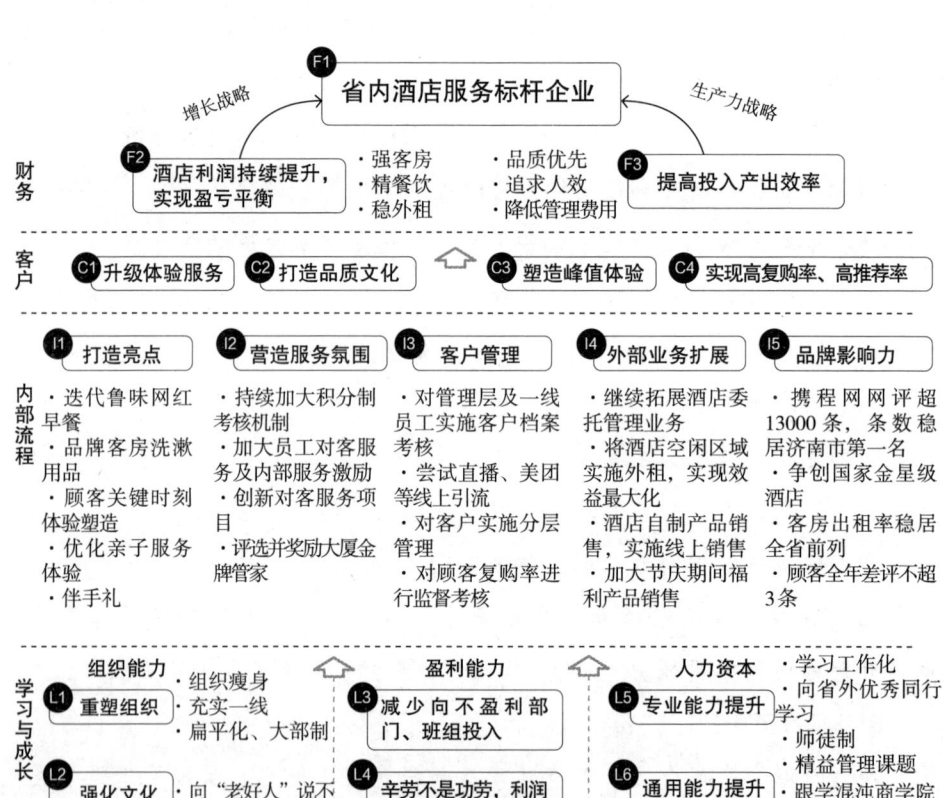

图24-4 战略地图法示意

七、绩效管理指标权重分配的确定

绩效管理考核权重分配是组织管理中至关重要的环节，它直接关联到激励机制的有效性与公平性。科学合理的权重分配应基于岗位职责、战略目标及员工发展需求，确保关键绩效指标与组织愿景紧密对接。通过层次分析法或专家评审等方法，量化评估各项指标的重要性与达成难度，合理分配权重，既能激励员工聚焦核心任务，又能促进组织整体效能的提升。此过程需定期审视调整，以适应外部环境变化与内部战略调整，确保绩效管理体系的动态适应性与持续改进。常见的绩效指标权重设置方法主要有以下几种。

（一）专家评审法

专家评审法是酒店调集相关人员组成绩效管理专家团，由专家团各专家独立对酒店的绩效指标权重进行评价，并将专家的评价结果取平均值，得出最终的绩效指标权重。

这种方法基本上是专家经验决策，带有较强的主观性。这种方法的优点是花费的时间和精力比较少，容易被考核方接受，缺点是适用于比较简单的业绩评价工作。在应用时，应该注意平衡各种不同的意见，避免专断的行为。

案例

某酒店客房部初步确定了五个绩效考核指标，邀请五位专家对营业收入、客房出租率、网络好评转化率、经营成本费用及员工流失率进行打分，然后将五个评委的分数平均，即得到五个绩效考核指标的权重（见表24-4）。

表24-4 绩效管理指标权重设置专家评审法

指标专家	专家1	专家2	专家3	专家4	专家5	权重
营业收入	50%	60%	65%	55%	50%	56%
客房出租率	10%	7%	5%	10%	13%	9%

(续)

指标专家	专家1	专家2	专家3	专家4	专家5	权重
网络好评转化率	20%	15%	10%	15%	15%	15%
经营成本费用	15%	15%	18%	15%	15%	15.6%
员工流失率	5%	3%	2%	5%	7%	4.4%

（二）因子比较分析法

因子比较分析法是一种以比较为基本方法的绩效指标权重设置方法。企业选择因子比较分析法，就需要以绩效指标两两比较的结果作为基础进行权重设置，也就是通过比较得出评分，再根据评分算出最终的权重。

例如，某酒店对酒店客房部的工作情况进行绩效评定，确定了五个关键绩效指标，即指标1、指标2、指标3、指标4和指标5。酒店管理人员运用因子比较分析法确定这五项指标的权重，对指标两两比较后得出的结果如表24-5所示，表中5代表最重要，1代表最不重要。

因子比较分析法的表中最左端纵向的指标1到指标5和最上端横向指标1到指标5是相同的五个指标。表中数据指的是最左端纵向的指标N与最上端横向的指标N比较的重要程度。评分值是横向重要程度得分的数值加总。最后的权重的结算公式如下：

$$指标N的权重 = 指标N的评分值 \div \Sigma\ 指标评分值$$

案例

表24-5 绩效管理指标权重设置因子比较分析法

绩效指标	指标1	指标2	指标3	指标4	指标5	评分值	权重
指标1	—	5	5	3	1	14	21.53%
指标2	1	—	3	4	1	9	13.84%
指标3	1	3	—	4	1	8	12.3%
指标4	3	5	5	—	2	15	23.1%

(续)

绩效指标	指标1	指标2	指标3	指标4	指标5	评分值	权重
指标5	5	5	5	4	—	19	29.23%

（三）三维确定法

三维确定法是定性与定量相结合的方法。采用点计数法，对一组指标从重要程度、紧急程度、可实现程度三个方面赋予分值，把每个指标赋予的分值相乘得到每个指标的综合得分，将所有综合得分相加，用每个指标的综合得分除以所有指标的综合得分得出每个指标的权重。

指标N的权重 = 指标综合得分 ÷ Σ 综合得分值

案例

某酒店对餐饮部实施绩效考核，确定了6个关键绩效指标，按照重要程度、紧急程度和可实现程度进行三个维度进行评价，确定6个指标的权重配置（见表24-6）。

重要程度：5特别重要，4重要，3比较重要，2不重要，1非常不重要

紧急程度：5特别紧急，4紧急，3比较紧急，2不紧急，1非常不紧急

可实现程度：5一定能实现，4能实现，3可能实现，2不能实现，1肯定不能实现

表24-6 三维确定法实例

绩效考核指标	重要程度	紧急程度	可实现程度	综合得分	权重
指标1	5	4	4	80	27
指标2	3	3	5	45	15
指标3	4	3	4	48	16
指标4	3	2	5	30	10
指标5	5	4	3	60	20
指标6	4	3	3	36	12
合计	—	—	—	299	100

八、如何将绩效管理指标细分到每个考核单元

将指标细分到每个考核单元时要确保绩效考核的科学性和公正性。我们用下面的案例做个简单介绍。表 24-7 的数据是 2022—2024 年三年的每个月度完成营业收入占酒店年度总营收的比重,请问 2025 年的每月收入指标如何分解?

表 24-7 月度占全年营业收入百分比

年份	月份											
	1	2	3	4	5	6	7	8	9	10	11	12
2022	5%	1%	7%	6%	7%	6%	8%	9%	9%	9%	12%	21%
2023	8%	6%	12%	9%	9%	11%	10%	8%	7%	6%	6%	8%
2024	4%	1%	6%	8%	8%	9%	9%	10%	10%	11%	11%	13%

年度离得越近,对酒店的营收越具有参考性,因此将三年的权重依次设置为 20%、30% 和 50%,相乘后再相加得出如下结论(见表 24-8)。

表 24-8 新一年度月度占全年营业收入百分比

年份	权重	月份											
		1	2	3	4	5	6	7	8	9	10	11	12
2022	20%	5%	1%	7%	6%	7%	6%	8%	9%	9%	9%	12%	21%
2023	30%	8%	6%	12%	9%	9%	11%	10%	8%	7%	6%	6%	8%
2024	50%	4%	1%	6%	8%	8%	9%	9%	10%	10%	11%	11%	13%
2025		5%	3%	8%	8%	8%	9%	9%	9%	9%	9%	10%	13%

假设预算营业收入为5000万元,每月的经营任务做如下细分(见表24-9)。

表24-9 新一年度月度指标数

月份	1	2	3	4	5	6	7	8	9	10	11	12
占比	5%	3%	8%	8%	8%	9%	9%	9%	9%	9%	10%	13%
5000	250	150	400	400	400	450	450	450	450	450	500	650

第二十五章
酒店流程再造

戴明曾经说过，不能满足顾客要求的原因85%与系统或流程缺陷有关，而非员工的原因。管理的角色是改变流程！流程管理是酒店最常用的管理工具，通过业务流程的设计，可以将酒店的服务标准、服务细节以及服务优势传递给顾客。哈默认为，业务流程就是"一组能为客户创造价值的相关联的活动进程"，也就是说业务流程是企业为客户创造价值的一系列活动的组合；T. H. 达文波特将业务流程阐述为"一系列结构化的可测量的活动集合，并为特定的市场或特定的顾客产生特定的输出"。

一、流程对酒店运营的重要性

流程是导航仪和复印机，规范的流程可以帮助员工"高品质地做事"。首先，酒店出色的业务流程可以实现个人能力向组织能力的转变。一旦有了明确的流程，每个员工经过培训，都可以按照企业规定的标准实施对客服务和日常管理及运营，这样可以把一些"普通员工"转变成企业期望的"优秀员工"，让个别的优秀变成多人的优秀，用流程可以批量复制优秀员工。其次，明确统一的业务流程可以让每一个员工按照流程的标准和要求做好相应岗位的工作，可以降低企业的管理成本。最后，明确的业务流程可以减少员工自由的非增值的工作，提高工作收益。因此，作业流程改善和重组起源于科学管理阶段的泰罗时代，企业为提高生产效率，降低生产成本，对作业生产流程进行改善或重组，被称为"工作改善"。

1993年，哈默等著的《企业再造：企业革命的宣言书》(*Reengineering The Corporation—A Manifesto For Revolution*)正式出版，"流程再造"(Business Process Reengineering，简称BPR)一词迅速成为美国企业界的流行语。哈默和钱皮将流程再造定义为，为了更好地改善影响绩效的关键指标，从根本上重新思考、彻底改造业务流程。企业流程再造是在全面诊断原有的服务流程、服务模式的基础上，按照新的商业思维模式，将业务流程重新合理地"组装"，从而实现绩效最大化的过程。

酒店所处的外部宏观环境和内部微观环境都发生了巨大的变化，但现行的酒店流程和管理模式大多源于"劳动分工原理"和"制度化管理理论"，按照宾客在酒店的消费过程，设计服务链，按照业务相关程度的高低进行组织机构设置，并把对客服务的过程分解为最简单、最基本的操作程序，让员工重复操作，从而提高员工的服务熟练程度。在部门设置上，强调分权和监督，从而提升对客服务质量，减少成本费用的漏洞和盲区。这种理论和组织设计适应了当时工人素质低、劳动力廉价的现状，可以有效地提高员工的工作效率，强化流程监督，促进管理和经营。但随着互联网技术、酒店管理人员管理技能、员工素质的提高，这种组织结构、切块式的服务流程不仅不能促进工作效率的提升而且还成为提升服务质量和宾客满意度的障碍，主要表现在以下四方面。

一是部门职能过度细化。酒店管理受泰罗科学管理的影响，在部门设置上，不断细化部门职能，由最早的三部一室（餐饮部、客房部、后勤部和办公室）增加到六部一室（餐饮部、房务部、财务部、销售部、工程部、人事部和办公室），又根据管理细化的需要，将房务部和餐饮部细分成客房部、前厅部、餐厅部、厨房部；有的酒店还增加了质检部、康乐部、培训部、企业文化部等总计二十多个部门。部门职能细分强化了酒店管理精细化，同时，增加了部门间沟通的难度，增加了酒店管理费用。酒店岗位设置也大多采用细化分工的原则，大部分酒店的工种分为上百个，有的还超过二百多个。细化分工的目的是提高劳动熟练程度，提高工作效率。但在现实中，往往出现"各扫门前雪"，分工即分家的现象。还有的由于分工过细，在岗位上出现了"隔岗如隔山"。例如，酒店总台分设接待员、收银员等职位，接待员与收银员分属财务和前厅部。每天早晨是前厅退房高峰，每天下午是入住高峰，形成了退房时，收银员需要处理账务，忙得不亦乐乎，接待员相对清闲；下午入住高峰时，接待员忙忙碌碌，收银员相对清闲。当宾客发现有员工清闲时，他们不会分清员工到底是收银员还是接待员，会让员工办理业务。由于他们的操作权限受到严格的限制，加之业务技能不熟练，不能很好地跨界办理业务，经常让宾客投诉。还有的餐厅繁忙时，餐厅收银员站在收银台内无事可做，宾客需要其帮忙，但由于收银和餐厅服务差别较大，没有进行过交叉培训，收银员很难做好餐饮服务。

二是责任缺失，没有人对全过程负责。酒店职能部门犹如"铁路警察"，各管自己负责的服务和业务。部门与部门、上道服务与下道服务程序的接口成了部门与部门、员工与员工的责任模糊地带。酒店中的很多员工养成了本部门或者自己有无责任作为衡量自己工作是否到位的标准，而不是宾客的满意度。而且为了本部门或者个人的利益，经常出现相互推诿、扯皮的现象。以会议用餐为例，销售部负责通过营销手段招徕宾客，餐厅接到预订后将订餐标准、要求、用餐时间等通知厨房，厨房按单制作。按照分工理论，销售、餐厅、厨房各自发挥自己的部门优势，更好地满足宾客的需求。但在实际运作中，销售部为获得订单，对宾客提出的要求甚至无法达到的要求都会答应，不考虑餐厅和厨房的生产环节能否满足，销售部考虑的是部门的业绩，如果不答应将会失去订单。另外，销售部与餐厅和厨房属于两个部门，即使宾客的需求合理，如果餐厅和厨房考虑需要部门领导审批或者需要协调采购部的支持而麻烦自己部门，也会以各种理由推脱，销售部不能为产品和服务的质量负责。服务需求在部门与部门跨越时，会出现责任递减的现象。

三是机构臃肿，管理费高，效率低。酒店为了提升管理和服务质量，会根据需要设计管理机构，目的是让管理人员在组织中起"协调器"和"监控器"的作用。但在实际管理中，很多管理人员认为"人多好办事"，很多岗位因人设岗，人浮于事，很多管理人员和员工忙于扯皮、内耗；部门和岗位设置的初衷是为了精细化管理，但在实际运作中，部门与部门之间，岗位与岗位之间并未相互支持和配合，而是相互限制和阻碍。

当前酒店大多采用是金字塔式的直线职能型组织，其管理层级常实施四级制，分别为总经理、经理、主管和领班，规模较大的酒店在总经理和经理之间又添加了总监层，还有的设置了一些副职或助理级管理人员，协助管理层的日常管理和经营工作。但在实际运作中，有些职位的设置并非因为工作的需要设置，而是为了提升管理人员级别，增加员工福利和薪酬；还有的酒店为了解决老员工、老管理人员级别问题而增加副职，这些副职往往只享受待遇，不承担责任和压力。级别设置越多，上下沟通和跨部门沟通障碍和困难越多。现行的金字塔式的组织结构刚性大，在稳定的外部环境下具有其合理性。然而在宾客需求个性化，酒店竞争白热化的今天，现有的组织结构显得僵化和迟钝。

四是员工分工过细，导致技能单一，服务适应性差。以往酒店设置很多工种的原因是员工整体素养不高，需要专业分工增加员工的熟练程度，提高工作效率。但在新常态下，酒店和宾客需要更多的万能工和综合性的服务管家，过细的分工和单一的技能不能适应服务宾客和酒店管理的需要。比如，工程部有些维修项目既有木工也有水工，如果员工技能单一，需要交叉施工，既影响了对客服务效率，又加大了酒店费用和成本。

二、流程管理的要点

（一）创造性开发

酒店服务和管理流程的创新性开发，源于多重因素的考量，旨在提高酒店服务和管理的效率，增强顾客的满意度与忠诚度，同时，巩固并提升市场竞争力。

1. 不断满足顾客的需求

随着顾客需求的多样化与个性化趋势加剧，传统服务流程已难以满足现代顾客的高标准需求，因此，酒店需不断创新，推出新颖的服务项目与模式，以精准匹配顾客期望。比如，传统酒店的退房流程是需要等待酒店查房后，才能退还客人押金，客人才能离店。而华住集团推出的"0停留退房"服务彻底打破了这一传统模式，通过技术手段简化了退房流程，使客人能够即退即走，无须等待。

2. 提升服务效率和服务品质

引入先进技术、设备及方法，优化服务流程，是提升服务品质与效率的关键路径。随着科技的进步，自助入住机、机器人送外卖、客房智能房控等系统成为酒店的标配。还有的酒店通过收集客人的历史预订记录和偏好并对数据加以分析，为客人提供个性化推荐和服务。减少了客人的等待时间，提高服务响应速度与准确性，从而全面提升顾客体验。

3. 树立品牌形象

面对激烈的市场竞争，酒店唯有不断创新，方能塑造独特的品牌形象与服务特色，吸引并留住顾客，进而提升市场知名度与美誉度。亚朵结合峰终理论进行服务创新的方式主要体现在对顾客体验的细致分析和优化上。峰终理论强调，人们对一段体验的记忆主要由两个时刻决定：一个是体验中的最高峰（无论是正面还是负面）；另一个是结束时的瞬间。亚朵深度分析了顾客在酒店的12个关键接触点，并据此形成自有的20个服务体系，正是为了在这些关键时刻给顾客留下深刻而美好的印象。具体来说，亚朵在每个接触点都设计了相应的服务策略，以确保顾客在这些关键时刻获得最佳体验。例如，在预订环节，亚朵可能提供个性化的预订服务，让顾客感受到被重视；在见到大堂的第一面，通过光影留痕等设计营造温馨舒适的氛围；看房间的第一眼，确保房间整洁、布置温馨，让顾客有宾至如归的感觉；在提供服务咨询时，做到安枕无忧，让顾客放心；在早餐时刻，提供丰富多样的选择，满足顾客的口味需求；在顾客需要等待时，提供舒适的休息区域和便利设施；在夜宵时刻，提供健康美味的夜宵选项；在离店时，提供便捷的退房服务和温馨的送别；在离店后，通过积极的顾客反馈和后续关怀，提高顾客的忠诚度和口碑传播。

（二）标准化执行

在推动酒店服务品质迈向新台阶的过程中，将酒店流程标准化是至关重要的一环。首先，将所有服务流程细化并转化为标准化的操作程序，这一举措旨在为员工提供一套清晰、可复制的执行指南，确保每位员工在处理顾客需求时都能遵循统一标准，实现服务的规范性与一致性。通过明确每个环节的步骤、要求及预期结果，保证员工有据可依，有效减少服务差异，提升顾客满意度。广州碧水湾酒店多年来以优秀服务成为酒店业的标杆。碧水湾的流程共计974个，制度共计466个，标准共计323个；每个流程中有重点难点分析、规范用语、案例分享等。他们认为标准高不高、要求严不严，直接关系到服务落实的力度，决定着服务的成效。

其次，为了确保标准化流程的有效执行，需要加大培训力度，特别是聚焦操作程序的细节解析。广州碧水湾酒店除新员工培训、员工标准培训会外，还采用"师徒制"，让新员工快速成长；利用班前分享优秀服务，正反案例评说等方式以更快速、更高效的方式将标准融汇到员工的脑海里。另外，碧水湾还编辑了《300个怎么办》《服务用语规范》《案例汇编》《企业文化》等八个标准手册，并把重点服务标准中的关键细节拍成短视频，可以让员工随时随地更直观地学习借鉴。通过以上措施，不仅让员工深刻理解到标准化流程的重要性，更掌握实际操作中的细微差别与技巧，从而在服务过程中展现出更高的专业素养。

最后，建立持续的监督和考核机制是保障标准化流程落地的关键。广州碧水湾为了将标准和流程贯彻到对客服务中，采用了积分制。积分制的逻辑就是用加分换取更多正能量，用扣分减少更多的坏行为。他们把工资以外的福利与积分排名挂钩，打破二次分配上的平均主义，让优秀的员工不吃亏，放大激励的效果。将标准化流程的执行情况纳入员工绩效考核体系，激励员工主动遵循标准，不断优化服务细节，共同推动酒店服务质量迈向更高水平。

（三）灵活性发挥

酒店流程作为对客服务的最大公约数，旨在提供一致、高效的服务体验，但它并不一定满足每位顾客的个性化需求。这一认识是理解酒店服务灵活性的基础。实际上，流程和标准的制定往往基于特定的服务场景，这些场景是动态变化的。当市场环境、顾客偏好或技术条件等关键因素发生变化时，原有的流程和标准便需适时调整，以适应新的服务需求。这种随场景而变的灵活性，确保了酒店服务能够持续贴近顾客的真实需求，提升顾客满意度。此外，在其他多种场景下，酒店流程的灵活性同样至关重要。例如，应对突发事件（如自然灾害、疫情）时，快速调整服务流程，确保顾客与员工的安全成为首要任务；在特殊节日或活动期间，灵活调整服务流程以融入节日氛围，增强顾客体验；以及针对 VIP 客户或特殊需求的顾客，提供定制化的服务流程，展现酒店的个性化关怀与尊享体验。酒店流程运行的灵活性不仅是服务质量的保障，更是酒店适应变化、持续创新的关键所在。

（四）持续性优化

流程管理的持续优化是提升服务质量、树立品牌形象的关键策略。酒店流程的建设与完善，通常遵循着僵化、优化与固化三大阶段，这一过程不仅体现了对规范化运营的执着追求，也蕴含了对创新与适应性的深刻理解。在流程建设的初期，酒店往往强调流程的不可更改性，这是为了快速建立起一套统一、规范的运营体系。通过严格的流程执行，酒店能够确保服务质量的稳定性，减少人为失误，为顾客提供可预期的服务体验。这一阶段虽看似"僵化"，实则是为后续的优化奠定坚实基础。随着运营时间的推移，酒店会逐渐暴露出流程中的不足与矛盾，如服务效率低下、顾客需求未被充分满足等。此时，酒店须根据运营反馈、顾客需求变化以及行业发展趋势，对既有流程进行细致的审视与优化。优化的关键在于精准识别问题点，设计科学合理的改进方案，并通过试点验证其有效性。在这一过程中，酒店不断寻求创新与突破，努力塑造服务中的卖点和亮点，以此提升竞争力。当优化后的流程经过充分验证，展现出明显的优势与成效时，酒店便将其固化下来，成为长期遵循的标准。固化阶段不仅是对现有成果的认可与保护，更是对酒店服务特色与品牌形象的强化。通过固化流程，酒店能够保持服务质量的稳定与一致，确保顾客每次入住都能享受到同样的高品质服务体验（见图25-1）。

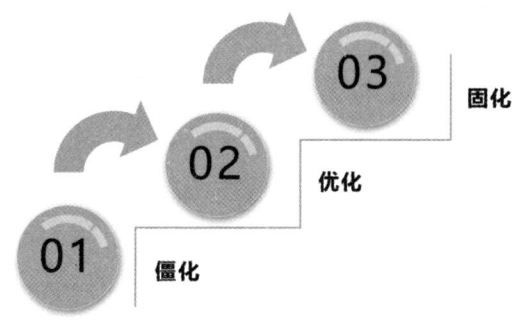

图25-1　流程优化示意

优化作为酒店流程管理的核心环节不仅能够帮助酒店解决运营中的实际问题，更能通过塑造独特的卖点和亮点，使酒店在激烈的市场竞争中脱颖而出。流程优化要旗帜鲜明地提出打造"亮点文化"。衡量是不是亮点，不能靠自己说，而是看看顾客说不说好，看看同行来不来学，看看能不能带来良好的效益。和其他酒店雷同或者和其他大多数酒店一样的操作方式，不会给顾客带来惊喜，不会树立良好的酒店品牌形象。在优化过程中，酒店须密切关注顾客需求的变化，及时调整服务策略，确保服务内容与服务方式始终与顾客期望保持一致。

碧水湾酒店在流程持续性优化方面采取了以下两项有效措施：一是建立完

善的顾客意见反馈体系，包括线下的书面问卷调查和扫码调查，以及顾客体验服务后在 OTA 平台及第三方平台的自主打分评价。这些渠道为酒店提供了丰富的"顾客声音"，使酒店能够及时了解顾客的需求与不满，为流程优化提供有力的数据支持。二是行业对标学习。除了关注自身顾客的需求，碧水湾酒店还积极收集同行、竞争对手及行业标杆的顾客点评信息。通过对比分析，酒店能够清晰地认识到自身在服务、管理等方面的不足与差距，并将收集的资料在酒店每天召开的中高层例会上进行集中学习，探讨改进措施，确保酒店服务始终走在行业前列。

三、酒店企业流程再造的具体措施

一是构建柔性组织结构。面对复杂多变的宾客需求，市场要求酒店的组织结构具有灵活性与适应性。1998 年，美国前通用电器公司总裁韦尔奇提出了"通力合作"的管理理念，他认为企业内部通过实施"通力合作计划"，授予员工更多的权力、工作自由度，员工会更加愉快地工作，并对公司日常运营的方法提出创造性建议，来提高个人及企业的绩效。通过利用"通力合作计划"推倒组织间的围墙，打破了部门隔离，在酒店中形成了以任务为导向的临时组织，甚至还出现了"消防队员"似的员工和组织。酒店员工可以按照任务或者服务项目授权而不是在组织中的位置和职责来做好对客服务。酒店员工不再像以前属于部门管理，而是在服务流程上由员工实施自我管理，员工可以根据环境的变化，迅速地、有效地配置其所掌握的资源，以实现酒店长远、最大化利益为目标，尽力完成流程中所承担的职责。

二是培养"万能工"。万能工制度是假日酒店管理集团率先在全球假日酒店系统内推广的一种客房计划保养的方法，目的是通过实施此项目来帮助酒店改善客房完好程度和宾客满意程度。作为新型的工种，万能工不仅要熟练掌握油工、木工、电工、管道工等工种技能，还要对所在酒店的系统和设备运行的情况有充分的了解。除独立维护保养客房外，在处理紧急问题时，可以独当一面。由于其高效、实用的工作方式，万能工一出现就受到了酒店业的好评，并得到积极推广。

目前，万能工是工程部的一个工种，在其他部门还没有得到推广。日常服务中，不仅工程部需要万能工，其他部门也同样需要。比如，房务部的贴身管家，从接受宾客预订、制订接待计划、房间布置、迎接、住店期间的起居服务、就餐安排、车辆使用、旅游、礼品购买等都由其一人统筹安排，并提供服务。贴身管家不仅避免了信息传递不到位的风险，还减少了服务环节与服务环节间的接缝，提升了宾客满意度和忠诚度。类似万能工、贴身管家的岗位应该在酒店内推广设置。

三是优化厨房运行体系。餐饮的核心产品是菜品，厨房是菜品生产基地，厨房出品的好坏直接影响着酒店餐饮的经营。厨房的组织结构多年来一直按职能设置岗位。一般厨房都设置炒锅、砧板、打荷、上杂、烧烤、卤水、中点、西点、凉菜、粗加工等工种。这样不仅扩大了厨房面积，相应减少了餐厅经营面积，加大了原材料和人力浪费的风险，更重要的是由于过度依赖厨师，中餐的口味和产品具有很大的不稳定性。有些中餐连锁企业在借鉴肯德基、麦当劳等快餐中央厨房经验的基础上开始尝试建设"中央厨房"。当"中央厨房"的出现解决了这个问题时，业界又担心中央厨房标准化批量产出的菜品千篇一律，不符合中餐"百菜百味"的特色需求，还会抹杀厨师的创造性和积极性。餐厅内的操作工将中央厨房为餐厅配送的半成品进行简单的加热和组合，从而不需要像传统餐饮企业那样每间餐厅都配备厨师，复杂、艺术化的中餐烹饪变成了标准化的工业制造过程。这种生产就有效地保证了食品品质的稳定性，也显著降低了厨师人力成本。此外，由于简化了餐厅里的食品烹饪程序，就有效地减小了厨房面积，从而扩大了有效营业面积，提高了中餐菜品的可复制能力，使经营规模能够迅速扩张。中央厨房的核心就是彻底打破传统的手工作坊式的简单初加工，革除了技术不稳定、无法高速复制等弊端。高星级酒店要利用中央厨房的概念，减少各餐厅厨房的面积和用工数量，用标准化的工业制造过程代替简单的手工劳动，降低运营费用，提高酒店餐饮的盈利能力。

四是引入信息技术。信息技术改变着酒店服务和管理模式及流程。利用信息技术不仅可以改善宾客的消费体验,而且为酒店精细化管理提供了技术支撑。酒店服务流程要更多地借用信息技术,强化服务的精细化,降低员工的劳动强度,节约人力,实现宾客、员工和酒店多赢的局面。

五是酒店硬件设施智能化。随着移动互联网技术的提升以及宾客消费习惯的变化,宾客对酒店设施的智能化要求越来越高。手机微信预订、微信支付、"扫"开房门、智能化门禁、智能会议系统等逐渐成为酒店的标配,也在实际应用中提升酒店服务的个性化水平,增加宾客体验。

六是管理过程简约化。黄龙饭店利用信息技术提高服务和管理效率,控制员工成本。例如,用 iPAD 点菜,比传统菜单点菜更形象直观、更快捷方便,为酒店节约了财力和人力耗费,并大幅提升了对客服务效率。会议和宴会自动签到技术为,只要宾客佩戴的酒店胸卡,会场导航显示屏会自动统计已到和未到的人数,既方便宾客,又节省人力。酒店员工手持 I-TOUCH 上岗,不仅是给酒店员工心理上的一个惊喜感,更重要的是加快服务速度、减少服务出错率,以及对员工进行智能考核。

第二十六章
酒店问题管理

一、发现问题

问题是现实状况与理想状态之间的偏差或矛盾。它代表着一种不完美、需要改进或解决的现状。在问题管理中,首要任务是发现问题,这需要对实际情况有深入的了解和敏锐的洞察力。

酒店管理工作大体上分为执行类工作和研究类工作。执行类工作就是管理者日常工作中最常做的,将酒店的标准、流程、规章制度等落实到位。另一类工作,很多管理者往往忽视,就是研究类工作。研究类工作大体上分为三种:

第一种研究工作是描述与说明,能清楚地说明现状是什么,比如,酒店客源市场、酒店质量管理的现状、酒店竞争态势等,我们可以简称其为"看见"。看见的价值在于能否准确描述客观世界,这些信息是否对研究有所帮助,这些信息有多少只有你能看得到。很多管理者不能看到有价值的信息,主要原因为:一是酒店是否有相应的发现问题的机制,比如,酒店质检、专家明察、顾客访谈、员工沟通；二是是否能从不同的角度看问题，比如，从顾客的角度、员工的角度、供应商的角度、竞争对手的角度以及股东的角度等。

第二种研究工作是探究原因和机制，比如，什么原因导致了酒店竞争日益加剧；品牌加盟酒店与单体酒店相比，存在哪些优势和不足？影响酒店房价、出租率的因素有哪些？影响酒店OTA运营的因素有哪些？他们之间又是如何相互影响的？酒店OTA与抖音等新媒体的竞争和合作的机理是什么？我们把这一种工作称为"洞见"。洞见未来并非易事，它涉及多个层面和因素的综合考量。一般来说，总结经验或者找出规律需要深厚的理论、经验和知识储备，不断学习和积累专业知识，是洞见未来的基础。只有对所在领域有深入的了解，才能准确判断其发展趋势。同时，学习跨学科知识，有助于从不同角度审视问题，发现潜在的机会和挑战；保持敏锐的洞察力：关注时事动态，了解社会、经济、政治等方面的变化，把握宏观趋势；运用创新思维，勇于打破常规，尝试新的方法和思路，寻找解决问题的新途径；运用科技手段，利用大数据、人工智能等先进技术，分析历史数据和当前趋势，预测未来走向。除了以上要点，洞见还需要勇气和决心，敢于直面问题，尤其棘手问题甚至责任在自己的问题。

第三种研究工作是预测未来，称之为"预见"。更好地预见未来需要具备深入分析与研究的能力、批判性思维、持续学习与更新的能力。通过综合运用这些策略和方法，可以更准确地把握未来的趋势和变化，为未来的挑战和机遇做好准备。深入分析与研究，针对所在领域或感兴趣的方面，进行深入的市场研究、技术分析和历史数据回顾。通过挖掘和分析过去的信息，可以发现潜在的模式和趋势，从而推测未来的可能发展。培养批判性思维，在获取信息时，要保持独立思考和批判性思维。不要盲目接受他人的观点或预测，而是要进行深入的分析和评估。通过质疑和验证，可以更准确地判断信息的真实性和可靠性。同时预见未来是一个不断学习和更新的过程，需要保持对新技术、新理念和新知识的学习和关注，通过持续学习，可以不断提升自己的预见能力和适应能力。

> 问题可以从薄弱环节中找、在成功面前找、在关键部位找、在结合点上找、在落实过程中找、在客人那里找、在同行那里找。

二、界定问题

《优雅的解决—丰田革新之道》一书里写了这样一个案例：在繁华都市的中心，矗立着宏伟的杰弗逊大厦。然而，不知从何时起，大厦原本洁白的外墙逐渐变得漆黑斑驳，严重影响了这座城市地标的美观。大厦管理方为此头疼不已，起初他们认为是环境污染导致，于是加大外墙清洗频率，使用强力清洁剂进行清洁。但令人感到意外的是，清洗得越频繁，外墙损坏和变黑的速度反而越快，维修成本也越来越高。

为了解决这个棘手的问题，管理方邀请了专业团队进行深入调查。团队成员通过细致观察和分析，逐步揭开了问题背后的层层原因。他们发现，频繁使用清洁剂清洗墙面，是导致外墙被腐蚀变黑的直接原因。而为什么需要如此频繁地清洗呢？进一步探寻发现，大厦外墙上布满了蝙蝠粪便，为了保持外观整洁，不得不频繁清洗。那么，蝙蝠又为何大量聚集在大厦外墙并排泄粪便呢？调查人员经过多日观察，发现大厦周围存在大量吸引蝙蝠的蚊子，丰富的食物资源让蝙蝠选择在此安营扎寨。问题似乎找到了答案，但蚊子为什么会聚集在大厦周围呢？最终，团队将目光锁定在了大厦的灯光设计上。原来，大厦独特的灯光设计在夜间发出的光线，对蚊子有着极强的吸引力，大量蚊子被灯光吸引而来，进而引来了以蚊子为食的蝙蝠，这一系列连锁反应最终导致了大厦外墙变黑的难题。明确问题源头后，解决办法也随之浮出水面。改变灯光设计成为解决问题的关键。管理方果断采取行动，邀请专业的灯光设计师对大厦的灯光进行重新规划和改造，更换了对蚊子吸引力较小的灯光。新灯光投入使用后，效果立竿见影，大厦周围的蚊子数量大幅减少。随着蚊子的离去，蝙蝠也失去了食物来源，逐渐不在此栖息，大厦外墙上的蝙蝠粪便也随之消失。这样一来，大厦再也不需要频繁使用清洁剂进行清洗，外墙被腐蚀变黑的问题得到了根本性解决，重新恢复了往日的光彩。

在发现问题时，我们不能仅满足于表面的观察，而应该用"挖掘问题"的态度和方法去深入探究问题的本质。这样，我们才能克服习惯障碍和其他干扰，准确、到位地界定问题，从而找到有效的解决方案。笔者作为咨询顾问到一个酒店调研，询问总经理酒店当前面临的最大难题是什么？他告诉我是酒店生意不好。问其生意不好的原因是什么？回答客人少，流量不好。如果根据他的回答，我们解决顾客少或者流量不好采取的措施，大体上是促销、加大推广或者调整价格体系等。笔者又接着问宾客少的原因是什么？回答是酒店服务和产品不好。解决服务产品和服务不好可以采用培训、设备更新、引进人才等措施。笔者又问服务和产品不好的原因是什么？他回答员工工作不积极，服务态度不端正。这才找到了问题的真正原因，酒店的绩效管理不到位，员工感受不到激励和压力。要弄清楚问题的症结，需要问"五个为什么（5WHY）"，否则找不到真正的问题和原因，所有采取的措施不能对症下药，达不到良好的效果。破界思维弱的人，往往局限于表面因果逻辑关系，就表面问题找原因。破界思维强的人，从根上思考问题，打破原有的边界。

另外，作为酒店管理者要认识到问题不全是"坏事"，也是机会。无论是客户的问题、自己的问题、同事的问题、老板的问题还是竞争对手的问题，它们都可以成为管理者改进和提升的契机。通过解决问题，管理者可以赢得客户的信任，提高自己的能力，建立人脉关系，增强酒店的竞争力。

青岛海景花园酒店原总经理宋勤曾经说过，发现不了问题是最大的问题。作为管理者要在问题面前，分清楚什么是表面问题，什么是根本问题。如果问题界定错了，其解决方法再正确，也不会奏效。

三、分析问题

界定好问题是解决问题的关键，分析问题同样重要。比如，顾客之所以批评我们，究其原因还是我们或者我们的伙伴们没有给顾客提供优质的服务。如果我们服务优质了，顾客离开酒店的时候会表示感谢。

要做好问题管理，必须到实地去深入观察，了解真实情况，然后坦诚地指出问题，并采取实际行动去解决问题。这样的做法才能真正地提高管理水平，推动组织的进步。

问题可能存在于各个环节和层面，包括薄弱环节、成功之处、关键部位、客户反馈以及同行竞争等方面。因此，我们需要从多个角度去寻找问题，确保不遗漏任何可能的隐患。

首先，关注薄弱环节。每个酒店都有自己的优势，同时也有自己的薄弱环节。薄弱环节的产生常常是因为重视程度不够、资源配置不足、流程设计不完善、员工培训不到位等原因造成的。既然是薄弱环节，管理者应该比其他方面更加关注，定期进行自我检查和评估，识别这些薄弱环节，并制定相应的改进措施。通过加强培训、优化流程、提升设施质量等方式，逐步改善或者消除这些薄弱环节，从而提升酒店的整体运营水平。

其次，成功也常常隐藏着问题。常说一俊遮百丑，当前的成果或者成绩往往会让管理者忽视问题的存在，甚至因为成功让管理者变得骄傲自满，失去前进的动力和学习的热情，导致酒店在未来的竞争中逐渐落后。因此，管理者应该在取得成绩的同时，保持清醒的头脑和谦虚的态度。管理者要时刻关注自己的不足和需要改进的地方，并努力克服这些问题。同时，管理者也要保持学习和进步的心态，不断提高自己的能力和素质。只有这样，才能在成功的道路上走得更远、更稳健。

然后，关键部位和结合点的顺畅与否直接影响酒店的运营效率和服务质量。管理者需要关注这些关键节点的运行情况，确保它们能够高效协作，避免出现瓶颈或断层。通过优化流程、加强沟通协作、提升员工技能等方式，可以确保关键部位和结合点的顺畅运行，提升酒店的运营效率。

在落实过程中，管理者也需要保持高度的警惕性。即使制订了完美的计划和方案，如果落实不到位，也无法达到预期的效果。因此，酒店需要建立有效的监督考核机制，确保各项措施能够得到有效执行。同时，也要关注员工在落实过程中的反馈和意见，及时调整和优化方案。

客户反馈是发现问题的重要途径。管理者需要认真倾听客户的意见和建议，从中发现酒店存在的问题和不足。通过定期收集和分析客户反馈数据，可以了解客户的需求和期望，并据此改进酒店的服务和设施。

最后，酒店不能忽视同行竞争的影响。通过对竞争对手的分析和比较，酒店可以发现自身的优势和不足，以及市场的发展趋势和变化。这有助于酒店及时调整策略，保持竞争优势。

四、解决问题

问题一般不会自动消失，甚至有些问题会随着时间的推移而变得更加复杂和难以解决。因此，解决问题需要动力，这种动力可以来自对问题的深刻认识，也可以来自对解决问题的期望和信心。

要注重"系统升级"，运用系统思维谋划和推进酒店运营和管理。系统思维强调将酒店作为一个整体，综合考虑其各个组成部分的相互关系和相互作用，以优化整体性能。做好系统升级，既要做好顶层设计，又要强调落地执行；既要重视提升管理，又要优化运营；既要重视经验，又要利用信息技术手段，如云计算、大数据、人工智能等，对酒店的运营和管理进行全面升级；既要关注近期酒店的营业收入，又要强化未来酒店品牌的建设；既要重视内部潜力的挖掘，又要加强与供应商、合作伙伴、政府部门等外部环境的互动和合作，实现资源共享和互利共赢；产品和服务上既要做到传承，又要在保持酒店基本运营稳定的同时，敢于创新和改进。通过引入新的服务理念、管理模式和技术手段，不断推动酒店的升级和发展。

要注重"勤打补丁"。当前，酒店业管理者的竞争日益加剧，酒店业发展也面对新问题、新矛盾、新挑战，管理者必须坚持问题导向，聚焦酒店运营管理的关键环节、薄弱点，及时升级产品，优化流程，完善制度，及时堵上漏洞，切实补上短板。

在解决问题的过程中，管理者还需要注意人的因素。很多时候，问题的表面原因是事情本身，但实际原因往往与人有关。因此，管理者需要关注人的问题，解决人的问题，才能从根本上解决问题，防止问题的重复出现。

最后，优秀的管理者应该是问题的终结者而不是制造者。他们应该具备严谨的管理态度和要求，以推动问题的解决和组织的进步。对于酒店来说，从严要求管理者是提升服务质量和竞争力的关键。

案例：做卫生放心酒店

一、马桶卫生

1. 打扫房间时确保做到马桶清洁并消毒；
2. 每个房间的卫生间确保配备75%酒精消毒湿巾供客人免费使用；
3. 每个房间的卫生间增配收费一次性马桶垫供客人或访客使用。

二、方巾卫生

每个房间的小方巾确保做到清洗消毒、紫外线消毒、独立封包，确保一客一更换。

三、毛巾卫生

每个房间的毛巾确保做到清洗消毒、紫外线消毒、独立封包，确保一客一更换。

四、浴巾卫生

每个房间的浴巾确保做到清洗消毒、紫外线消毒、独立封包，确保一客一更换。

五、浴袍卫生

每个房间的浴袍确保做到清洗消毒、紫外线消毒、独立封包，确保一客一更换。

六、口杯卫生

每个房间的漱口杯确保做到去污、清洗、洗碗机高温消毒、红外线消毒、独立封包，确保一客一更换。

七、咖啡杯卫生

每个房间的咖啡马克杯确保做到去污、洁洗、洗碗机高湿消毒、红外线消毒、独立封包，确保一客一更换。

八、茶具卫生

每个房间的工夫茶具确保做到去污、清洗、洗碗机高湿消毒、红外线消毒、独立封包，确保一客一更换。

九、遥控器卫生

每个房间的遥控器确保做到去污除尘、75%酒精擦拭消毒、紫外线消毒、独立封包，确保一客一更换。

第二十七章
酒店营销新思维

营销在酒店经营中扮演着至关重要的角色,它不仅是吸引和留住顾客的关键手段,而且是推动酒店品牌发展、提升市场竞争力、增加收入以及优化运营效率的核心策略。为了更好地发挥营销的作用,应先对营销进行解构,更深入地了解营销的机理。

一、营销的本质

市场营销作为一门综合性学科,其核心在于研究如何有效地推广和销售产品或服务,以实现更高的销售收益。它涉及对市场趋势的洞察、消费者需求的理解、竞争态势的分析以及营销策略的制定等方面。

市场营销是为了解决"交换障碍"的问题。在商品经济中,生产者与消费者之间往往存在信息不对称、需求不匹配、信任缺乏等障碍,这些障碍阻碍了商品的顺利交换。市场营销通过各种策略和手段,如市场调研、产品定位、促销活动等来消除这些障碍,促进生产者与消费者之间的有效沟通和交易。

市场营销不仅关注如何让产品更好卖，还强调如何实现更高的收益。这要求市场营销人员不仅要了解消费者的购买行为和偏好，还要掌握定价策略、渠道管理、品牌建设等方面的知识，以确保在推广和销售过程中实现最佳的经济效益。

同时，市场营销也是一个不断发展和创新的领域。随着科技的进步和消费者需求的变化，市场营销的策略和手段也在不断更新和升级。例如，数字化营销、社交媒体营销、内容营销等新兴领域正在成为市场营销的重要组成部分。

二、产品就是营销

产品就是营销，优质的服务和产品是二次营销的一种方式。

在信息爆炸、有更多选择的时代，产品与服务已不仅是满足需求的工具，它们本身就是最强大的营销武器。产品，作为品牌与消费者最直接的接触点，其设计、功能、品质无一不体现着企业的价值观与匠心独运。而优质的服务，则是建立信任、深化连接的桥梁，让每一次消费都成为一次愉悦的体验，自然而然地促成了口碑传播与复购。

产品就是营销，它以其独特的魅力吸引着目标客群；而优质的服务，则是这魅力得以延续的催化剂，让顾客在享受的过程中感受到品牌的温度与关怀。没有好的产品和优质服务作为基础，任何华丽的营销手段都会显得苍白无力，甚至可能适得其反，如在自我毁灭的边缘徘徊。唯有坚持品质至上，服务为先，才能在激烈的市场竞争中脱颖而出，实现可持续发展。

三、营销的关键是影响消费者的认知

营销是一场影响并重塑消费者认知的战役。它不仅局限于产品本身，而是借助心理学中的认知理论模型来剖析消费者决策背后的心理机制。营销者通过精心设计的广告、故事叙述、互动体验等策略，巧妙地构建品牌与消费者之间的情感联系，引导其形成积极、独特的品牌认知。这一过程，实质上是在消费者心中占据有利位置，使品牌成为特定需求或情境下的首选。因此，营销的核心在于精准洞察并有效地影响消费者的认知结构，从而驱动购买行为，实现市场价值的最大化。

四、酒店售卖的不是价格，而是价值

古希腊人说水比黄金更珍贵，但是黄金的价格比水高。这句话揭示了价值和价格的区别。价值通常指的是某物对人们的满足程度或重要性，这是一个主观且相对的概念。古希腊人认为水比黄金更珍贵，这是从生存和生活的必要性出发的。水是生命的基本需求，没有水，生命便无法延续。从生存和生活的角度看，水的价值无疑是巨大的。然而，价格则是由市场供求关系决定的，是一个客观且可以通过货币衡量的概念。黄金的价格比水高，是因为黄金在市场上的稀缺性较高，同时，黄金在人类社会中一直被视为财富和地位的象征，因此需求也相对较高。而水虽然价值巨大，但通常容易获取，因此，在市场上的价格相对较低。

很多酒店虽然在服务和产品上下了很大功夫，但在市场上却不瘟不火，甚至很多酒店管理者采用低价的方式做促销，以为这样可以吸引更多宾客。但事实上，顾客看重的不是价格，而是价值。顾客之所以不选择你，是因为你没有让他看到他所需要的价值！顾客选择酒店时，不仅要考虑价格因素，更多的是要考虑酒店能提供的整体价值和体验。当酒店只强调产品和服务的质量或功能时，它可能只满足了顾客的基本需求，但未能触动顾客的内心或满足他们的情感需求。而能够传达自身价值的酒店，往往能够建立与顾客之间的深度连接，使顾客感受到酒店的独特性、文化氛围或某种特殊的体验，从而更愿意选择这样的酒店。

因此，酒店需要深入挖掘并传达自己的价值。酒店可以根据自己的现实情况，重点打造以下几个方面：

交通便利。靠近地铁站、公交站或主要交通干道，方便客人出行；提供停车设施，对于自驾的客人尤为方便；位于商业或旅游中心地带，便于前往各类目的地。

  酒店品牌。知名品牌通常意味着品质保证和信誉可靠；品牌酒店往往有统一的服务标准和流程，给客人带来熟悉和舒适的体验；品牌连锁酒店还能提供会员积分、优惠等福利。

  酒店特色。独特的设计风格或建筑特色，给客人带来新颖的视觉享受；特色房型或服务，比如，为家庭亲子客人、携带宠物的客人等提供定制化服务。

  距离目的地近。位置是顾客选择酒店的重要因素，酒店如果靠近宾客要去的目的地，就增大了宾客选择的机会。比如，靠近商务会议地点或展览中心，方便商务客人；靠近购物中心，便于休闲度假或购物；离知名景点很近，便于客人游览当地著名景点，节省交通时间和成本，酒店可以提供景点介绍、门票预订等增值服务。

  附近有好玩的。酒店周边有丰富的娱乐设施或活动，如夜市、酒吧、文化街区等，便于客人探索当地文化和风土人情，增加旅行乐趣。

  酒店丰盛的早餐。提供丰盛的早餐，满足客人的营养需求，开启美好的一天。

  宾客与酒店员工熟悉。员工态度热情友好，让客人感受到家的温暖；员工对常客有一定了解，能提供更个性化的服务。

  会员服务。提供会员专享优惠，如房价折扣、免费升级房型等；会员积分可兑换礼品或免费住宿，增加客人的忠诚度；定期为会员推送酒店活动信息，保持与客人的互动和联系。

  这些价值点共同构成了酒店对客人的吸引力，酒店应根据自身定位和市场需求，不断优化和提升这些价值点，以赢得更多客人的青睐和信任。

  酒店为顾客提供的价值点没有绝对优势，更多的是比较优势。吸引顾客的价值点除了宾客自身的行为习惯，还需考量与竞争对手在价值点上的强弱对比，以及顾客需求的迫切程度。下面模拟了一个酒店价值点的塑造样表，如表27-1所示。

表 27-1　酒店价值点塑造

酒店价值点	目前状况	竞争对手	顾客需求程度
交通	8	7	8
品牌	7	6	7
早餐	9	6	8
个性化服务	8	5	9
会员服务	7	4	9
商城	4	8	5
员工熟识度	5	7	6
目的地很近	7	7	6
周边环境	5	5	5
会议设施	3	7	7

通过比较将酒店、竞争对手、顾客需求三个方面可以看出，酒店可以在交通、早餐、会员服务等方面进行重点打造，形成自己的价值点，加大宣传力度，吸引更多宾客。

营销本身（手段、方法）很难产生核心竞争力，要回归到产品本身，提高性价比。先检讨性价比，再检讨营销手段。

五、正确理解价格的功能

价格既是吸引消费者的磁石，又是展现产品价值的舞台，更是屏蔽竞争对手的利器。

在市场营销的广阔舞台上，价格不仅是商品交换的媒介，更是企业策略中至关重要的一环。它承载着多重功能，首要任务便是吸引消费者。在竞争激烈的市场环境中，合理的价格定位能够迅速抓住消费者的眼球，成为促成购买决策的关键因素。低价策略常被用作市场渗透的利器，通过价格优势吸引大量顾客，迅速占领市场份额。

同时，价格也是展现产品价值的重要窗口。消费者往往通过价格来评估产品的品质、性能及附加价值。高价值定价策略，如提供卓越品质与优质服务的同时，设定相对较高的价格，能够有效传达产品的独特性和高端定位，满足部分消费者对品质生活的追求。

此外，价格还具有屏蔽竞争对手的功能。通过精准定价，企业能够在市场上构建起有效的竞争壁垒。在价格战中，灵活调整价格策略，既能保持自身利润空间，又能使竞争对手难以跟进，从而维护市场领先地位。同时，企业还可以通过差异化定价策略，如提供增值服务、定制化产品等，增加产品的独特性和附加值，使竞争对手难以直接比较和模仿。

六、价格永远不是首要因素

价格永远不是首要因素，价格问题往往是其他因素引起的。在市场营销的4P理论中（产品Product、价格Price、渠道Place、促销Promotion），价格虽然关键，却往往不是问题的根源。很多时候，消费者对于价格的敏感度，实际上是对产品本身、渠道选择或促销策略不满的间接反映。价格问题，更像是水面上的涟漪，其下隐藏着更深层的市场动态和消费者需求。当产品未能满足市场需求，缺乏差异化优势时，消费者自然会以价格作为衡量标准，寻求性价比更高的替代品。同样，渠道不畅、促销手段乏力，也会让消费者对品牌产生怀疑，进而对价格产生敏感。

当酒店生意不好时，以为降低价格就可以改变现状的思想往往是无效的。酒店管理者应深入剖析背后的原因，从产品创新、渠道优化、促销策略等多方面入手，全面提升市场竞争力。只有这样，才能从根本上解决价格问题，赢得消费者的认可和信赖。

七、价格是多次动态博弈的结果

在复杂多变的市场环境中，价格并非孤立存在的数字，而是市场参与者之间无数次交锋与利益权衡的结果。每一次价格的调整，都是供需双方基于最新市场信息、消费者偏好、成本变动等因素进行深度分析与预测后的动态决策。这种动态博弈，确保了价格能够准确反映市场的真实情况，引导资源流向最需要的地方。

相反，静态定价则如同为市场戴上了一副沉重的枷锁。它忽视了市场的动态性和不确定性，试图用固定的价格来应对千变万化的市场环境。这不仅限制了企业的灵活性和创新力，也剥夺了消费者根据市场变化做出最优选择的机会。在静态定价模式下，市场容易失去活力，资源配置效率低下，并最终可能导致整个经济体系的僵化与衰退。因此，要摒弃静态定价的陈旧观念，拥抱动态博弈的定价理念。通过灵活调整价格策略，及时响应市场变化，促进企业间的良性竞争和消费者的理性选择，共同推动市场的繁荣与发展。

八、低价最终都会输给高价

酒店运营一定是加价值，加价格，留足利润，持续运营。在竞争激烈的酒店行业中，一个普遍却深刻的道理是：低价通常是缺乏竞争力，缺乏顾客忠诚度，缺乏稳固客户关系的标志。低价策略虽能短期吸引眼球，但长远来看，高品质与高价值才是赢得市场的关键。低价往往难以支撑起优质的服务、精致的设施与独特的体验，这些正是顾客在选择住宿时所追求的。因此，酒店运营的核心应当是不断增加产品附加值，无论是通过提升服务质量、优化住宿条件，还是打造独特的品牌文化，都能让顾客感受到物超所值，从而愿意支付更高的价格。同时，提高价格并不意味着盲目涨价，而是要在提升价值的基础上，合理设定价格，确保留有足够的利润空间以支持酒店的持续运营与发展。只有这样，酒店才能在激烈的市场竞争中稳健前行，赢得顾客的忠诚与市场的认可。

随着移动互联网的渗透，营销在当前酒店运营中扮演更加重要的角色。抖音、小红书等新媒体可以免费进行宣传，并可以精准地传播到目标客户群。与此同时，随着携程、美团和飞猪等OTA渠道成为主流预订渠道，酒店的渠道壁垒逐渐消失，小型酒店和集团也可以借船出海，借用OTA平台和大的酒店集团搏杀。在酒店运营中，口碑营销、品牌营销与大数据营销三大策略并驾齐驱，共同塑造着酒店的竞争优势与市场地位。

口碑营销，作为最古老也是最有效的营销方式之一，通过顾客间自发传播，构建起酒店信誉的坚固基石。良好的口碑能显著降低营销成本，提高新客户转化率，是酒店长期稳健运营的重要保障。

品牌营销，则是酒店塑造独特形象、提升市场认知度的关键。通过精准的品牌定位与富有创意的传播策略，酒店能够吸引并留住目标客户群体，培养品牌忠诚度与溢价能力，从而在激烈的市场竞争中脱颖而出。

大数据营销，则是信息时代下酒店运营的新利器。通过对大量数据的收集、分析与应用，酒店能够精准洞察顾客需求，优化服务流程，制定个性化营销策略，实现精准营销与资源高效配置。大数据营销不仅提升了酒店的运营效率与顾客满意度，更为酒店带来了前所未有的市场洞察力与决策支持。

不重视营销，依然抱着"酒香不怕巷子深"的传统观点，等客上门，实际上就是等着关门。

九、购买理由驱动

购买行为不是由消费需求驱动的，而是由购买理由驱动的。

消费者需求的东西不一定买（如房子），不需求的东西不一定不买。

营销管理有两个层次：做一个按路线前行的棋子还是做一个制定和调整路线的棋手。营销管理的两个层次确实体现了不同的角色和定位。作为一个按路线前行的棋子，意味着在既定的策略和框架内执行工作，虽然这可以确保工作的稳定性和可预测性，但也可能限制了创新和突破的可能性。而作为一个制定和管理路线的棋手，则意味着不仅要具备深厚的市场营销知识和策略制定能力，还要具备前瞻性的视野和创新能力。这样的角色能够跳出固有的框架，以全新的视角和思维方式来制定营销策略，引领市场趋势，实现更大的商业价值。

因此，管理者在市场营销中不应仅满足于做一个执行者，而应努力成为一个策略制定者和创新者。要通过不断学习和实践，掌握市场营销的核心原则和策略，并结合自身的业务特点和市场环境，制定出更具有针对性和创新性的营销策略。同时，也要保持开放的心态和敏锐的洞察力，不断关注市场变化和新兴趋势，以便及时调整和优化营销策略，确保企业在激烈的市场竞争中保持领先地位。

营销手段和方法虽然重要，但它们本身很难成为企业的核心竞争力。营销只是产品或服务与市场之间的桥梁，它的作用是传递信息、促进销售和建立品牌形象。然而，如果产品或服务本身没有足够的竞争力，即使营销手段再出色，也难以长久地吸引并留住客户。

因此，要提高企业的核心竞争力，必须回归产品本身，提高性价比。一个具有高性价比的产品，不仅能够满足消费者的基本需求，还能提供额外的价值，从而赢得消费者的信任和忠诚。

在提高性价比的过程中，企业需要对产品进行全面的检查和改进。首先，要关注产品的性能和质量，确保产品能够满足消费者的期望和需求。其次，要优化产品的设计和功能，使其更加符合消费者的使用习惯和偏好。最后，还要关注产品的成本和生产效率，通过降低成本、提高效率来降低产品的价格，从而提高性价比。

第二十八章
不同经营状况的营销策略

出租率和平均房价是客房运营的两个重要指标,将出租率和平均房价分别作为纵横坐标,可以将酒店的经营状况分为四类,不同类型的酒店应该采取不同的营销策略。

一、高出租率与高房价

在探讨如何实现高出租率与高房价并存的运营策略时,我们需要构建一个多维度、综合性的管理体系,以确保酒店能够在竞争激烈的市场环境中脱颖而出,实现可持续的发展与盈利。

首先,动态房价体系的建设是核心要素之一。这一体系要求酒店能够敏锐地捕捉市场变化,包括季节性需求波动、特殊事件(如大型会议、体育赛事)的影响,以及竞争对手的价格策略等。通过运用先进的数据分析工具,酒店能够预测未来一段时间内的需求趋势,并据此动态调整房价,确保在最大化收益的同时,也能吸引并保持多样化的客户群体。例如,在需求高峰期适当提高房价,而在需求低谷期则通过促销手段刺激消费，以此平衡供需关系，保持出租率的稳定。

其次，避免重要客户和关键客户的流失是酒店运营中不可忽视的一环。这类客户往往具有较高的消费能力和忠诚度，对于酒店的长期稳定发展至关重要。因此，酒店需要建立一套完善的客户关系管理系统，通过定期沟通、个性化服务、定制化优惠等措施，增强与这类客户的联系，提高他们的满意度和忠诚度。同时，建立客户档案，记录客户的偏好、历史消费记录等信息，以便在后续服务中提供更加贴心、精准的服务。

准确把握库存管理是确保高出租率的关键。酒店需要利用先进的库存管理系统，实时监控客房的预订情况和入住状态，避免过早售出导致后续需求无法满足，或者因预测失误而出现大量空房。此外，对于可能出现的 NO SHOW 情况，酒店应制定相应的应对策略，如提前收取押金、提供灵活的取消政策等，以减少因客户爽约而带来的损失。

顾客满意度和网络评价是酒店口碑传播的重要渠道。酒店需要十分重视每一位顾客的消费体验，通过问卷调查、在线评价等方式收集顾客反馈，及时发现问题并进行改进。同时，积极回应网络上的评价，特别是负面评价，展现酒店解决问题的诚意和能力，以维护良好的品牌形象。

在提升酒店品质和权益方面，应不断投入资源，优化硬件设施，提升服务标准，为顾客提供更加舒适、便捷的住宿体验。同时，建立完善的会员体系，通过积分兑换、会员专享优惠、升级服务等措施，增强会员的归属感和忠诚度，促进重复消费。

最后，丰富渠道和客源是酒店扩大市场份额的重要途径。酒店应积极拓展多元化销售渠道，如与在线旅游平台合作、开展企业协议客户计划、利用社交媒体进行营销推广等，以吸引更多潜在客户。同时，针对不同客源群体制定差异化的营销策略，如面向家庭游客的亲子套餐、面向商务人士的会议室优惠等，以满足不同需求层次的客户。

实现高出租率与高房价并存的运营策略需要酒店从动态房价体系建设、客户关系管理、库存管理、顾客满意度提升、品质与权益提升以及渠道拓展等多个方面入手，构建一套综合性的管理体系。只有这样，才能在竞争激烈的市场环境中保持领先地位，实现可持续的发展与盈利。

二、低出租率与高房价

面对低出租率与高房价并存的运营挑战，酒店需采取策略性调整以优化资源配置与市场定位。首先，针对低出租率的客房，酒店应进行深入分析，识别其设计或位置上的潜在不足，并考虑进行房型改造。这包括但不限于重新规划房间布局，引入更现代、舒适的家具与装饰，或增设特色设施（如家庭影院、小型健身房）以吸引特定客户群体。通过改造提升客房的吸引力和实用性，从而提高其市场竞争力，提高出租率。

与此同时，重新定位客源市场是另一关键策略。酒店需审视当前客户群体的构成，识别哪些细分市场可能对该酒店提供的独特价值更为敏感，并愿意支付相对较高的房价。这可能包括商务旅行者、追求高品质休闲体验的游客，或是寻求独特住宿环境的特殊兴趣群体。通过精准的市场调研与数据分析，酒店可以制定出针对性的营销策略，如定制化服务套餐、特色体验活动或增值优惠，以吸引并留住这些高价值客户。重新定位客源市场不仅有助于提升房价水平，还能通过口碑传播吸引更多同类客户，逐步改善低出租率的现状，实现酒店运营的良性循环。

三、低出租率与低房价

针对低出租率与低房价并存的运营困境，酒店需采取一系列综合性的策略以重振市场地位，提升竞争力。

第一，重新定位客源市场是首要任务。酒店需深入研究当前客户群体的特征与需求变化，结合酒店自身资源与优势，探索新的目标市场。这可能包括年轻背包客、经济型家庭游客或是对价格敏感但仍追求基本舒适度的商务旅行者。通过精准定位，酒店可以定制化推出符合新市场需求的房型与服务，以吸引并留住这部分潜在客户，逐步提升出租率。

第二,与主要竞争对手进行比较分析,找出自身差异化优势,是塑造市场区隔的关键。酒店应深入研究竞争对手的产品、服务、价格策略及市场反馈,识别其不足之处,并以此为契机,打造自身的差异化亮点。这可能体现在独特的客房设计、个性化的服务体验、创新的餐饮概念或是高效的预订流程等方面。通过提升产品差异化,酒店能够在激烈的市场竞争中脱颖而出,吸引更多寻求不同体验的消费者。

第三,查找客源市场流失情况,进行针对性的整改同样重要。酒店需建立一套完善的客户反馈机制,定期收集并分析流失客户的意见与建议,识别导致客户流失的具体原因。这可能是因为价格敏感度高、服务质量下降、地理位置不便或是竞争对手的吸引。针对这些问题,酒店应迅速响应,制定并实施有效的整改措施,如调整价格策略、优化服务流程、改善硬件设施或加强市场推广等,以挽回流失客户并防止新的客户流失。

第四,开展线上线下的促销活动是快速提升出租率与知名度的有效手段。线上方面,酒店可以利用社交媒体、旅游预订平台等渠道,推出限时折扣、早鸟优惠、连住特惠等促销活动,吸引更多在线用户关注并预订。线下方面,则可以举办主题派对、节日庆典或合作品牌推广活动,提升酒店的曝光度与吸引力。这些促销活动不仅能够直接刺激消费,还能通过口碑传播扩大酒店的影响力。

第五,提升品质及服务团队的服务态度是酒店持续发展的关键。在硬件设施方面,酒店应定期维护更新客房、公共区域及餐饮设施,确保为客人提供安全、舒适、整洁的住宿环境。在软件服务方面,则需加强员工培训,提升服务团队的专业素养与服务意识。员工应具备良好的沟通技巧、解决问题的能力以及积极主动的服务态度,能够为客人提供贴心、个性化的服务体验。通过提升品质与服务态度,酒店能够增强客户的满意度与忠诚度,为长期的运营成功奠定坚实的基础。

四、高出租率与低房价

在高出租率与低房价并存的运营情境下,酒店需采取一系列精细化的价格与客源管理策略，以实现收益最大化。

首先，针对旺销房型，即市场需求旺盛、预订率持续高企的房间类型，酒店应适时提升价格。这一策略基于供需关系原理，通过提高热门房型的价格，不仅能够直接提升单房收益，还能通过价格杠杆作用，引导部分对价格敏感度较高的顾客转向其他房型，从而优化整体客房分配效率。

其次，酒店可以针对特定类型的客源实施涨价策略。这类客源可能包括商务出差频繁的高端企业用户、长期入住的租客或是对服务品质有极高要求的度假游客。通过这样的涨价，酒店能够更有效地回收成本并创造额外利润，同时，确保他们继续享受高品质的住宿体验。当然，在实施涨价前，酒店须充分评估市场反应与竞争态势，确保涨价幅度既符合市场规律，又能维持或增强客户忠诚度。

为了进一步提升整体收益，酒店还可以考虑推出各类套餐服务，如住宿+餐饮、住宿+娱乐等组合优惠，通过打包销售的方式间接提升价格。这种策略不仅满足了顾客多元化的需求，还促进了酒店内部资源的整合利用，提高了整体运营效率。套餐的设计应注重性价比与差异化，以吸引更多潜在顾客并提高市场竞争力。

为了减少低价客源对房价的负面影响，酒店应审慎评估现有客源结构，识别并减少那些对价格极度敏感且对整体收益贡献有限的客源比例。这并不意味着完全放弃这部分市场，而是通过优化服务流程、提升产品附加值等方式，引导他们向更高价值的消费模式转变。同时，酒店还可以通过数据分析与市场调研，精准识别并吸引新的、更高价值的客源群体。

最后，针对每周出租率较高的经营日，酒店应灵活调整房价策略，适当提高这些日子的房价水平。这种动态定价机制有助于酒店更好地捕捉市场需求变化，实现收益最大化。然而，在提高房价的同时，酒店也须确保服务品质与顾客体验不受影响，以免因价格上升而损害品牌形象与顾客忠诚度。通过综合运用以上策略，酒店可以在保持高出租率的同时，有效地提升房价水平，实现更加稳健与可持续的运营发展。

第二十九章
酒店 OTA 运营技巧

　　OTA 发展初期，很多酒店在火车站、飞机场等交通枢纽采用"扫街"模式，员工们拿着一沓沓宣传资料，逢人便递，满脸堆笑地介绍平台优势，却常常遭人白眼，被冷漠拒绝；平台还要一家家去拜访线下的酒店等合作方，劝说对方入驻平台，可不少商家顾虑重重，根本不愿配合。2005 年以前，携程、艺龙等几家 OTA 公司采用电子商务和呼叫中心并存的方式，积极拓展酒店预订业务，为酒店提供了线上预订中介服务。2005 年后，去哪儿、途牛、同程等纷纷围绕不同的旅游业务板块开始运营。2012 年后，平台采用返现、价格补贴等优惠活动，网上订房成为很多商旅客人的选择，国内一些单体酒店也因此获得了"网络红利"，享受到了平台流量的好处。随着平台业务流量的增加，国内 OTA 平台的流量竞争逐渐白热化，也让酒店知道了"脚踏两只船"以及选边"站队"的难处。酒店在两大 OTA 的夹击下，纷纷给 OTA 更多优惠和让利。一波未平，一波又起。2014 年，去哪儿网主动出击，挑战携程的地位，采用"红包回馈"，挑起价格战，一时间，线上、线下烽烟四起。最终，2015

年携程采用资本运作的方式成为艺龙最大股东，携龙之争结束；2015年10月26日，在百度的撮合下，携程与百度进行股权置换，正式将去哪儿纳入携程旗下，占据了国内OTA的优势地位。OTA战场，平静是暂时的，斗争是常态。携程暂时规模领先，但会不断受到美团、飞猪的挑战。OTA平台与酒店业既相互依赖，又相互博弈。

一、OTA给酒店带来价值

酒店对OTA的态度相当复杂。OTA给酒店带来的好处不仅使订房数量增加，更促进了其服务质量的提升，以及酒店知名度的提升、团队的成长。

在酒店行业中，宾客点评对于塑造酒店形象有着举足轻重的作用。回顾互联网Web2.0以前的时代，当宾客产生不满或是进行投诉时，信息的传播大多依赖于口耳相传。虽说"好事不出门，坏事传千里"，但实际上这种传统的传播方式所能辐射的范围以及产生影响的时间段总归是有限的。然而，时过境迁，如今已然进入了移动互联网时代，每位消费者手中的手机就如同一个个具备现场直播功能的"麦克风"与"摄像机"。一旦酒店出现投诉或者收获差评，这些负面信息便会借助互联网强大的传播优势，以指数级的速度迅速扩散开来。不仅会对酒店的经营效益产生严重的负面影响，甚至在遇到一些情节较为严重的投诉事件时，可能会给一家酒店带来毁灭性的打击，使其辛苦经营的成果毁于一旦。与之相反的是，如果酒店能够收获网络在线的好评，那就相当于宾客自发地、无偿地为酒店做起了"广告"。这种来自消费者真实体验后的良好反馈所产生的宣传效果往往是极具说服力的，能够在很大程度上吸引更多潜在客户的关注与选择。在当下的背景下，酒店若能着力提升自身的在线声誉，用心树立良好的形象，那么在经营过程中往往能够取得事半功倍的效果，为酒店的长远发展奠定坚实的基础。

良好声誉促收益。相关研究表明，超过80%的宾客在选择一家酒店之前会翻阅其他宾客的历史评论，而按照木桶效应的法则，往往个别差评就会导致宾客否定一家酒店，从而将预订跳转至其他同类型酒店。康奈尔大学酒店研究中心的 Chris Anderson 研究发现：当酒店的 Global Review Index TM 指数（总分为 100）提升 1 分，酒店价格的增长将高达 0.89%（对酒店的日均房价进行测量），入住率将有所提升（增长高达 0.54%），每间可用客房收益（RevPAR）也将提升 1.42%。这些数据可能会因酒店类型、客源市场的不同有所差异，但在线声誉管理影响酒店收益已成为酒店行业的共识。

运营管理分维度。我们常说，1 个投诉的宾客背后有 24 个不满的宾客。很多宾客对酒店的服务和产品和服务不满意，选择了沉默而离开，甚至转换酒店。仔细收集、认真整改宾客意见是提升服务和管理水平的得力举措。宾客在互联网上的评价也是如此，更重要的是，线下的宾客投诉和意见会被层层过滤，不能及时反馈到酒店高层，而互联网上的投诉、不满会及时不能遮掩地呈现到酒店和宾客面前。互联网上的投诉更真实、快速。酒店管理者可以将收集到的线上、线下的投诉进行分析，这样可以找到酒店服务和管理存在的不足和盲区，做好针对性的整改工作。

竞品比较知行情。宾客点评是宾客的真实感受，酒店通过阅读竞争伙伴酒店的宾客在线点评，很容易获得竞争对手在服务、产品和管理上的优势以及存在的问题和不足，可以针对性地采取措施，不断弥补短板，并采取精准的竞争策略，提升自身竞争优势。

宾客参与管员工。以往的管理是管理者管理和评价员工，管理者掌管着员工的日常绩效评价、薪酬发放甚至职位升迁。但员工劳动成果与宾客对服务的感受和体验紧密相关，宾客比管理者在评价员工绩效上更有发言权。酒店应转变原有的管理模式，积极发动宾客，借助网络在线点评或者其他 OTA 点评工具，把员工置身于宾客监督的"汪洋大海"里，让宾客来评价员工的表现，以点带面，全面提高酒店员工的服务水平。

二、OTA 给酒店带来的苦恼和困惑

酒店传统营销模式受到挑战。OTA 很好地实现了酒店信息化服务，让价格、产品（如房型）、客户评论等信息更加公开、透明，这就对"利用买卖双方（价

格等）信息的不对称来获利"这样的传统的营销方式产生了巨大冲击。OTA平台上罗列了众多酒店，宾客可以很容易获得酒店产品和价格信息。比如，为了更好地吸引客户下订单，OTA 会以倒贴佣金的方式，让自身渠道的某产品价格明显低于其他资源平台，甚至会低于酒店官方网站的价格。这样对酒店价格体系的专业化维护提出高要求。

佣金上涨。随着 OTA 呈现垄断趋势，再加上流量导入成本的增加，OTA 对酒店收取的佣金水涨船高，从原来的 5% 上涨为 15% 甚至 30%。更让酒店担心的是在提升佣金的过程中，除鼓励酒店扫码下载 OTA App 外，OTA 利用资源优势地位掌握主动权，酒店处于几乎没有话语权的劣势地位，甚至还出现了"要么下架，要么涨佣"的霸道做法。

恶性竞争，导致酒店利益受损。各大 OTA 为了确立自己的优势地位，往往让酒店签订排他性的独家合作协议，减少了酒店线上流量的自主选择权。同时，OTA 牢牢控制酒店的客房定价权，不断要求酒店提供比竞争对手更低的价格，或者要求下架竞争对手的特惠价格。甚至有些 OTA 为了抢预订量，宁可价格战也不要佣金，冲击酒店本有的核心客源。

违约责任。一方面，当 OTA 出现违约情况时，尽管双方在合作伊始签订了详尽的合约，明确了各自的权利与义务，也约定了违约后的索赔条款，可现实中，酒店却鲜有勇气要求 OTA 按照合约进行索赔。酒店一旦强硬地去追究 OTA 的违约责任，要求相应赔偿，可能会触怒 OTA 平台方，进而影响持续稳定的订单来源，所以，即便面对 OTA 违约带来的损失，大多酒店也只能选择默默忍受，期望后续合作能顺利开展，不至于因一时的索赔而断了长久的"财路"。另一方面，若酒店自身出现违约行为，OTA 平台按照内部的管理和评估机制，轻则扣罚 PSI 分数进行警示和惩处，影响酒店平台上的排名和推荐权重，进而影响预订量。而倘若酒店的违约行为较为严重，如频繁违反合作条款、服务质量严重不达标、出现重大诚信问题等，OTA 平台则会采取更为严厉的措施，有可能直接将酒店置底展示，让其在众多搜索结果中处于极为不利的位置，更有甚者，会直接将酒店做下架处理，如此一来，酒店将损失大量的潜在客源，对自身的经营发展无疑是沉重的打击。

凭借着强大的技术优势、海量的用户资源以及覆盖广泛的营销网络，OTA们逐渐在酒店预订领域掌握了越来越多的话语权，对整个行业的影响力与日俱增。面对这一形势，酒店业主们内心的不安全感也日趋增加。曾经OTA是酒店拓展客源的得力助手，借助其平台，酒店能够轻松触及更广泛的消费群体，提升入住率。而如今，随着OTA的不断扩张与强势发展，酒店业主们越发感觉到自身经营权受到侵犯，利润空间也面临被进一步挤压的风险，仿佛酒店的命运正逐渐被OTA所掌控，这种无力感和对未来发展的担忧萦绕在众多酒店业主心头。

在这样的背景下，国内的酒店行业试图摆脱过度依赖OTA的局面，与OTA分庭抗礼，重新夺回属于自己的市场主导权。其中，华住集团作为酒店行业的重要力量，率先采取了有力举措。它明确要求其下属酒店，来自OTA平台的订单占比不能超过30%。这一举措背后，是华住集团对自身品牌影响力的自信，也是其希望引导旗下酒店更加注重通过自身的品牌建设、会员体系打造，以及直接营销等方式，去吸引客源，降低对OTA的依赖程度，从而在这场关乎行业话语权的较量中，站稳脚跟，保障酒店业主们的切实利益。同时也为整个国内酒店行业探索出一条更为健康，以及可持续发展的道路，激励更多酒店积极应对OTA垄断带来的挑战，重寻经营的独立性与自主性。

但由于酒店业在线渠道布局较晚，技术和数据开发落后，再加上用户也已经养成了通过OTA渠道预订的习惯。虽然想通过会员等举措摆脱，但与OTA优势地位无法抗衡。大部分的酒店集团构建自身预订平台也遇到了叫好不叫座的现象，预订业务量较少，很难有大量用户。

酒店业和OTA各自拥有自身的优势，谁也离不开谁，博弈是长期的，利益是共同的。酒店企业要立足自身实际，充分发挥自身优势，如果有实力构建在线平台，就采用各种导流手段，获得更大流量；如果没有太大实力，不妨"借船出海"，积极开拓线上市场，线下提升酒店产品和服务品质，塑造自主品牌，赢得更多线上、线下流量。

三、OTA 运营逻辑

除了携程、美团、飞猪、Booking 等占主导地位的 OTA 平台，还有很多小型的平台。无论规模大小，他们的运营逻辑都是货架思维和相亲思维。

（一）货架思维

在当今全民电商的时代，作为经营者要充分理解货架思维的内涵。一是物理意义上的货架。比如，超市里看到的摆满油、盐、酱、醋的架子。二是市场货架。比如，一家酒店，它所处的街道挤满了竞争对手，这个街道对于酒店来说就是货架。三是虚拟的电商货架。这个无形的货架在顾客手机里、电脑屏幕上。四是位于顾客脑海里的货架，也称为心智阶梯（Mental Shelf）。心智阶梯理论是由杰克·特劳特提出的。它揭示了消费者在购买决策中，会在心智中形成一个优先选择的品牌序列，即产品阶梯。当购买条件满足时，消费者会依序优先选购这些品牌。

OTA 列表页里的众多酒店，就好像超市货架上排满了各式各样的商品。顾客从列表页里选酒店，就好像去超市选商品。顾客去超市买东西，那些处在最显眼、最顺手位置的产品，总是能够获得更多人的青睐。由于最显眼的货架资源总是有限的，同时又存在大量同类产品，因此，并不是所有的商品都能够出现在货架最能卖货的位置。OTA 列表页上也是如此，排在手机第一页的酒店被顾客选中的概率要比后面几页的酒店高很多倍，排在 6~7 页之后的酒店几乎没有销量。如何在列表页的前列，是酒店争取到 OTA 流量资源的关键。虽然不同的 OTA 平台各有各的算法，但大体的影响因素是相同的。比如，给挂牌、OTA 带来的产量、信息分、房态房价、参与促销活动、付费获取推广、不违规、不关房以及不涨价等，这些因素处理好，就会获得一个良好的排序，OTA 平台也会将资源向这些商家倾斜。除了 OTA 平台的助力，酒店也可以通过与顾客的互动赢得一些资源，比如，顾客收藏、顾客消费过以及顾客浏览过等。

通过以上表述，可对货架思维有更清晰的认知，一是货架充满了竞争对手的信息。可以通过竞争对手在货架上的表现，找到自己的不足或者需要提升的地方；二是货架必须有顾客经过。如果酒店被OTA摆在了无人看到的地方，自然流量比较低，即使后期采用各种营销手段，也可能事倍功半；三是货架上的每一个细节都会影响消费者的决策，比如，头图、酒店名称、酒店等级、点评分数、点评数量、收藏人数、地理位置、商圈、酒店特色（长标签、短标签）、榜单、起始价、促销活动等。为了吸引更多顾客点击查看或者驻足，在列表页上，一是要给出顾客购买的理由（顾客点评分数高，暗示服务好；点评条数多，代表着消费客人多，避免踩坑），二是要给出购买理由的证据（比如，携程网的榜单排名靠前，离主要景区的实际距离）；三是引发情感上的共鸣，比如，酒店图片体现顾客的消费价值观。

（二）相亲思维

顾客从OTA平台上选酒店，就好比青年男女通过相亲网站找对象。个人在相亲前对自己的相亲对象都会有一个大体的期望，包括性格、生活习惯、价值观等方面。顾客选择酒店也是如此，他们在登录OTA平台前，他们对自己选择的酒店也有一个大体的构想，比如，地理位置、档次、价位等。酒店要想获得别人的青睐，也要先弄清楚，你想接待什么类型的顾客，他们喜欢什么样的装修风格、服务，他们最看重的服务是什么，哪些是一票否决的因素等。酒店按照这个"画像"，完善自己的产品和服务，才能拿到更多顾客的订单。

一是相互匹配。客人通过OTA平台选择酒店时呈现"千人千面"。其背后的逻辑是OTA平台通过深度挖掘用户的浏览历史、购买记录及搜索行为等数据，运用先进算法精准分析每位用户的偏好与需求，进而实现个性化的酒店产品推荐的结果，目的是将合适的酒店推荐给合适的顾客，提高顾客选择酒店的效率，提升顾客体验。酒店采用高于顾客预期的价格策略或者低于顾客预期的价格策略，都会让顾客望而却步。

二是保持真实和坦诚。有的酒店获得良好口碑，采用贿赂顾客、让员工或供应商刷单的方式提高酒店订单量，刷好评；更有甚者让第三方网络技术公司非法"刷单""刷好评"。这种行为虽然被 OTA 平台严厉打击，但仍然屡禁不止，不仅损害了公平竞争的市场秩序，更是在很大程度上欺骗、误导消费者。同时，也是酒店给自己挖了个"坑"。由于刷单，导致 OTA 平台对酒店消费数据的算法不准确，在给客人推送时出现偏差，降低成交率；与实际不符的好评会提高顾客的期望值，而达不到顾客期望的服务会带来更多的差评。

四、OTA 运营策略

影响酒店 OTA 运营的两个因素：一个是流量；另一个是转化率。将这两个因素按照高低将目前酒店的 OTA 运营情况进行区分，可以分成高流量高转化、高流量低转化、低流量高转化和低流量低转化四种情况。

（一）高流量高转化

高流量高转化是很多酒店 OTA 运营追求的目标，处在这个场景的酒店要做好以下几方面的工作。一是在自己及竞争圈的数据分析的基础上，提高房间价格来做收益。同时观察流量和转化率的变化，使其调价后流量和转化稳定输出。二是关注竞争圈的流量的淡、旺季变化，实时调整影响流量和转化率的项目，应对淡旺季变化。三是监督竞争圈酒店的变化，根据对方的变化做出判断，是否影响酒店的流量、排名甚至榜单，并根据变化做出调整。

（二）高流量低转化

出现流量已溢出，但转化不够，导致酒店不能满房的情况，可以判断出酒店所处的竞争圈处于流量旺季，不满房的原因是自己的转化率不够。查找低转化率的原因，要细化到曝光转化率、下单转化率和成交转化率。曝光转化率：用户从酒店列表页进入酒店详情页的过程；下单转化率：用户从酒店详情页进入订单填写页的过程；成交转化率：用户从订单填写页进入订单支付页的过程。

提高曝光转化率，要从以下几个细节入手进行优化：竞对列表页、酒店名称、酒店首图（视频）、点评分、点评条数、收藏数量、位置商圈、长标签、短标签、起步价、星级钻级、品牌等。提高下单转化率的优化细节包括：酒店详情页信息、附近热销酒店推荐、房型名称及图片、价格、点评、问答 IM、图文简介、标签信息、达人晒图信息、重要通知信息、取消规则；提高支付转化率的优化细节：订单填写页信息、取消政策、订房必读、礼赠、发票服务、押金、支付方式等。

（三）低流量高转化

低流量高转化是在酒店 OTA 运营中比较常见的状态。针对这种情况，首先要知道 OTA 平台有哪些流量：搜索筛选流量、附近流量、产品流量、付费流量、携程宫格流量、榜单流量、搜索流量、其他流量等。提高酒店流量可以分为以下三个阶段。

1. 追求更多的曝光量

在这个阶段，酒店的目标就是让更多顾客看到，增加顾客点击的机会，获取更多的曝光量。要研究顾客需求，优化酒店信息，增加搜索曝光量，通过提高产量、PSI 分数、酒店排名等，去做内容流量（如旅拍、直播、星球号、攻略）、付费广告、附近流量、产品流量（钟点房、酒店套餐、月租房、特色房）等。如果免费流量和酒店的属性匹配度确实不高，再尝试做免房，用房价做投流，没有流量，房间空着也是空着，可以等价兑换成投流资源，这也是一种相对来说成本较低的投入，效果不佳后再考虑是否开启它的投流动作。

2. 追求更多的精准流量

第二个阶段是流量的质量。通过运营，让一家店能够出现在精准用户面前。比如，用户通过关键词搜索，通过星级、价格搜索，通过距离搜索。直搜流量、筛选流量、附近流量、内容榜单流量这几类，都是比较精准的流量。所以，在运营过程中，应重点关注这几类流量。

3. 追求更多的访客量

第三个阶段是追求更多的访客量。访客量代表着意向流量，代表着潜力成交流量，这个流量对最后的转化来说更重要。

（四）低流量低转化

在这种状态下，酒店的生存肯定受到挑战了。在这种条件下做流量已经没有意义了，因为转化率出现问题，再多流量进来也无法转化成订单。所以，第一步先要做好转化动作的优化，且因流量的缺失，此时的转化率已严重失真，优化转化流程的动作得多次进行，优化后开始拓流量，流量提升后再优化转化动作，看是否还有遗漏的问题。经多次反复校验，能在竞争圈内达到中上水平后，对应的转化率才具备一定的参考价值。

第三十章
酒店组织变革

　　酒店组织管理是酒店运营和管理的基石，对酒店的高效运营、优质服务、资源优化、市场应对以及员工成长等都起着不可或缺的关键作用。在提升运营效率方面，酒店组织管理把工作进行合理划分，将前台接待、客房服务、餐饮这些部门清晰区分开来，把每个岗位的职责范围都界定得明明白白。如此一来，员工心里对自己要做的事儿清清楚楚，避免了因职责模糊而互相推诿的情况出现，各项工作有条不紊地衔接起来，高效推进。不仅如此，酒店组织管理还会对整个运营流程加以优化。从客人预订房间开始，到办理入住，再到住店期间的各项服务，直至最后退房，会把其中多余、累赘的环节去除掉。这样，信息也好，物资也罢，都能在各个部门之间顺畅地流转起来，客人等待的时间也就极大地减少了，酒店能够快速响应客人的需求，全方位确保运营过程顺畅无阻。说到保障服务质量，酒店组织管理会构建专业的部门体系来实现这些目标。比如，餐饮部门，专业的厨师团队凭借精湛的厨艺保障菜品的口味与品质；客房专业服务人员能悉心照顾好客人起居，提供周到的服务。各部门依靠自身的专业能力，为客人提供高质量且标准化的服务，满足客人多种多样的需求。而且酒店还专门设置了像质检这样的监督岗位，能随时监测、评估服务质量，一旦发现问题，立马反馈并督促相关人员改进，让服务始终维持在一个较高的水平。在资源配置的合理性以及人力调配方面，酒店会依据不同阶段以及各个业务板块的实际需求，去精准地安排人员数量和岗位分布。比如，旺季的时候，适当增加一线服务人员，保证服务跟得上；淡季的时候，就组织员工开展培训，让员工提升自己的专业水平，总之就是把人力资源充分利用起来。物力方面，像客房用品、餐饮原材料、各种设施设备等，酒店会进行统一规划、采购以及调配管理，按照各个部门实际的使用需求来分配，避免出现积压或者浪费的情况，让物力资源能最大限度地发挥效益。当市场发生变化时，酒店良好的组织管理就更显重要了。它能保证酒店管理层做出的决策，迅速且准确无误地传达给各个部门以及基层的每一位员工，这样酒店就能快速对市场的变动做出反应，及时调整服务项目、营销策略等。同时，这种组织管理本身就具备灵活性，要是遇到市场竞争越来越激烈、客人需求发生变化，或者出现一些突发的行业状况时，酒店都能及时对内部的架构、业务流程以及资源配置进行优化整合，确保酒店的运营能够持续开展下去。

一、酒店组织变革的背景

在数字化与全球化浪潮的驱动下，酒店行业正经历着前所未有的组织变革。这一变革的背景是多维度的，既包括外部环境的剧烈变动，也涵盖了内部运营的迫切需求。首先，外部环境的变化，如人工智能、直播等电商运营模式和客人对无接触服务的需求使得线上营销如火如荼，这些变化给酒店业在人力资源管理上带来的挑战，促使行业进行组织架构的升级与优化。"90后""00后"逐渐成为劳动力市场的主力军，他们不设定人生的模式，注重灵活，重视个体与企业的文化契合度，他们寻找职业发展机遇、有意义的工作内容、与同事相互尊重、关系融洽的员工体验。无论从就业动机、对职业和生活态度以及对雇主的期待上，都对人力资源管理组织设计、管理调度和个体激活等提出了新的挑战。

传统"人海战术"的服务模式，给企业带来了沉重的人力成本压力。酒店业的组织变革是出于提升效率和降低成本的内在需求。随着人力成本的不断提升，酒店业致力于通过技术手段降低人房比，以进一步压缩成本。数字化工具在这一过程中发挥了重要作用，它们促使传统的酒店"根系状"管理架构向"扁平化"发展，从而提高了决策效率和响应速度。科技的应用逐渐取代了一些管理职能，使组织结构更加精简，同时赋能一线员工，提升工作效率和幸福感。

另外，酒店的成功经营离不开员工的热情与动力。当前酒店业普遍采用的"大锅饭"式的激励和绩效体系收效甚微。在这种体系下，优秀、平庸与低效之间的界限不清，绩效评估结果基本是走过场，优秀人才没有被尊重和得到更多的激励，组织中弥漫着"躺平"主义，最终导致"劣币驱逐良币"，优秀的人才离开，平庸的员工留下。

组织变革是企业发展的必经之路，它代表着对原有思维和行为模式的革新。这种变革能够摒弃不再适用的方法，引入创新，解决旧模式下难以克服的问题，实现组织的升级和迭代。企业需要变革的原因主要有两个方面：一方面，企业所处的外部环境和市场不断变化，这些变化要求企业必须适应新的挑战，否则就会落后于竞争对手。另一方面，随着企业的成长，内部问题也会随之显现，这些问题往往是现有机制无法解决的，需要通过变革来打破旧有模式，创造新的机制和方法。企业在两种情况下特别需要变革：一是当企业自身发展遇到瓶颈时；二是当外部市场环境或行业政策发生突变，给企业带来巨大挑战时。变革是解决这些系统性难题的有效手段，也是组织迭代升级的必经之路。

那些希望以不变应万变，或者在变化面前犹豫不决的企业，最终会发现这种做法会导致失败。只有不断适应变化，勇于变革，企业才能保持竞争力，避免走向衰败。即使是拥有垄断资源的企业，也不能永远免于变革的压力，因为市场和技术的变化最终会影响每一个企业。

二、酒店组织变革面临的阻力

只要涉及变革，就会上演冲突和矛盾。变革之路往往充满挑战和阻力，这些挑战和阻力主要来自个体和组织两个层面。

（一）个体阻力层面

面对改革，员工会因为担心个人利益受损，在心里去敌视甚至反对变革，主要表现在以下几个方面：首先，员工可能因为"小富即安"的心态而对变革持保守态度，这种心态在酒店行业中尤为明显，员工往往满足于现状，对于可能打破现有平衡的变革感到不安；其次，习惯是个体阻力的另一个重要因素，酒店员工习惯于日常的工作流程和环境，变革意味着他们需要适应新的工作方式，这无疑增加了他们的工作负担和心理压力；再次，对未知的恐惧也是阻碍变革的因素之一，员工担心变革后的工作稳定性和个人发展前景；最后，安全感的缺失也是个体阻力的来源，员工可能担心变革会影响他们的职位安全。经济因素也不容忽视，变革可能涉及薪酬结构的调整，员工对此可能产生抵触情绪。

（二）组织阻力层面

组织阻力则涉及更广泛的结构和文化因素。首先，对已有资源分配的威胁是组织阻力的一个重要方面。酒店管理层可能担心变革会打破现有的利益分配格局，影响组织的稳定。其次，结构惰性也是组织变革的障碍，酒店的组织结构可能已经固化，难以适应新的运营模式。然后，对已有权力关系的威胁也是组织阻力的来源，变革可能会影响某些管理层的权力地位。此外，有限的变革关注可能导致组织无法全面考虑变革的影响，从而产生抵触。群体惰性也不容忽视，酒店员工作为一个群体，可能因为群体心理而对变革持保守态度。最后，对专业知识的威胁也是组织阻力的一部分，变革可能需要员工掌握新的技能和知识，这对他们来说是一个挑战。

三、酒店组织变革策略

20世纪40年代，作为物理学家和社会学家的勒温提出，"如果你有一个长方形大冰块,但想把它变成三角形的冰锥,你会怎么做?首先,你必须融化冰块,使其适于变革(解冻)。其次,你必须将冰水塑造成你想要的形状(变革)。最后,你必须固化新的形状(再冻结)。"这就是著名的"解冻—变革—再冻结"的勒温组织变革三阶段理论。领导变革之父约翰·科特又在此基础上,将三个阶段细化成以下八个步骤,他认为八个步骤环环相扣,既不能跳步,也不能改变顺序。

(一)树立紧迫感

很多企业急于改革,盲目进入变革程序,造成了不必要的混乱,高远的志向却没有得到好的结果。要实现成功的变革过程,首先要让员工尤其高层管理者意识到为什么必须进行变革?不变革的后果是什么?正如勒温所说,"在变革发生之前,必须激发变革的动机"。这通常是整个变革过程中最为艰难的一个阶段。

危机近在咫尺,然而众人却似乎视而不见,这背后的原因何在?原来是过往的成功让人们滋生了自满,这种情绪阻碍了对改革的接受。在这种情况下,任何改革措施都难以奏效,除非能够唤醒大家的危机意识和紧迫感。

当人们面临原有模式被打破、新的模式尚未形成的失衡状态时,往往会产生强烈的抵触情绪。那么,如何培养这种紧迫感呢?有两个策略:一是拓宽视野;二是识别差距。拓宽视野意味着要深入市场,直接与客户和供应商交流,倾听他们的真实声音,观察市场的最新动态。而识别差距,则涉及多方面的比较:与竞争对手的比较,与客户期望的比较,甚至是与我们自己巅峰时期的表现比较。这些比较能够产生显著的心理影响,激发团队的斗志和动力。通过这样的方式,我们可以建立起面对挑战所需的紧迫感。

2000年年底,任正非通过《华为的冬天》这篇文章,确实让华为人认识到了改革的必要性。在这篇文章中,任正非直面了华为可能面临的危机,他提出的问题直击核心:"公司所有员工是否考虑过,如果有一天,公司销售额下滑、利润下滑甚至会破产,我们怎么办?"他强调,华为的太平时间太长了,在和平时期升的官太多了，这也许就是华为的灾难。他用泰坦尼克号的例子来说明，即使在一片欢呼声中出发，也可能面临灾难。任正非认为，面对未来可能的困难，华为需要有一系列心理准备与技能准备。这篇文章表达了任正非对华为未来发展的深刻思考，他强调了居安思危的重要性，不是危言耸听，而是要让员工们意识到，即使在公司发展顺利的时候，也要时刻准备着面对可能的挑战和困难。这种意识的觉醒是变革的起点。

需要注意的是，压力并非越大越好，需要根据公司的情况进行调节，可以是一个渐进的过程。尤其是在初期，为避免引发员工的恐慌，需要做一些铺垫。在时机成熟之后，慢慢加大传递力度。危机感不是恐慌情绪，这个是必须把握的尺度。

（二）建立强有力的领导

当我们谈论起变革转型的领导力时，很多人会不由自主地回想起20世纪90年代IBM的惊天逆转，以及那个故事中的主角郭士纳；或者是带领苹果公司重回巅峰的乔布斯；还有那些两次拯救宝洁于水火的雷富礼，以及引领微软重振雄风的萨提亚·纳德拉……确实，重大的变革往往与这些强有力的CEO和传奇般的商业领袖紧密相连。但我们也绝不能简单地认为变革仅依赖于某一位商业领袖。变革是一个复杂而漫长的过程，它不可能一蹴而就，也没有人能够独自完成。真正的重大变革需要一个强有力的领导团队，而那些"英雄"不过是这个团队的代表和象征。

作为变革领导团队的核心，CEO的角色至关重要。如果CEO不能有效地发挥团队的力量，而只是一味地独断专行，那么很容易导致孤立无援的局面，最终使得变革的努力半途而废。一个成功的变革需要团队的协作和集体智慧，需要每个成员的积极参与和贡献。只有这样，变革才能够持续推进，最终实现目标。因此，变革的成功不仅取决于领导者的个人能力，更在于他们如何构建和激励一个高效的团队，以及如何将团队的力量发挥到极致。

在组织变革的过程中，强有力的领导联盟是成功的关键因素。领导者的作用不可小觑，其不仅能够激发团队成员的潜能，还能够在面对挑战和不确定性时，保持团队的凝聚力和方向感。优秀的领导者能够识别和培养人才，确保团队在变革中保持活力和创新能力。他们还能够通过自己的影响力，将变革的理念深植于组织的文化之中，使之成为推动组织前进的不竭动力。

领导联盟不仅包括高层管理者，还应涵盖来自不同部门和不同级别的员工，以确保变革能够获得广泛的支持和参与。例如，锦江酒店在组织变革中确立了"一中心三平台"的架构，这种跨部门的合作模式有助于形成强有力的领导联盟，推动变革的实施。组建领导团队不仅是将人才聚集在一起，更重要的是建立相互信任的关系和共同的目标。信任能够促进开放的沟通和合作，而共同的目标则是团队成员共同努力的方向。当团队成员在信任和共同目标的基础上，发挥各自的领导力时，变革的成功率将显著提高。因此，领导力在变革中的作用是无可替代的，它是连接个体、激发潜能、推动组织向前发展的关键。

（三）设计愿景战略

科特说：愿景是一幅未来的画面，明确地解释了应该为这样的未来努力的理由。清晰而且得到广泛认同的愿景，可以让所有人停止纷争，并激发员工的热情。然而，现实往往比理论复杂。许多公司并不缺乏愿景规划，但这些规划似乎并未发挥应有的作用。这就引出了一个关键问题：究竟什么样的愿景才能真正奏效？首先，愿景应当是具体而易于理解的。一个有效的愿景应该能够在五分钟内清晰地解释其与每个人的关系，使之变得可想象、容易解释。其次，愿景不仅要描绘出宏伟的蓝图，还要是值得追求且切实可行的。这意味着，除了长远的目标，我们还需要设定一系列里程碑，即那些阶段性的目标，以确保愿景的实现是逐步且持续的。最后，一个有效的愿景需要既聚焦又灵活。聚焦意味着能够明确指示出我们应该做什么，不应该做什么，而灵活则意味着能够适应环境的变化，确保愿景在不断变化的世界中依然保持相关性和适应性。

（四）沟通变革愿景

一个愿景若要激发出真正的力量，必须被公司绝大多数员工所理解和接受。通过有效的沟通渠道，如员工大会、内部通信等，将愿景传达给每一位员工，确保每个人都理解并认同这一愿景，让所有员工都明白变革的目标和意义，促使他们接受并支持变革。在沟通这一愿景时，可以聚焦三个核心要素，并据此采取坚定的行动。首先，沟通的内容至关重要。简单而形象的信息更容易被广泛传播和记住。因此，需要将变革的愿景转化为易于理解且富有吸引力的信息，以便员工能够迅速把握其核心要点。其次，沟通的方式也不容忽视。在传递信息时，最有效的策略是反复强调。通过不断地重复，我们可以确保信息深入人心，从而在员工心中建立起对变革愿景的深刻印象。最后，领导者的行为示范作用不可或缺。行动胜于雄辩，领导者的身体力行是对愿景最有力的证明。这不仅能够增强员工的信心，而且能够激励他们跟随并实践这一愿景。

（五）授权赋能，移除障碍

在推动变革的过程中，企业常常面临各种障碍。这些障碍可能来自人的抵制，也可能是由于组织流程或制度的不配合。这一阶段的关键是识别这些障碍，并采取果断措施来清除它们，以保持团队对变革的信心，并确保变革能够按计划进行。首先，我们需要审视组织的架构，包括岗位职责描述、绩效考核标准和薪资结构，确保它们与变革愿景保持一致。这涉及对现有流程的深入分析，以及必要时的调整，以支持变革的实施。其次，对于积极推动变革的人员，应当给予认可和奖励，以激励更多的员工参与到变革中来。同时，对于那些抵制变革的人，我们需要通过沟通帮助他们理解变革的必要性，并明确组织对他们的期望。这可能需要一对一的对话，或者小组讨论，以解决他们的疑虑和担忧。最后，一旦识别出障碍，就需要迅速采取措施来移除它们。这可能包括修改政策、提供额外的资源支持，或者调整团队结构，以确保变革能够顺利进行。

（六）积累短期胜利

随着变革的推动，要鼓舞士气，坚定大家的信心，就必须有"利好"的刺激，需要有一些催化剂，激发大家追求美好愿景的欲望与斗志。把一个宏大的目标分解成很多小目标，有很多因素需要考虑，但获得"短期实现目标的激励"的满足感、成就感，无疑是其中最重要的因素。短期胜利能够为组织变革提供动力，并增强员工的信心。酒店组织应该设定可实现的短期目标，并在达成这些目标后及时庆祝和奖励。这些胜利不仅能够巩固已有的变革成果，还能够为进一步的变革提供支持和信心。这也是为什么我们强调要创造短期收益的缘故。

一个理想的短期收益具有鲜明的特点，包括：及时性、可见性、明确性（具体性）、变革强相关性。当然，这个收益最好是可以量化的，量化的指标更容易被大家接受与传播。短期的收益，可以从多个维度促进变革的持续进行。

（1）它释放出一个信号，付出终有回报，同时也告诉所有人，道路曲折但方向没有错，可以继续沿着这条路前进。

（2）对于变革的领导者、支持者而言，可以有效缓解他们的压力，尤其面对变革的抵制者质疑的时候，可以用事实加以回击。

（3）短期的收益，对于形成良好的变革氛围有很大的促进作用。当吹毛求疵的反对者变少的时候，变革的阻力就会减少，有利于后面收益的提升，形成良性循环。

（4）有利于获得高层的进一步支持，变革的本质是对管理的投资，是对未来的投资。

（5）坚定人们对愿景的向往，相信这并非空中楼阁，是可以一步步实现的。毕竟这已经在"我们"的土壤上得到验证，不仅是"人家"的实践而已，这一点很重要。

（七）促进变革深入

微软现任 CEO 萨提亚·纳德拉在《刷新》一书中提到："这是一个有始无

终的项目。"变革,需要持续的投入,唯有坚持到底才能迎来胜利的曙光。随着组织复杂度的增加,变革的难度不再是线性增加,而会是指数级的增加,这需要一个漫长的过程。那些想通过短时间的变革来实现目标的行动,往往以失败告终。

面对复杂多变的市场环境,在推动内部变革的时候,需要控制节奏。项目并非越多越好,在资源有限的情况下,需要在高度相互依赖的体系中找到一个点——相对容易解耦的点,能避免"牵一发而动全身"的点。要做好长期面对变革的准备,做好面对各种曲折的心理准备。

(八)将成果融入文化

对于大规模变革而言,无论是追求短期成效还是推动变革深入,都只是触及了变革的表面。要让变革的成效持久,关键在于将变革成果融入组织的文化之中,使之成为文化的一部分。这就像接受肾脏移植手术的病人,新肾脏的性能可能优于旧的,但如果不能与身体其他部分和谐融合,就可能引发排斥反应。同样,变革就是将更优秀的"器官"植入组织,要避免"排斥"现象,就必须让变革成果与组织其他部分紧密协作,发挥出更好的作用。

在约翰·P. 科特的变革八步法中,文化整合被放在最后一步,这并非意味着文化的改变直到最后才开始,而是强调文化在组织中的沉淀是一个持续到最后才完成的过程。

当我们启动变革时,新的流程、信息系统、操作工具等都会与现有的组织文化,尤其是行为习惯发生直接冲突。以流程再造为例,流程的改变不可避免地会导致流程中角色的行为发生改变。但这种改变不是一蹴而就的,它需要不断强化,促使员工逐渐将新的行为方式转变为习惯。这些新习惯,最终成为公司文化的一部分。

因此,推动变革的每一步都在塑造着组织文化,尽管这种变化在初期并不明显。尤其是在变革初期,一切都不甚明朗,组织成员往往持观望态度。随着短期胜利的出现,文化的改变才会逐渐明朗。在变革深入阶段,文化冲击最为显著，其涉及的范围广泛，需要有良好的变革成果来支撑，可能会进行人员调整。作为变革的推动者，必须对此有充分的心理准备。

经过所有这些阶段，变革的成果才会逐渐沉淀，通过反复实践融入组织文化，成为组织新文化不可或缺的一部分。

四、酒店多元化用工变革

随着酒店用工荒成为酒店常态，许多酒店像希尔顿等都开始尝试多元化用工。通过灵活组合全职、兼职、外包、银发老人返聘及利用灵活用工平台等用工形式，有效地调配人力资源，缓解季节性用工高峰期的压力，同时降低固定成本，提高运营效率。当然，多元化用工给酒店提供劳动力的同时，也给酒店管理者带来许多挑战：如何确保不同用工形式下的员工能够保持服务质量的一致性；如何在降低人力成本的同时，保障员工的权益；以及如何构建一套适应多元化用工特点的管理体系，实现高效沟通与协作。因此，酒店业在推进多元化用工的进程中，需采取策略性措施，以创新驱动发展，实现用工模式与业务模式的深度融合。

（一）服务外包

自 1990 年 Gary Hamel 和 C.K. Prahalad 在"企业的核心竞争力"一文中首次提出"业务外包"概念以来，这一管理模式已广泛被企业采用。业务外包的核心在于企业通过整合利用外部最优秀的专业化资源，降低成本、提高效率，充分发挥自身核心竞争力，并增强对环境变化的快速响应能力。企业将非核心、次要或辅助性的功能或业务外包给专业服务机构，借助它们的专长和优势提升整体效率和竞争力，而自身则专注于核心功能或业务。

在酒店业，外包服务已成为提升运营效率、降低成本的重要手段。一些服务项目，如花店、茶社、票务、桑拿康乐设施等，由于缺乏专业人员或相关资源，酒店选择将场地、设施设备甚至人员租赁给合作方，仅收取租金或承包费。这种外包方式的好处在于专业化程度高，能更有效地利用酒店资源。随着外包业务的发展，酒店甚至将餐饮和厨房业务外包出去。

除了服务项目外包，酒店还将部分辅助功能工作外包，如工程维修、灭害杀虫、玻璃清洗、客房清洁、花草租摆，以及消防设备、电梯等设备的维保服务。在一些酒店中，工程部员工数量有限，主要负责日常维护，而专业公司的服务则覆盖了电梯、空调、锅炉、水处理设备、厨房设备等的保养维修。

然而，酒店外包服务也存在潜在问题。首先，外包服务商可能因追求利润最大化而牺牲服务质量，影响顾客体验和品牌声誉。其次，信息安全风险增加，客户资料、交易信息等在外包过程中可能泄露，给酒店和顾客带来法律和经济上的损失。此外，沟通协调障碍可能导致服务脱节，影响服务效率和顾客满意度。长期外包还可能导致酒店自主服务能力减弱，面对市场变化时调整困难。

针对这些问题，酒店在采用外包服务时需采取以下措施。

（1）选择合适的合作伙伴并签订合作协议。选择外包单位时，应基于市场化原则，通过竞标选入。避免因关系照顾或私利而指定合作方，确保合作方能根据酒店需求提供服务。

（2）加强监管，形成整体。酒店应认识到，无论是否外包，宾客评价服务时包含所有服务。外包方服务不达标时，酒店需承担后果。因此，酒店应强化管理，确保外包项目符合质量标准、安全措施和宾客满意度要求。

（3）因势而为，不可脱离实际。考虑地域和经济发展水平差异，选择适合的外包供应商，避免一味追求形式或眼前利益，以免损害酒店长远利益。

（4）做足准备，提前预防。为减少事后损失，酒店应缴纳一定数额的保证金，一旦发生宾客投诉、设备损坏、安全事故或违反规章制度的行为，进行经济处罚。

通过这些措施，酒店可以在享受外包带来的便利的同时，有效控制风险，确保服务质量和信息安全，保持服务的自主性和灵活性，以应对市场变化和挑战。

（二）灵活用工平台

酒店灵活用工平台是一种基于互联网技术，连接酒店等企业与灵活工作者，为双方提供灵活、高效、便捷的用工和就业服务的平台。这种平台有的是第三方运营，也有的是酒店自己运营。比如，智工云、云伙计以及希尔顿的"小希斜杠"零工平台。

灵活用工平台的优势，一是降低人力资源成本。灵活用工模式使希尔顿能够根据业务需求灵活调整员工数量，避免了在淡季时支付不必要的固定成本。这种按需招聘的方式有助于降低社会保险、公积金、残疾保险金、解雇经济补偿金等的支出，从而减轻企业的成本压力。二是提高运营效率：通过引入灵活用工，希尔顿能够迅速响应市场变化和顾客需求，尤其是在旅游旺季或特殊活动期间，能够迅速增加员工以满足服务需求，提高运营效率和顾客满意度。三是解决季节性用工问题。酒店业存在明显的季节性波动，灵活用工模式使得希尔顿能够在旺季时增加人手，在淡季时减少人力成本，从而有效应对季节性用工问题。四是优化用工结构。灵活用工模式有助于希尔顿优化用工结构，通过引入外部人才和内部员工的跨岗位流动，提高人力资源的利用率和匹配度。

除了优势，灵活用工也存在隐患或风险。一是法律风险和合规性问题。灵活用工模式涉及的法律问题较为复杂，如未签订正式劳动合同、未缴纳五险一金等，可能引发劳动纠纷和法律风险。此外，灵活用工形式容易被认定为事实劳动关系，进一步增加了企业的法律风险。二是员工稳定性和归属感问题。由于灵活用工模式的工作时间和岗位不固定，员工可能缺乏归属感和稳定性，导致流失率较高。这不仅增加了企业的招聘和培训成本，还可能影响服务质量和顾客满意度。三是优秀人才吸引力下降。灵活用工模式可能无法为优秀人才提供稳定的职业发展和福利待遇，导致企业在招聘优秀人才时面临一定困难。四是管理和培训难度增加。灵活用工模式使员工队伍更加多元化和复杂化，增加了企业管理和培训的难度。企业需要投入更多的资源来确保灵活用工人员能够遵守规章制度、提供优质服务并满足客户需求。

（三）共享用工

酒店共享用工，是当前"互联网+人力资源"领域的一种新型用工模式。它主要是指在特殊时期或阶段性用工紧缺或富余的情况下，不同用工主体之间通过协商一致,将闲置的劳动力资源进行跨界共享并调配至具有用工需求缺口的酒店或其他用工主体中。这种模式旨在实现社会人力资源的优化配置,降低人力成本,解决用工荒问题,并确保待岗员工能够获得劳动报酬,实现多方共赢。共享用工作为一种创新的用工模式,具有其独特的优点和缺点。

优点方面,一是节约成本。对于"员工富余企业"(原企业)而言,通过共享用工可以减轻工资等负担,降低人工成本。当企业面临业务波动或季节性需求变化时,无须维持庞大的全职员工队伍,从而节省了大量的人力成本。对于"缺工企业"而言,共享用工模式使其能够直接使用成熟的劳动力,降低了招聘、培训等成本。这有助于企业快速应对业务增长和人力需求的变化。二是灵活性。共享用工模式提高了企业的用工灵活性。企业可以根据业务需求灵活调整员工数量和工作内容,避免了人力资源的浪费和闲置。同时,员工也可以根据自身情况和市场需求选择工作,具有更高的工作自由度。三是稳定员工队伍。对于原企业来说,共享用工有助于稳定员工队伍。在业务低谷期,员工可以通过共享用工模式到其他企业工作,保持一定的收入来源和职业技能的提升。当企业恢复生产时,这些员工可以迅速回归,减少了招聘和培训新员工的成本和时间。四是解决用工难题。特别是在高峰期或季节性用工需求增加时,共享用工模式可以帮助企业快速填补人力空缺,解决招聘难题。这有助于企业保持生产线的连续性和稳定性,提高生产效率和产品质量。

存在的风险和挑战,一是法律合规性风险。共享用工模式涉及多个企业和劳动者之间的法律关系,需要确保操作符合相关法律法规要求,否则可能引发劳动纠纷和法律责任问题。因此,企业在实施共享用工时需要谨慎评估法律风险并制定相应的应对措施。二是员工稳定性和归属感问题。共享用工可能导致员工归属感和稳定性下降。由于员工在不同企业之间流动工作,他们可能难以建立稳定的职业规划和归属感。这可能会影响员工的工作积极性和忠诚度,进而对企业的长期发展产生不利影响。三是管理难度增加。跨企业用工增加了管理难度和复杂度。企业需要建立有效的沟通协调机制来确保共享员工的顺利流动和工作安排。同时,还需要关注员工的工作表现、薪酬福利和职业发展等问题以确保员工的权益得到保障。四是培训成本回收问题：对于缺工企业来说，虽然可以通过共享用工模式快速获得劳动力资源，但也需要承担一定的培训成本。如果共享员工的服务期较短或流动性较大则可能导致培训成本难以回收，进而增加企业的运营成本。

（四）巴奴的时薪制改革

时薪制作为一种按小时计薪的薪酬模式，能够更好地反映员工的工作量和劳动价值。餐饮行业具有高峰期和低峰期需求差异大、人力成本高等特点，需要更加灵活的薪酬制度来应对。2024年，巴奴毛肚火锅部分门店对一线员工实行了时薪制改革，引起餐饮行业的关注。巴奴相关负责人表示，时薪制是基于餐饮门店"忙时闲时"进行的灵活用工措施，旨在激发门店的灵活应对能力。同时强调，员工的实际工资结构并非只有计时工资一项，而是由多个部分组成。

巴奴对一线员工实行时薪制，时薪范围在15~21元，具体标准可能因城市、门店及员工层级等因素而异。工作时间方面，可以根据门店的经营和员工的情况进行排班，员工每天工作10小时左右。改革初期，一线员工普遍对时薪制表示担忧和不满，认为收入将大幅下降。有员工在内网发帖抱怨，认为公司是为了控人效而实行的降本措施。然而，巴奴方面表示，从调研情况来看，一线员工薪资并未大幅下降，甚至部分员工薪资还有所上浮。时薪制改革对员工确实会产生一定的影响。一是收入结构发生变化。时薪制改革后，员工的基本工资将按照小时计算，这可能导致员工在固定工作时间内的基本工资收入有所变化。如果时薪标准设置得当，且员工能够保持足够的工作时间，那么他们的总收入可能不会大幅下降，甚至有所上升。然而，如果时薪标准较低或员工工作时间减少，那么他们的基本工资收入将会下降。二是工作时间更加灵活。时薪制改革后，企业可以根据门店的实际情况和市场需求来安排员工的工作时间，这有助于提高工作效率和顾客满意度。然而，对于员工来说，他们可能需要适应更加不固定的工作时间，这可能会对他们的个人生活和家庭安排产生一定的影响。三是员工队伍的稳定性。时薪制改革还可能会影响员工的稳定性。由于收入结构的变化和工作时间灵活性的增加，一些员工可能会选择离开企业以寻找更好的工作机会。这将对企业的员工队伍稳定性和服务质量产生一定的影响。

　　为了减轻时薪制改革对员工福利待遇的负面影响并提高员工的满意度和稳定性，企业可以采取以下措施。一是合理设置时薪标准。企业需要根据市场情况和员工需求合理设置时薪标准，确保员工的收入不会大幅下降甚至能够上升。二是完善奖金与提成制度。企业需要建立更加完善的奖金与提成制度，将员工的收入与绩效、门店业绩等因素紧密挂钩，以激发员工的工作积极性和创造力。三是加强员工培训与关怀。企业需要加强员工培训以提高他们的专业技能和服务质量，并关注员工的身心健康和生活需求，为他们提供更加全面的关怀和支持。四是建立沟通机制。企业需要建立与员工之间的有效沟通机制，及时了解他们的意见和建议并做出相应的调整和改进。这有助于增强员工的归属感和忠诚度以及提高企业的整体竞争力。

参考文献

[1] 克莱顿·克里斯坦森. 创新者的解答 [M]. 北京：中信出版社，2020.

[2] Snull D N. Why good companies go bad[J]. Harvard business review，1999：1-10.

[3] 刘培，穆雨婷，张李璐，等. 酒店业员工职场精神力与亲环境行为——基于数字连通性与多元时间观匹配的影响 [J]. 旅游学刊，2025，40（3）：135-148.

[4] 孟强. 基于新时代社会主要矛盾观点的我国旅游公路发展对策研究 [J]. 交通运输部管理干部学院学报，2018，28（1）：4.

[5] 侯兴起. 星级酒店运营管理关键要素优化研究 [D]. 山东大学，2021.

[6] 约瑟夫·阿洛伊斯·熊彼特. 经济发展理论：对利润、资本、信贷、利息和经济周期的探究 [M]. 北京：中国社会科学出版社，2009.

[7] 彼得·德鲁克. 21世纪的管理挑战 [M]. 朱雁斌，译. 北京：机械工业出版社，2009.

[8] 玛格丽特·米德. 文化与承诺：一项有关代沟问题的研究 [M]. 北京：文化艺术出版社，1970.

[9] 李博，彭杰，李凯. 基于改进高斯混合模型和概率语言三支决策的酒店在线评论聚类与多特征筛选 [J]. 管理现代化，2025，45（3）：113-125.

[10] 李先春，刘思涓，骆晶晶，等. 酒店服务模式转变对顾客品牌转换的影响研究 [J]. 旅游科学，2024，38（10）：82-99.

[11] 胡超纲. 星级度假酒店经营战略研究 [D]. 中国地质大学（北京），2015.

[12] 侯蓬. 旅游标准化建设提升企业效益途径研究 [J]. 中国标准化，2018（4）：3.

[13] 严燕莉. 基于感知价值的饭店忠诚宾客管理研究 [D]. 浙江大学，2003.

[14] 侯兴起，张皓悦. 基于二项 Logit 模型的房型选择行为分析 [J]. 数学的实践与认识，2021（3）：271-280.

[15] 侯兴起，马桂生. "五化三定"酒店精细化管理之道 [J]. 饭店世界，2012（6）：2.

[16] 侯兴起. 酒店文化建设的三个"三" [J]. 饭店世界，2006（1）：2.

[17] 侯兴起，秦娜. 浅谈酒店客房硬件的提升技巧 [J]. 饭店世界，2012（3）：3.

[18] Kirillova K，Kuokkanen H，Lehto X. Transformative Hotels of the Future[M]. Taylor &Francis：2025.

[19] 唐伟. 服务设计与品牌忠诚度研究 [M]. 北京：化学工业出版社：2023.

[20] 庄素媚. 酒店一线员工绩效考核指标体系优化研究 [M]. 北京：企业管理出版社：2023.

[21] 容莉. 酒店精益管理与过程控制 [M]. 北京：化学工业出版社：2021.

[22] Sabourin V .Strategic Management for Hospitality and Tourism Industry：Developing a Competitive Advantage[M]. Florida：Apple Academic Press：2020.

[23] 携程大住宿团队. 酒店 OTA 平台运营增长指南 [M]. 北京：人民邮电出版社：2020.

[24] Ramos M C，Costa T，Madeira R，et al. Open Innovation and Technology in Tourism and Hospitality[M]. Hershey：IGI Global：2025.

[25] 彼得·德鲁克. 卓有成效的管理者 [M]. 北京：机械工业出版社：2022.

[26] 彼得·德鲁克. 创新与企业家精神 [M]. 北京：机械工业出版社：2022.

[27] 罗伯特·卡普兰，大卫·诺顿普兰，等. 平衡计分卡：化战略为行动 [M]. 广州：广东经济出版社，2013.

[28] 罗伯特·卡普兰，大卫·诺顿. 战略地图：化无形资产为有形成果 [M]. 广州：广东经济出版社，2005.

[29] 章义伍. 流程密码管理实务 [M]. 北京：人民邮电出版社，2023.

[30] 张占斌. 中国经济高质量发展相关问题研究 [M]. 北京：人民出版社，2021.

[31]（美）哈默 M Hammer，Michael，（美）钱皮 J Champy，James. 企业再造：企业革命的宣言书 [M]. 王珊珊，等，译. 上海：上海译文出版社，2007.

[32] 侯兴起，李素馨，马婷婷. 酒店人力资源管理 [M]. 北京：旅游教育出版社：2024.

项目策划：段向民
责任编辑：武　洋
责任印制：钱　成
封面设计：武爱听

图书在版编目（CIP）数据

酒店运营优化策略 / 侯兴起著. -- 北京：中国旅游出版社, 2025.7. -- ISBN 978-7-5032-7555-5

Ⅰ. F719.2

中国国家版本馆 CIP 数据核字第 202557CP91 号

书　　名：	酒店运营优化策略
作　　者：	侯兴起
出版发行：	中国旅游出版社
	（北京静安东里 6 号　邮编：100028）
	https://www.cttp.net.cn　E-mail:cttp @ mct.gov.cn
	营销中心电话：010-57377103，010-57377106
	读者服务部电话：010-57377107
排　　版：	小武工作室
经　　销：	全国各地新华书店
印　　刷：	北京明恒达印务有限公司
版　　次：	2025 年 7 月第 1 版　2025 年 7 月第 1 次印刷
开　　本：	720 毫米 × 970 毫米　1/16
印　　张：	22
字　　数：	315 千
定　　价：	59.80 元
ISBN	978-7-5032-7555-5

版权所有　翻印必究

如发现质量问题，请直接与营销中心联系调换